Maryam Smith
Die Süße des Göttlichen
Erfahrungen mit Sathya Sai Baba

Maryam Smith

Die Süße des Göttlichen

Erfahrungen mit Sathya Sai Baba

Sathya Sai Vereinigung e. V.

Titel der amerikanischen Originalausgabe: „Sweetness is That"
Copyright © 2020 by Maryam Smith
Cover design: Irina French www.irinafrench.com / Editing: Kelly Luce
First printed: November 2020, Published by BookBaby Publishing (USA)
ISBN: 978-1-73566-250-3
eBook ISBN: 978-1-73566-251-0

Umschlaggestaltung: Walter Kropp unter Verwendung des Original-Covers

Übersetzung aus dem Englischen: Dr. Norbert Nicolaus

Die Deutsche Bibliothek verzeichnet diese Publikation in der Deutschen
Nationalbibliografie. Detaillierte bibliografische Daten sind im Internet unter
http://dnb.de abrufbar.

ISBN 978-3-96571-006-1

1. Auflage 2023

Gewidmet
dem Herrn jenseits der Zeit und
jenseits des Verstandes,
der sich als Sri Sathya Sai Baba
als unser Zeitgenosse manifestiert hat.
Wie gesegnet sind wir doch!

Inhalt

Vorwort

Wenn ich auch nur den Hauch eines rosenfarbenen Sonnenuntergangs in das Leben eines Mannes oder einer Frau bringen kann, habe ich das Gefühl, dass ich mit Gott gearbeitet habe. (G. K. Chesterton)

Das irdische Leben ist eine Bühne für die Selbstverwirklichung und Selbsttransformation des Menschen. Ein Sucher, der sich auf eine spirituelle Reise begibt, wird seine Erkenntnisse und empfangene Gnadengaben unweigerlich auch mit anderen, die sich auf dem gleichen Weg befinden und als spirituelle Wesen mit ihrem Dasein ringen, teilen wollen.

Die Menschheit hat schon immer derjenigen bedurft, die höhere Bewusstseinszustände erfahren haben, und die uns helfen, die Welt auf eine neue Weise zu sehen. Was man durch innere Transformation gewinnt, kommt letztlich allen zugute.

Dieses Buch ist eine Sammlung von Notizen und Tagebüchern über meine bemerkenswerten Erfahrungen mit Sathya Sai Baba, seit Er 1995 in mein Leben trat. Vor fünfzehn Jahren kam ich auf die Idee, meine Aufzeichnungen in einem Buch zusammenzufassen. Ich habe die Berichte über meine Erfahrungen mit einer Auswahl spiritueller Gedanken kombiniert, die dem Menschen auf dem Weg zum Erwachen helfen können. Zwar sind die spirituellen Konzepte nicht neu – aber die eigenen Erfahrungen sind es.

Millionen von Menschen haben die überwältigende Mission Sathya Sai Babas miterlebt. Tausende von Büchern wurden und werden weiterhin von Seinen Anhängern, die die Empfänger Seiner Liebe und Seiner Wunder waren, über Ihn geschrieben. Solche Bücher veröffentlicht in erster Linie der *Sathya Sai Sādhana Trust*, aber nur eine Handvoll davon ist auch der Öffentlichkeit im Westen zugänglich. Ein

Ziel dieses Buches ist es daher, diese Erfahrungen auch Nicht-Devotees im Westen zugänglich zu machen.

Es gibt aber noch weitere Ziele des Buches. Eines davon ist es, die Freude über einige meiner segensreichen und erleuchtenden Erfahrungen in diesen dunklen Zeiten zu teilen – und somit die Leser mitfühlen zu lassen, während sie mich in die magische Welt, die ich betreten durfte, begleiten.

Mein Ziel ist es allerdings nicht, spirituelle Unterhaltung zu bieten oder ein weiteres Buch der Flut aktueller mystischer Literatur hinzuzufügen, sondern den Lesern Hoffnung und Inspiration einzuflößen und das Interesse an den Geheimnissen des Göttlichen und unserer ursprünglichen Beziehung zu Ihm zu wecken.

Mein Bemühen ist es auch, gegenüber Sri Sathya Sai Baba meine Dankbarkeit zu zeigen. Ich möchte die Macht, die Liebe und die „Spiele" des Avatars Sri Sathya Sai Baba, dieser außergewöhnlichen Erscheinung, die von 1926 bis 2011 in physischer Form unter uns gelebt hat, für die Nachwelt dokumentieren; für jegliche zukünftige Erforschung.

Die meisten spirituellen Autobiografien oder Biografien, die ich gelesen habe, bieten eine romantisierende Version der spirituellen Errungenschaften, ein Destillat der Herrlichkeit der Reise. In einigen wird die Hauptfigur so dargestellt, als habe sie, nachdem sie einen Durchbruch im Bewusstsein erzielt hatte, einen konstanten Zustand der Glückseligkeit und eine unerschütterliche Stabilität im Glauben erreicht. Von den Begleiterscheinungen der Mühsal und den inneren Kämpfen des Prozesses, die dem Einzelnen und der Reise selbst eigen sind, ist kaum die Rede. Schwankungen im Verstehen oder im Glauben und besondere Herausforderungen werden kaum genauer betrachtet.

Mir aber fiel es leicht, und ich war begeistert, über die Wunder meiner göttlichen Erfahrungen zu schreiben, die mir Tränen der Erinnerung hervorriefen. Dennoch war es für mich eine Herausforderung, den Schmerz, die persönlichen Mängel und Qualen vor den Lesern auszubreiten. Aber es wäre nicht authentisch gewesen, sie zu übergehen. Und so berichte ich in diesen Kapiteln offen und ehrlich über eine ganzheitliche innere Landschaft aus Licht und Dunkel, aus Ekstase und Verzweiflung.

Zu einem Devotee, der ein Buch über Ihn schrieb, sagte Er: „Schreibe nur die Wahrheit" – eine Leitlinie, der ich bei diesem Projekt auch gefolgt bin. Alles, was hier geschrieben wird, ist wahr. Kein Fabulieren, kein Übertreiben, kein Ausschmücken – nur unverfälschtes Erzählen. Einige dieser Erlebnisse mögen dem Leser so weltfremd vorkommen, dass man sie als Ausgeburten meiner Phantasie betrachten könnte. Dazu kann ich nur sagen, dass ich mich mein Leben lang einer guten geistigen Gesundheit erfreut habe. Keine dieser Erfahrungen oder Offenbarungen wurde durch die Einnahme von psychoaktiven Substanzen verursacht. Ich habe in meinem Leben dergleichen nie eingenommen; ich habe lediglich am göttlichen Nektar teilgehabt, der eine Art „göttliche Trunkenheit" verursacht.

Einige der spirituellen Lehrer, wie beispielsweise Paramahansa Yogananda, sind so rein und ihre Erfahrungen so erhaben, dass diese nicht erfunden werden können; man kann sich nur an dem Geschenk und dem Vermächtnis ihrer Schriften erfreuen, so wie man an einer schönen Rose riecht. Ich hoffe, dass meine Geschichte vielleicht eine weitere Rose im spielerischen Garten des Göttlichen ist, die den ermüdeten, aber hoffnungsfrohen Suchern ihren Duft verströmt.

Das Gopuram – Eingangstor zum Aschram

Der Ruf

Dieses Leben hat mir der Freund verliehen – eines Tages werde ich Sein Antlitz sehen und mich Ihm hingeben. (Hafiz)

Der formlose Gott nimmt alle Formen an, um seine Anhänger (Bhaktas) zu segnen. (Sathya Sai Baba)

Und Er ist der Höchste, der über Seinen Dienern steht, und Er schickt Hüter über euch. (Koran, Surah al An'am)

Er ist mir im Traum erschienen:

Ich befinde mich auf einem Marktplatz (Basar). Es scheint ein östliches Land zu sein, aber es kommt mir nicht bekannt vor. Ein geheimnisvoller dunkler Mann mit einem weißen Turban zieht mich leise am Arm, damit ich mit ihm gehe. Ich widerstehe. Ohne ein Wort zu sagen, hebt Er mich sanft auf seine Schultern und geht auf geschlossene Vorhänge zu.

Die Vorhänge öffnen sich von selbst und Er bringt mich auf eine große, erhöhte Bühne. Mehrere Menschen stehen dort bereits in einer Schlange an und warten. Ich stehe am Ende dieser Schlange. Auf einmal kommt von der rechten Seite ein kleiner, weiß gekleideter Mann mit jovialem Gesicht und intensiven Augen und schön frisiertem schwarzen Haar auf die Bühne, als würde Er durch die Luft gleiten. Er beginnt zu denjenigen zu sprechen, die vor mir auf der Bühne in einer Reihe stehen, als ob Er eine Rede halten würde.

Er spricht mit jedem in der Reihe. Er legt seine Hand auf den Kopf der Person, die neben mir steht, als würde Er sie segnen.

Als ich an der Reihe bin, habe ich den Eindruck, dass ich mit Ihm allein bin. Ich spüre die Bedeutung und Gesetztheit Seiner Gegenwart und ein seltsames Gefühl der Zeitlosigkeit. Er spricht zu mir: „Es wird immer schlimmer", und nimmt geschwind eine Uhr von Seinem Handgelenk und gibt sie mir. An Seinem Handgelenk sah die Uhr aus wie aus Gold, besetzt mit kostbaren Edelsteinen und Diamanten, aber in meinen Händen verwandelten sich ihre Armbänder in weiße, mit Goldfäden durchzogene Seide, und das Zifferblatt war mit Diamanten besetzt.

Als ich aufwachte, hallten die Worte „Sai Baba" in meinem Kopf wider. Es war der 5. September 1995. Alles, woran ich mich von Seiner Ansprache erinnerte, waren mehrere Hinweise auf die Zahl Drei.

Ich begann zu überlegen, wie oft ich den Namen Sai Baba in den letzten Wochen aus verschiedenen Quellen schon gehört hatte. Im Nachhinein betrachtet, war es eine Flut von Andeutungen, aber der Groschen war noch nicht gefallen, und so musste Er selbst in einem Traum erscheinen.

Beispiele für diese Hinweise waren: Als ich eine Wohnung suchte, fiel mir am Schwarzen Brett in der Schule als Erstes die Anzeige einer Frau auf, die sich, als ich sie dann traf, als Sai Baba-Anhängerin vorstellte. Als sie mir die Wohnung zeigte, begann sie über Sai Baba und Seine Wunder zu sprechen. Sie erwähnte auch, dass eine Gruppe im Dezember nach Indien reisen würde, um Sai Baba zu sehen. Ich fragte mich, warum mir diese Fremde von ihrem spirituellen Leben und ihrem Guru erzählte. Doch die Information über die Gruppe, die nach Indien reisen würde, blieb bei mir hängen, da ich gerne reiste.

Ein Verwandter, mit dem ich in regelmäßigem Kontakt stand, fragte mich zum ersten Mal, ob ich von einem Sai Baba gehört hätte. Er beschrieb mir Sai Babas Fähigkeit, heilige Asche einfach aus der Luft zu erzeugen, was ich als eine übliche Praxis heiliger Männer in Indien betrachtete.

Eines Tages lief mir ein Bekannter, mit dem ich seit vielen Jahren keinen Kontakt mehr hatte, über den Weg. Er fing an, von einem Mann zu erzählen, der ein Sai Baba Anhänger war, und von Sai Baba selbst, der viele Wunder vollbracht hatte, und bot mir die Kontaktinformationen jenes Anhängers an.

Und besonders seltsam: Als ich einmal mit einem Freund in San Francisco, wo ich damals lebte, in einem Antiquariat herumstöberte, fiel vor uns ein Buch über Sai Baba, das in den 60er Jahren gedruckt worden war, auf den Boden. Es zeigte ein Bild von Baba als jungen Mann mit Seinem charakteristischen buschigen Haar und mit Seinen Aussprüchen über Liebe und Dienst am Nächsten. Mein Freund sagte mir, dass dies der Sai Baba sei, von dem ich in letzter Zeit viel gehört hatte. Wiederum reagierte ich abweisend und hielt das Buch für ein veraltetes „Hippie-Buch", in dem von Liebe die Rede ist. Außerdem gefiel mir diese Frisur nicht! Später, als sich die Ereignisse entwirrten, amüsierte ich mich über Seinen Sinn für Humor, als Er mit frisiertem Haar auftauchte und von meiner Reaktion auf Sein Haar wusste! Das Göttliche wird alles tun, um einen Devotee anzuziehen, und es wird auf jedes Detail achten.

Seit meiner Teenagerzeit hatte ich über spirituelle Meister gelesen, und das Studium spiritueller Wege und Systeme des Erwachens interessierte mich. Von Sai Baba aber hatte ich noch nie gehört. Er hatte einmal gesagt: „Nicht einmal den Zipfel meines Gewandes wirst du zu sehen bekommen, wenn Ich das nicht will." Es war nun an der Zeit – ich wurde gerufen.

Während ich diese Reihe von indirekten Botschaften und Hinweisen erhielt, brachte mir meine Mutter, die gerade aus dem Iran zurückgekehrt war und mich besuchte, ein Exemplar des Korans, übersetzt in Farsi (persisch) in einem wunderschönen, verzierten Einband mit. Sie war eine Wahl-Christin, und dies war das erste Mal, dass sie mir einen Koran schenkte. Ich begann, ihn abends vor dem Schlafengehen zu lesen, und zwar vom Anfang bis zum Ende.

Ich war von der Schönheit, Einfachheit und Kraft der Passagen, die auf Arabisch als Gedichte geschrieben sind, beeindruckt.

Es gibt viele Übersetzungen des Korans, und wie bei jeder religiösen Schrift, werden im Laufe der Zeit Änderungen am Originaltext vorgenommen. Dennoch hat der Koran seine einzigartige Kraft, die im Leser ein intensives Sehnen nach dem Göttlichen hervorruft, bewahrt. Nachdem ich die letzte Sure beendet hatte (ein Kapitel, dessen Länge von mehreren Seiten bis zu einigen Wörtern variiert; Suren sind Offenbarungen, die der Prophet Mohammed von Allah erhalten hat), sprach ich spontan und aus tiefstem Herzen zu dem Unsichtbaren: „Gott, ich möchte dich kennenlernen." Noch nie hatte ich so leidenschaftlich mit Gott kommuniziert, obwohl mich schon viele spirituelle Schriften bewegt hatten.

In der Nacht dieses Herzensschreis kam Baba in meinen Traum.

Nach dem Traum fing ich an, eine Verbindung zwischen all diesen jüngsten Ereignissen zu sehen und beschloss, über Sai Baba zu lesen. Diese Vorfälle waren zu bedeutsam, um sie zu ignorieren. Zu dieser Zeit studierte ich für den Abschluss eines Psychologie-Masters am „California Institute of Integral Studies" in San Francisco. Das Institut bietet Kurse an, die auf der Integration von östlicher Philosophie, vor allem der indischen, und westlichen psychologischen Konzepten basieren. Ich suchte die Bibliothek auf, um ein Buch über Sai Baba zu finden. Das einzige Buch, das ich dort fand, hatte auf dem Einband ein Bild von Baba in Seinen späteren Jahren. Das Foto hatte große Ähnlichkeit mit dem Mann, den ich in meinem Traum gesehen hatte.

Ich las hier und da einige Passagen, in denen von Seinen zahlreichen Wundern berichtet wurde, die mich überraschenderweise nicht berührten und an denen ich auch nicht zweifelte. Was mich faszinierte, war zu lesen, dass Er oft Uhren für Seine Anhänger materialisierte!

Ich verspürte den starken Wunsch, nach Indien zu reisen, um Sai Baba zu sehen. Ich hatte vor, an Weihnachten meine Mutter in London zu besuchen. Ich erinnerte mich an die Frau, die eine Wohnung angeboten hatte und von einer Gruppe sprach, die im Dezember nach Indien reisen würde. Ich erkundigte mich bei ihr nach den praktischen Bedingungen einer Indienreise und beschloss, zu Weihnachten nach Indien zu fahren.

Als mein Verständnis Seiner Wege mit der Zeit zunahm, erkannte ich immer wieder, dass das „Ich" oder das Ego-Selbst glaubt, es treffe die Entscheidungen, wenn es um Sai geht, aber letztendlich waren die Entscheidungen Seine. Er leitete die Lebensshow oder das Schauspiel derer, die Er auswählte. Ich wurde dazu gebracht, ein Land und eine

Kultur zu besuchen, die mich nicht interessierten; dennoch fühlte es sich richtig an, dorthin zu reisen, und zwar so schnell wie möglich.

Die zweitägige Reise nach Indien forderte ihren Tribut; ich hatte sie nicht sorgfältig geplant. Da ich bei der Zwischenlandung in Singapur, wo die meisten Pilger übernachten, auf Schlaf verzichtete, war ich völlig erschöpft von der Reise, und es fühlte sich an, als sei ich erkältet.

Ich kam an meinem Geburtstag, dem 17. Dezember, in Indien an. Obwohl ich zum ersten Mal in dieses Land reiste und völlig erschöpft war, fühlte ich mich seltsam wohl; ich wurde von einem Gefühl der Freude und des Friedens übermannt. Die intensiven Szenen und Gerüche Indiens bei meiner Ankunft haben mich nicht verunsichert. Ich hatte keinerlei Erwartungen oder vorbereitete Fragen, die ich Sai Baba hätte stellen können, und es gab keine Pläne für meine Reise. Das war ganz untypisch für mich und anders als bei früheren Reisen, die ich unternommen hatte. Als ob ich von einem Unbekannten in einer dringenden Angelegenheit gerufen worden wäre!

Puttaparthi, wo Sai Baba geboren wurde und lebte, ist ein Dorf im Bundesstaat Andhra Pradesh in Südindien. Man konnte einen Flug von Bangalore zum Flughafen von Puttaparthi nehmen, einem kleinen Flughafen, den Sai Baba zur Bequemlichkeit Seiner Anhänger bauen ließ, um die dreistündige Fahrt von Bangalore zu vermeiden.

Die Busfahrt vom kleinen Flughafen zu Seinem Aschram *Prashanti Nilayam* (Wohnsitz des höchsten Friedens) führte uns durch wunderschöne, unberührte Landschaft, die Kindheitserinnerungen an ländliche Orte im Iran weckten. Die von Bäumen gesäumte breite Hauptstraße auf dem Weg in das Dorf, in dem sich Sein Aschram befindet, wird von schönen großen Gebäuden in Rosa und Blau flankiert. Später erfuhr ich, dass diese Gebäude verschiedene Hochschulen und Wohnheime für Seine Studenten sind.

Als wir diese Straße entlangfuhren, fiel mir auf, dass ich den Ort schon einmal in meinen Träumen gesehen hatte, vor fast zwanzig Jahren! Die Gebäude, die Menschenmassen, die zu Fuß oder in Rikschas in beide Richtungen zielgerichtet unterwegs waren, der

Trubel – all das waren Elemente dieser Träume, die nun in der Wirklichkeit Gestalt angenommen hatten. Solche Träume wiederholten sich oft, dass ich mich natürlich fragte, wo dieser Ort sein könnte. Alles, was ich aus den Träumen herauslesen konnte, war, dass es sich um ein Schul- oder Universitätsgelände handeln musste.

Ich war so bewegt von dieser Erinnerung und dem Gefühl, das man hat, wenn ein vergangener Traum wahr wird, dass ich einer indischen Dame, die neben mir saß, erzählte, dass ich diesen Ort vor Jahren in meinen Träumen gesehen hatte. Sie kommentierte nur: „Sie sind sehr gesegnet".

Was ist bloß so gesegnet daran, wenn ein Traum in Erfüllung geht, dachte ich. Wie ich später erfuhr, wird jedes ungewöhnliche, prophetische Ereignis, das mit Baba zu tun hat, als Segen betrachtet. Ich hatte keine Vorstellung von Ihm, dass Er als Gott selbst oder als Avatar angesehen wird. Ich hatte keine Ahnung von der Größe dessen, was in mein Leben getreten war.

Ich checkte in ein Hotel außerhalb des Aschrams ein, um mich auszuruhen, ging also noch nicht in den Aschram. Weiterhin von Erschöpfung und Unwohlsein geplagt, lag ich auf meinem Bett in dem schwach beleuchteten Hotelzimmer. Mein Körper und meine Sinne rangen um Erholung. Sie kümmerten sich daher nicht allzu sehr um die fremde Umgebung.

Es wurde immer dunkler. Als ich versuchte, das Licht an der Wand über meinem Kopf auszuschalten, fühlte ich mich zu schwach, um es zu erreichen, und gab auf. Aber wie in einem veränderten oder traumähnlichen Zustand wurde ich mir einer indischen Frau bewusst, die einen Schal um die Schultern trug, an dem vorne eine runde Metallscheibe befestigt war, und die mir half, meinen Arm hochzuheben, damit ich den Schalter erreichen konnte. Irgendwie wurde das Licht dann ausgeschaltet.

Wenn ich in den Schlaf fiel oder wieder aufwachte, sah ich das Gesicht von Sai Baba, das den Raum ausfüllte und mich liebevoll ansah. Diese „Erscheinungen" kamen und gingen die ganze Nacht hindurch. Obwohl sie keine Halluzinationen zu sein schienen, bekam ich keine Angst und bemühte mich auch nicht, sie zu untersuchen – ich war einfach zu müde.

Am nächsten Tag hatte ich genügend Kraft, um in den Aschram zu gehen. Ich war überrascht, einige Frauen und Männer zu sehen, die farblich gekennzeichnete Schals mit dem *Sarva Dharma*-Emblem auf einer Metallscheibe auf der Vorderseite des Schals trugen, genau wie der Schal, den die Frau in meiner Vision trug. Das *Sarva Dharma*-Zeichen ist das Symbol der Sathya Sai Organisation, es stellt die fünf Hauptreligionen mit einer Lotos-Säule in der Mitte dar. Diese Devotees werden *Sevadals* (freiwillige Mitarbeiter) genannt, sie arbeiten ehrenamtlich in verschiedensten Funktionen. Es sind hauptsächlich indische und nepalesische Devotees, die in ganz Indien für die Sai Organisation arbeiten.

Die Sevadals kommen aus verschiedenen Teilen des Landes und leisten für eine bestimmte Zeit ihren freiwilligen Dienst, bevor die nächste Gruppe von Freiwilligen die Aufgaben übernimmt. Sie sind unerlässlich für das reibungslose Management des Aschrams und der Sathya Sai Organisation, die wie ein Uhrwerk abläuft – alles aus Liebe zu Sai Baba. Es gibt auch freiwillige Ärzte aus verschiedenen Ländern, die für einige Zeit in Seinen Krankenhäusern und medizinischen Camps in abgelegenen Teilen der Welt arbeiten, wo eine medizinische Versorgung nicht ohne weiteres zugänglich ist.

Das Einnehmen der Sitzplätze für den *Darshan* (das Sehen einer heiligen Persönlichkeit) im *Mandir* (Tempel) war ein geordneter Prozess, der zweimal täglich, morgens und nachmittags, stattfand. Die Devotees stellten sich schon Stunden vor dem Darshan in Reihen auf; später teilten sich die Reihen dann in kleinere Reihen. Die Person, die am Anfang einer jeden Reihe stand, zog einen nummerierten Zettel, der den Sitzplatz dieser Reihe im Tempel bestimmte. Die vorderen Reihen waren natürlich von allen begehrt, um die Gelegenheit zu haben, mit Ihm zu sprechen, um Interviews zu bitten oder einfach nur einen näheren Blick auf den Avatar werfen zu können. An meinem ersten Tag dort war ich mir dieses Verfahrens nicht bewusst und folgte einfach der Schlange, in die ich mich eingereiht hatte. Am Ende saß ich ziemlich weit vorne.

Alle Köpfe waren auf Seine Residenz gerichtet und es herrschte eine Atmosphäre gespannter Erwartung.

Eine melodiöse Musik begann zu spielen, die Sein Kommen ankündigte. Er betrat die Halle, als würde Er gleiten, so wie ich Ihn in meinem Traum gesehen hatte. Er ging schweigend, den Blick geradeaus gerichtet, an meinem Sitzplatz vorbei. Ich bemerkte, dass Er aus den Augenwinkeln in meine Richtung schaute, und ich konnte ein halbes Lächeln auf Seinem Gesicht ausmachen. Und ich konnte mich des Eindrucks nicht erwehren, dass dieses halbe Lächeln für mich bestimmt war! Es ist durchaus üblich, dass Besucher und Devotees eine bestimmte Handlung oder Geste von Ihm während des Darshans als für sie gemeint verstehen – und oft war es dann auch so.

Mein erster Eindruck war, dass Er älter zu sein schien, als ich erwartet hatte, und dieser Eindruck wurde durch Seinen langsamen Gang noch verstärkt. Wie konnte Er mir helfen, fragte ich mich, obwohl ich nicht einmal wusste, welche Hilfe ich suchte?

Als der Darshan vorüber war und ich die Halle verließ, fühlte ich mich deutlich energetisiert, nach so kurzer Zeit keine Spur von dem leichten Fieber und der Erschöpfung. Aber ich schrieb es nicht Ihm zu. Beim nächsten Darshan saß ich schließlich in der ersten Reihe. Als Baba die Halle betrat, fiel mir auf, wie unverkennbar jugendlich Er aussah, genauso wie auf den Bildern Seiner Teenagerjahre! Er glitt elfengleich an mir vorbei und ignorierte mich glorreich! Ich war von dieser Veränderung in Seinem Auftreten völlig überrascht und erkannte, dass dies eine Lektion war, um meiner Wahrnehmung entgegenzuwirken, dass Er alt sei. Im Laufe der Jahre wurde mir klar, dass Er allwissend ist, dass Er unsere Gedanken und Handlungen kennt.

Diese Reise brachte einige meiner wichtigen Träume aus der Vergangenheit ans Licht, die mir bis dahin ein Geheimnis geblieben waren. Die Bedeutung eines weiteren, Jahrzehnte zurückliegenden Traums wurde deutlich. Der Traum:

Eine große Arena ist mit Menschen, die auf jemanden warten, gefüllt. Als ich ankomme, stehe ich im hinteren Teil, schaue mir die Menschen an und sehe eine Vielzahl von ihnen mit meist schwarzem

Haar, die auf einen bestimmten Bereich schauen. Die Luft ist von stiller Erwartung erfüllt.

Die Menge teilt sich und macht für einen ungewöhnlich aussehenden, kleinen Vogel Platz, einen exotischen Vogel mit großen Federn in roten, orangen und gelben Farben. Er pickt am Boden, beziehungsweise tut zumindest so, als würde er picken. Es scheint eine ablenkende Geste zu sein, denn die Menschen, die ihn umgeben, schauen ihm zu. Es herrscht absolute Stille.

Plötzlich hebt der Vogel ab und fliegt langsam auf mich zu. Ich merke, dass er aus irgendeinem Grund mich „ausgewählt" hat. Er nähert sich mir, und als er sich auf meinen Kopf setzt, spüre ich die Wärme seiner Brust.

Hier endet der Traum, und ich spüre noch beim Aufwachen die Wärme des Vogels.

Natürlich symbolisierte der Vogel Baba, der Gewänder in der gleichen Farbe wie die Federn des Traumvogels trug. Die Versammlung ist der Darshan-Bereich in Prashanti Nilayam, wo die Menschenmassen hauptsächlich aus Indern bestehen – die Versammlung von Menschen mit schwarzem Haar in meinem Traum.

Zu den wenigen wichtigen Sehenswürdigkeiten in Puttaparthi gehört das Geburtshaus von Baba, das nicht weit von der Hauptstraße des Dorfes entfernt liegt. Es handelt sich um einen kleinen Bereich, der jetzt in einen Innenhof umgewandelt worden ist, in dessen Mitte ein Lord Shiva geweihter Tempel errichtet wurde. Eine große, schöne Marmorstatue des sitzenden Shiva steht jetzt an der Stelle, an der Seine Geburt stattfand. Ich fühlte mich besonders zu diesem Geburtsort hingezogen und besuchte ihn, so oft ich konnte. Ich saß so lange im Tempel, wie es der anwesende Priester erlaubte, und sog die freudige und erhebende Energie der Umgebung in mich auf. In diesem Tempel zu sitzen, beglückte mich mehr als an jedem anderen Platz, selbst im Mandir.

Als ich das erste Mal diesen Tempel besuchte und durch die engen, verwinkelten Gassen ging, weckte das allgemeine Gefühl des Weges in mir die Erinnerung an einen anderen bemerkenswerten, wiederkehrenden Traum. Es war ein Traum von einer geheimnisvollen Gestalt, bekleidet mit einem perfekten weißen langen Kleid und einer weißen Kopfbedeckung, ähnlich denen, die auf Darstellungen aus jüdischer oder islamischer Zeit zu sehen sind. Die geheimnisvolle Gestalt trug ein Schwert in ihrer rechten Hand, während ich hinter ihr herging. Sie führte mich durch enge, gewundene Pfade wie aus biblischer Zeit, und fuchtelte manchmal mit ihrem Schwert herum, als wollte sie den Weg von den Menschen, die unterwegs waren, freimachen. Ihr Gesicht habe ich nie gesehen. Wir folgten diesem gewundenen Feldweg weiter, einen kleinen Hügel hinauf, vorbei an hüttenartigen Häusern. Der Traum wiederholte sich so oft, dass ich in den folgenden Träumen schon wusste, welche Wendung er als nächstes nehmen würde.

Ich dachte oft an diesen wunderbaren Traum und fragte mich, wer dieses göttliche Wesen wohl sei. War es der Kalki Avatar, der nach den *Puranas* (heilige Schriften des Hinduismus) das Dasein neu belebt, indem Er die zerstörerische Ära beendet, um ein neues Zeitalter der Wahrheit einzuleiten? Der Kalki Avatar wird beschrieben, wie Er auf einem weißen Pferd reitet und ein Schwert trägt. Oder war Er vielleicht ein islamischer Heiliger alter Zeit – nach seiner Kleidung zu urteilen? Außerdem dürfen im Islam die Gesichter der Heiligen nicht gezeigt oder gesehen werden.

Ich erfuhr, dass Sai Babas vorherige Inkarnation Shirdi Sai Baba war. Dieser verließ Seinen Körper im Jahre 1918. Die wenigen verfügbaren Bilder von Shirdi Sai zeigen Ihn in einem langen weißen Gewand und einem weißen Kopftuch nach muslimischer Art. Als mein *Sādhana* (spirituelle Praxis) Jahrzehnte später fortschritt, hatte ich immer wieder Visionen von diesem heiligen Wesen meiner Träume, die Sein Gesicht zeigten. Ein östlich aussehender Mann mit weizenfarbener, glänzender Haut, einem schwarzen Bart und großen, sanften braunen Augen, der die charakteristische weiße Kopfbedeckung trug und Frieden und Liebe ausstrahlte.

Ich nenne diese Figur „den Mann in Weiß, meinen Schutzengel" und frage mich immer, wer Er ist.

Mein zweiwöchiger Besuch neigte sich dem Ende zu. Obwohl ich wunderbare Offenbarungen erlebt hatte, hielt ich es für sinnlos, jemals nach Indien zurückzukehren, da Baba gar nicht mit mir gesprochen hatte. Ich hatte wenig Verständnis für die Art und Weise, wie Er arbeitete. Aber dies war nur ein Vorspiel für die Wunder, die ich noch erleben sollte. Schichten der Unwissenheit mussten erst noch abgestreift werden, bevor ich für diese unglaubliche Energie, die mein Leben lenkte, voll empfänglich werden konnte.

Als das Flugzeug auf dem Rückflug von Puttaparthi, über die wunderschönen rosafarbenen Kuppeln des Krankenhauses flog, schmollte ich und dachte: „Ich werde nie wieder hierher zurückkommen." Während ich diesen Gedanken hatte, begann etwas Seltsames zu geschehen. Eine Empfindung, die ich als ein starkes Gefühl von Liebe beschreiben kann, drang in meinen Brustbereich ein und füllte seinen Hohlraum. Pumpen, pumpen, pumpen, als würde man einen platten Reifen wieder aufpumpen. Das Gefühl und die Empfindung waren so unglaublich, dass mir die Tränen kamen.

Ohne es zu wissen, weinte ich *Bhakti*-Tränen (Tränen der Hingabe an das Göttliche). Baba trat in mein Dasein und beehrte mich nicht nur mit Seiner Gegenwart als Liebe, sondern gewährte mir so auch den allerschönsten Abschied. Ein Wesen, das äußerlich so sehr mit zahlreichen täglichen Aufgaben beschäftigt war, vergaß diese fremde Besucherin nicht, die immer noch dachte, Er wisse nichts von ihr.

Auf dem Flug fügte ich mir alles zusammen, was in den letzten Monaten geschehen war; die Träume von vor Jahrzehnten, die Andeutungen über Sai Baba und das ungewöhnliche Gefühl von Liebe in meiner Brust. Als ich aus dem Flugzeugfenster auf die weiten Länder, Berge und Ozeane unter mir blickte, dämmerte es mir: Wer, wenn nicht der Geist, könnte eine Seele finden, die am anderen Ende der Welt lebt, und sie an Seine Tür bringen? Meine Verbindung mit Ihm muss eine ewige sein. Mit neuer Hoffnung kehrte ich nach Hause zurück.

Lotosteich in der Gartenanlage des Aschrams

Rückkehr nach San Francisco

Das Geheimnis Gottes umarmt dich in Seinen allumfassenden Armen. (Hildegard von Bingen)

Lasst die verschiedenen Religionen bestehen, lasst sie gedeihen, und lasst die Ehre Gottes in allen Sprachen und in einer Vielzahl von Melodien gesungen werden. Das sollte das Ideal sein. Respektiert die Unterschiede zwischen den Religionen und erkennt sie als gültig an, solange sie die Flamme der Einheit nicht auslöschen. (Sathya Sai Baba)

Bevor Sai Baba in meinem Leben erschien, war die einzige andere spirituelle Praxis, mit der ich mich beschäftigt hatte, die Methode des *Vierten Weges* von G. I. Gurdjieff. Das Kapitel „Der Vierte Weg" gibt einen Überblick über die wichtigsten Konzepte dieser Lehre, die darauf abzielt, das schlummernde Selbst vor allem durch die Praxis der Selbsterinnerung zu erwecken.

In London schloss ich mich einer Gruppe des *Vierten Weges* an und blieb sieben Jahre lang dabei. Die Mitglieder einer Gruppe in ihrem nordkalifornischen Zweig bildeten meinen einzigen Freundeskreis in den USA. Einige Monate, nachdem ich diese Gruppe verlassen hatte, gab sich Sai Baba mir in jenem ersten Traum zu erkennen. Oft wundere ich mich, wie leicht es mir fiel, mich von diesem System zu trennen, das mich ernährte und eine Lebensader für meine bewusste Entwicklung war – und dass ich mich auch von meinen Freunden ohne Bedauern oder Traurigkeit trennen konnte. Die Unsichtbare Hand erleichterte diesen Übergang; ich war bereit für die nächste Phase meines spirituellen Wachstums.

Trotz all der Jahre, in denen ich Methoden der „Arbeit an sich selbst" praktizierte, war ich immer noch nicht in der Lage, das Ausmaß der göttlichen Gegenwart zu erfassen, die ich immer gesucht, und die sich nun als Sathya Sai Baba offenbart hatte. Das ist das Dilemma vieler, die sich auf dem Weg zu höherem Bewusstsein oder zum Erwachen wähnen und glauben, sie hätten die letzte Wahrheit entdeckt. Letztendlich brauchte es Gnade, um mich aus dem Schlaf aufzuschrecken – nicht nur das Studium und die Praxis einer Methode.

Nach meiner Rückkehr aus Indien im Januar 1996 setzte ich meinen Master in Psychologie am „California Institute of Integral Studies" fort. Ich fing an, das Sathya-Sai-Baba-Zentrum in San Francisco in der Iris Street im Hayes Valley zu besuchen – eines der ersten Sai-Zentren in den USA. In den meisten Städten der Welt gibt es inzwischen Sai-Zentren, da sich die Berichte über Seine Wunder über Jahrzehnte hinweg auf dem ganzen Globus verbreitet haben. Ich traf neue Freunde und Reisende auf dem Pfad. Unsere Verbundenheit wurde durch die Anziehungskraft und die Neugierde auf Baba und die Liebe, die wir für Ihn teilten, gestärkt.

Zu den Aktivitäten in den Sai-Zentren gehören zweimal wöchentlich donnerstags und sonntags das Singen von *Bhajans* (Andachtsliedern, meist traditionell), die Teilnahme an Studienkreisen, in denen Babas Lehren und andere alte Hindu-Texte diskutiert werden, sowie Seva-Projekte. Alle Sathya-Sai-Baba-Zentren auf der ganzen Welt folgen diesem dreiteiligen Modell der spirituellen Aktivitäten, wie es von Ihm empfohlen wurde. Die Seva-Aktivitäten in Indien haben eine weitaus größere Reichweite, insbesondere bei Naturkatastrophen, und sind Teil des Lehrplans von Sathya-Sai-Schulen und - Universitäten.

Nach hinduistischer Lehre gibt es drei Wege oder Yoga, die ein spiritueller Anwärter praktizieren kann. Diese sind: *Jnana*-Yoga (Weg des Wissens, Selbsterforschung), *Bhakti*-Yoga (Weg der Hingabe, Liebe zum Göttlichen) und *Karma*-Yoga (Weg des Handelns, sozialer Dienst). Zum Karma-Yoga hatte ich am wenigsten Neigung. Seit meinem frühen Erwachsenenalter habe ich mich von Natur aus zur Lektüre von Weisheitstexten und spirituellem Werken hingezogen gefühlt, mit der Tendenz, das zu analysieren, zu erforschen und zu praktizieren, was mich bei der Lektüre angesprochen hat. Dies sind Elemente des Jnana-Pfades.

Dennoch bin ich kein intellektueller Typ. Durch Babas Anwesenheit wurde mein Bhakti-Yoga nun in Gang gesetzt und im Laufe der Zeit spürbar verstärkt.

Mein Karma-Yoga-Weg kam nur langsam in Gang; allmählich, im Laufe der Jahre, als ich mit Menschen mit psychischen Störungen und Gefängnisinsassen arbeitete und lernte, meinen Beruf mehr als einen Dienst an der Gemeinschaft zu sehen und nicht nur meine beruflichen Pflichten zu erfüllen. Es dauerte viele Jahre, bis ich den Wert des Sozialen Dienstes, den Baba betonte, zu schätzen wusste. Während meiner Besuche in Indien hatte ich festgestellt, dass die indischen Devotees im Allgemeinen stark in ihren Aktivitäten des Dienens waren, und ich war beeindruckt von den Aufgaben, die sie bereitwillig übernahmen.

Jiddu Krishnamurti sagt, dass keine Organisation einen Menschen befreien kann. Diese Behauptung ist in Bezug auf die ersten Stufen auf dem Pfad der Selbstverwirklichung nicht ganz richtig, wenn der glückliche Aspirant in der richtigen Schule oder Organisation landet. Wie P. D. Ouspensky, ein Lehrer der Methode des *Vierten Weges*, beobachtend feststellte, muss man, um weniger „Gesetze" oder Regeln befolgen zu müssen, zuerst eine Reihe von zusätzlichen „Gesetzen" befolgen, um gegenüber den Beschränkungen des Lebens freier zu werden.

Für einen Anfänger gilt: Spirituelle Gesetze können nicht selbst erschaffen und nach eigenem Gutdünken befolgt werden; eine Art Mentorschaft ist notwendig. Authentische spirituelle Organisationen können Anleitung geben und ihre Mitglieder an die Zielsetzungen ihrer Praxis erinnern und sie so zu eigenem Bemühen ermutigen. Das Ziel einer echten spirituellen Organisation wird es sein, die Praxis der Lehren, die die bewusste Entwicklung fördern, zu leiten und zu verbreiten. Leider gibt es heutzutage viele selbsternannte „Gurus", die sich auf dem modernen Basar der Spiritualität niedergelassen haben, Halbwahrheiten aus Büchern lehren und eine entsprechende Rolle kultivieren, um leichtgläubige Sucher anzuziehen.

Ich fühlte mich von den gefühlvollen und tief berührenden Bhajans, die im Zentrum gesungen wurden, angezogen. Andächtiges Singen hilft einem, das Ego-Selbst zu vergessen; mit rhythmischem Klatschen verringert man auch die Aktivität des Verstandes. In allen Religionen sind Gruppengebete und -gesänge vorgegeben und gehören dazu. Die meisten Gebete verwenden den Begriff „wir" anstelle von „ich". Baba liebte hingebungsvolle Lieder und sang sie mit melodiöser Stimme. Viele dieser Bhajans wurden von Seinen Anhängern eigens für Ihn geschrieben, um damit ihre Verehrung für den unter ihnen lebenden Avatar zum Ausdruck zu bringen, nachdem Er im Alter von vierzehn Jahren Seine Avatarschaft verkündet hatte.

Ich liebte vor allem den Klang der Sanskrit-Bhajans; sie fielen mir unerwartet leicht und erlaubten mir, mehr Emotionen auszudrücken, als wenn ich auf Englisch sang. In den folgenden Jahren fing ich an, die Bhajans im Zentrum zu leiten.

Ich verkehrte hauptsächlich mit den Devotees des Sai-Zentrums. Während eines Abendessens mit einem Devotee erklärte ich einmal, dass, wenn ich jemals ein Interview mit Sai Baba haben würde, ich Ihn um einen Geschmack von Gott bitten würde. Damit drückte ich im übertragenen Sinne meine lebenslange Sehnsucht aus, Gott zu kennen. Die Wahrscheinlichkeit, dass Er mir ein Interview gewähren würde, war ohnehin gering. Ich hatte in Seinem Aschram Tausende von Menschen gesehen, die sich das Gleiche erhofften. Und warum sollte Er ausgerechnet mit mir sprechen wollen?

Der erste Traum von Ihm wurde in die Tiefen meines Geistes zurückgedrängt, denn es war ja nur ein Traum. Und ich hatte ganz die Gefühle der Liebe vergessen, die mich im Flugzeug überkamen. Er hatte gesagt: „Ich bin gekommen, euch zu geben, was ihr wollt, damit ihr eines Tages annehmt, was Ich euch zu geben habe." Was Er geben wollte, war die Anhebung des Bewusstseins, und was man hauptsächlich von Ihm wollte, war Hilfe in unseren weltlichen Angelegenheiten.

Baba gab mich nicht auf, und bald nach meiner Rückkehr aus Indien begann Er, mich in meinen Träumen zu besuchen. Das geschah regelmäßig, fast einmal pro Woche. Er zog diese ahnungslose Seele unerbittlich an. Es dauerte eine Weile, bis ich erkannte, dass dies keine gewöhnlichen Träume waren. Die meisten Devotees wissen, dass Träume von Baba keine Schöpfungen des Träumers sind, sondern, wie Er es nannte, Seine Heimsuchungen. Ein echter Besuchstraum von Baba zeichnete sich dadurch aus, dass er einen glückselig und friedlich zurückließ, was tagelang andauern konnte. Er hatte eine unverwechselbare, visionäre Qualität, die der Empfänger auch verstand und erkannte. Wie bei jedem Kontakt mit Ihm war es beabsichtigt, den Träumenden zu leiten und zu unterstützen.

Diese Träume oder Besuche haben mich immer erfreut und mich für lange Zeit in Ekstase versetzt. Sie bestanden aus Belehrungen, von denen ich leider einige beim Erwachen wieder vergaß. In einigen saß Er an meinem Bett und sprach beiläufig über spirituelle Themen, die ich, wenn ich mich daran erinnerte, in meinem Tagebuch notierte. In anderen Fällen ließ Er mich Ihn umarmen. Einmal erwähnte Er ein lokales Ereignis, von dem ich nach dem Erwachen in den Nachrichten hörte. Ich erhielt einen ständigen Nachschub an Manna vom Himmel und Aufmerksamkeit, und ich fühlte mich mit Ihm verbunden wie mit einem Freund.

Als ich in einem lebhaften, bezaubernden Traum meine Wohnung betrat, fand ich sie in grün schimmerndes Licht getaucht. Eine zierliche Frau mit langem, tiefschwarz gelocktem Haar, stand in der Mitte des Wohnzimmers und wandte mir den Rücken zu. Was hatte diese Frau in meinem Haus zu suchen? Sehr schnell drehte sie sich um und kicherte spielerisch, wie ein Kind. Oh, es ist Baba, dachte ich, wie schelmisch! Das Zimmer war so in grünes Licht getaucht, dass ich nicht erkennen konnte, was sie trug. Ich umarmte sie und sagte ihr, dass ich sie liebe.

Sai Baba hatte erklärt, dass Er die Verkörperung von Shiva und Shakti sei, also der männlichen und weiblichen Aspekte des Göttlichen in menschlicher Form. Man konnte die Qualitäten dieser beiden Aspekte während der Interaktionen mit Ihm erfahren.

Wenn ich über Krishnas Leben und Seine munteren Spiele mit den Gopis lese, frage ich mich manchmal, ob ich jetzt eine Gopi bin oder vielleicht eine war. Die Gopis galten allgemein als weibliche

Verehrerinnen von Lord Krishna, die für ihre intensive Hingabe und Liebe zu Ihm bekannt sind. Baba hatte gesagt, die Gopis seien keine einfachen Dorfbewohnerinnen, sondern Weise, die sich inkarnierten, um bei ihrem Herrn Krishna zu sein. Baba schien ganz so wie Krishna zu sein, über den wir lesen. Ich habe gelesen, dass Er einmal einen Redner korrigierte, dass Er nicht wie Krishna, sondern Krishna selbst sei.

Die Frustrationen der äußeren Welt veranlassten mich, mich bei Ihm über die Einschränkungen in meinem Leben zu beklagen und manchmal an Seinem Wohlwollen zu zweifeln. Dieser Zustand der Negativität schloss die Gnade aus, die ich eigentlich genoss.

Eine außergewöhnliche Begebenheit betraf eine kleine Bildkarte von Shirdi Baba. Ich kaufte dieses Bild in Indien an einem der vielen Stände außerhalb des Aschrams. An diesem Tag zerriss ich das Bild wütend und warf es weg.

Kurz darauf fühlte ich mich jedoch schlecht, weil ich das Bild einer heiligen Person nicht respektiert hatte. Ich sammelte die Schnipsel wieder auf und klebte sie zusammen. Ich überprüfte alles, um sicherzugehen, dass ich das Bild auch gut zusammengefügt hatte! Während ich es überprüfte, begann ein helles, elektrisches, weiß-blaues Licht von ihm auszugehen, das auf meine Brust gerichtet war. Ich konnte es einfach nicht glauben! Nach einigen Augenblicken setzte wieder mein Verstand ein und ich begann mich zu fragen. Hatte ich mir das nur eingebildet? Es konnte unmöglich ein solches Licht von diesem zerrissenen Bild ausgehen. Aber es war nicht zu leugnen, dass es geschehen war. Ich wurde in einen nicht-alltäglichen, zeitlosen Zustand versetzt, während ich mir gleichzeitig bewusst war, dass der rationale Verstand das Ereignis selbst in Frage stellte.

„Ihr werdet Mich nur durch Meine Taten verstehen. Deshalb zeige Ich euch manchmal Meine Visitenkarte, die ihr Wunder nennen, um euch zu enthüllen, wer Ich bin. Es sind weder magische Tricks noch *Siddhis* (okkulte Kräfte), die eigentlich jeder mit entsprechender Disziplin und Yogaübungen erlangen kann. Aber Meine Kräfte, Menschen zu schützen, zu heilen und zu retten und Gegenstände zu materialisieren, haben ihren Ursprung in Gott und können nur von einem Avatar genutzt werden. Sie sind in keiner Weise konstruiert oder durch Disziplin erworben, sondern fließen aus der kosmischen Kraft." (Sathya Sai Baba, Blitz-Interview, September 1976)

Unter den Devotees war es üblich, Pilgerreisen nach Prashanti Nilayam zu unternehmen. Wenn sich Gruppen bildeten, um eine Reise zu planen, konnte man eine Welle der Aufregung verspüren. Eines Abends kündigten einige Devotees im Sai-Zentrum ihren Plan an, im Oktober eine Pilgerreise nach Puttaparthi zu unternehmen, und luden alle Interessierten ein, sich ihnen anzuschließen. Ich hatte eigentlich keine Neigung, nach Indien zurückzukehren. Doch in dieser Nacht kam mir ein Gedanke: Als Studentin könnte ich doch ein Urlaubssemester für ein Selbststudium nehmen und drei Monate dort verbringen. Was sind schon drei Monate in einem Studentenleben, wenn man dafür mit einem übernatürlichen Wesen zusammen sein kann? Ich musste nur die Gefühle der Ablehnung ertragen, wenn Er nicht mit mir sprechen sollte.

Die Dauer des Aufenthalts würde sehr lang sein – entsprechend der überwältigenden Anziehungskraft der göttlichen Liebe. Ich „entschied mich", Prashanti Nilayam erneut zu besuchen, aber in Wahrheit war es nicht mein Plan oder meine Entscheidung, sondern Seine. Wie perfekt war Sein Timing, sich zu offenbaren, als ich noch Studentin war und es mir leisten konnte, eine so lange Auszeit zu nehmen. Ich gab meine Wohnung auf, lagerte mein Hab und Gut ein und buchte, ohne mir Gedanken darüber zu machen, wo ich nach meiner Rückkehr wohnen sollte, ein Ticket nach Indien. Mit süßer Hingabe ritt ich auf den Flügeln des göttlichen Beschützers.

Brindavan 1980

Das erste Interview

Der Wert einer Sache ist das, was ihr innewohnt.
(Shakespeare)

Eine Blume zu erschaffen, ist das Werk von Ewigkeiten. (William Blake)

Seid euch sicher, dass Gott euch nicht verhungern lässt. Er wird euch nicht nur Geld geben, sondern sogar Amrit, nicht nur Nahrung, sondern den Nektar der Unsterblichkeit. (Sathya Sai Baba)

Der Sog, wieder nach Indien zu fliegen, war stark. Wie bei meiner ersten Reise hatte ich keinerlei Wunschvorstellungen mit Blick auf das, was mich dort erwartete, und ich dachte mir auch nichts aus, um was ich Ihn bitten könnte, wie etwa, dass Er mir helfen möge, entweder auf der spirituellen Ebene oder in der materiellen Welt Fortschritte zu machen. Ich sehnte mich überhaupt nicht nach einem Geschenk von Ihm, weder nach einem der beliebten Ringe noch nach einer Armbanduhr, die Er materialisierte. Und obgleich ich einem Devotee gegenüber mal geäußert hatte, ich hätte das Verlangen, einen Geschmack von Gott zu bekommen, war der Wunsch dieses Augenblicks nicht in meinem Bewusstsein haften geblieben, und als ich wieder nach Indien flog, war die Erinnerung daran völlig verblasst.

Zu Seiner Wohnstätte zu pilgern, war die Regel, und viele fuhren trotz ihrer beruflichen Verpflichtungen dorthin, manche sogar mehrmals im Jahr. Es gibt unglaubliche Geschichten über die Art und Weise, wie Er es für Leute, die gerne Seinen Darshan erhalten wollten, sich den Flug aber nicht leisten konnten, arrangierte, durch unbekannte bzw. unerwartete Quellen zu dem benötigten Geld zu kommen.

33

Ich dachte auch nicht einmal darüber nach, wovon ich leben sollte, wenn ich nach einem dreimonatigen Aufenthalt in Indien zurückkehren würde. Anscheinend wurde ich von einer so mächtigen Anziehungskraft hingezogen, dass ich selbst nur sehr wenig zu tun brauchte! Wie ich erst im Nachhinein begriff, hatte Er bereits für alles, was wirklich nötig war, Vorkehrungen getroffen.

Ich flog von San Francisco aus, aber nicht mit der Gruppe, sondern reiste alleine nach Puttaparthi. Am 4. Oktober 1996 kam ich an und traf mich erst dort mit der Gruppe.

In den verschiedenen Ländern bildeten die Devotees, die sich auf die Pilgerreise begaben, oft Gruppen, denn Gruppen hatten eine größere Chance, ein Interview zu erhalten als Einzelne. Sai Baba ermutigte zur Gruppenarbeit, die die Zusammenarbeit und Harmonie zwischen den Mitgliedern fördert.

Jede Gruppe wählte für sich ein Halstuch mit einem bestimmten farbigen Muster, und im Falle, dass Baba einen von ihnen zum Interview rufen sollte, würden die übrigen Gruppenmitglieder sich anschließen. Diese Gruppen waren unterschiedlich groß. Sie konnten aus so wenigen wie drei, aber auch aus 35 Personen bestehen. Einige wunderten sich, wie es möglich war, dass so viele Menschen in einen so winzigen Interviewraum hineinpassten. Es kam vor, dass Baba einige Gruppenmitglieder wieder in die Halle zurückschickte. Dafür gab es zwar keine Erklärung, aber immer einen Grund.

Unsere San Francisco-Gruppe bestand aus sieben Personen einschließlich einer Iranerin mit deren Ehemann. Die ersten Tage verbrachte ich damit, mehr über die Dinge zu erfahren, die im Aschram abliefen und mir Wundergeschichten anzuhören, die Devotees aus verschiedenen Teilen der Welt erlebt hatten. Allmählich wurde die Sehnsucht, ein Interview zu bekommen, größer. Unter den älteren, erfahrenen Devotees gab es die Redensart, man solle den Blick nach innen (inner view) anstreben, nicht aber ein Interview — doch ich wollte beides! Ich fühlte mich von einem ganz tiefsitzenden Wissen geführt, dass ich wegen etwas Bestimmtem hergekommen sei, doch wann würde „es" geschehen?

Ich stand um 03.00 Uhr auf und brauchte ungefähr zwei Stunden, um mich für den Darshan vorzubereiten. Die Vorbereitungen bestanden darin, dass ich mich wusch, mir ein Frühstück zubereitete (ich aß nur selten außerhalb), meinen Sari anlegte, (was ich immer noch nicht so richtig beherrschte, zum Beispiel aus dieser langen Stoffbahn vorne die ausreichende Anzahl von Falten zu legen), und ein paar Minuten im stillen Gebet verbrachte. Dann setzte ich mich in die lange Warteschlange, und nach einiger Wartezeit durfte ich endlich in der Halle Platz nehmen. Im Lauf der Tage gab ich langsam die Hoffnung auf, dass es eine Gelegenheit geben würde, in irgendeiner Weise mit Ihm zu interagieren, und ich stand nicht mehr so früh am Morgen auf, um mich in die Warteschlange für den Morgendarshan einzureihen.

Am Samstag, dem 12. Oktober, kam ich erst sehr spät zum Darshan. Die Halle war gepackt voll, und so fand ich nur ganz hinten noch einen Platz. Der Darshan war schon fast vorbei, und Baba stand auf der Männerseite, der letzten Station Seines täglichen Rundgangs. Wieder ein Darshan fast vorüber – ohne Kontakt zu Ihm und ohne auch nur ein kleines Zeichen des Wiedererkennens! Ich begann, still zu weinen. Um meine Tränen vor den Frauen um mich herum zu verbergen, senkte ich den Kopf, band das Halstuch los und trocknete damit mein Gesicht ab.

Als ich wieder aufblickte, sah ich einen der Männer aus unserer Gruppe mit dem San Francisco-Halstuch aufstehen und zur Veranda gehen.

Ich sah genauer hin und mich traf fast der Schlag, als ich sah, dass alle Mitglieder unserer Gruppe bereits auf der Veranda saßen. Nur ich fehlte noch. Ich eilte in Richtung Veranda. Die Sevadals ermahnten mich besorgt, mein Halstuch umzubinden und mein Kleid glattzu-streichen. Physische Nähe zum Avatar war etwas sehr Bedeutsames, und die Sevadals achteten streng darauf, dass sich die Besucher diszipliniert verhielten und anständig gekleidet waren.

Baba war noch dabei, Seine Runde zu Ende zu bringen. Bevor Er zur Veranda kam, sprach Er noch mit einigen und nahm Briefe von

Devotees entgegen, die in der Regel Bitten, Fragen oder Einladungen enthielten – so wie Er es jeden Tag tat.

Das Protokoll für die Minuten, die man auf der Veranda verbrachte, bevor man den Interviewraum betreten durfte, war folgendes: Die männlichen Mitglieder der Gruppe saßen in einer Reihe vor dem Eingang zum Interviewraum und die Frauen den Männern gegenüber. Zwischen beiden Reihen wurde genug Platz gelassen, damit Baba auf dem Weg in den Interviewraum hindurchgehen konnte. Die Atmosphäre war von freudiger Erwartung, mit Baba sprechen zu können, aufgeladen, und wir warteten schweigend.

Das Stimmungsbild hatte etwas Himmlisches: Unter uns der glitzernde weiße Marmorboden, von oben das gleißende Licht der riesigen Kronleuchter, vor uns der Anblick der großen Menschenmenge, die uns beobachtete, und in uns die Vorfreude darauf, mit Ihm sprechen zu dürfen. Er kam mit langsamen Schritten auf die Veranda zu, in der Hand die Briefe der Devotees, und schaute uns an. Während Er näherkam, spürte ich, dass mich ein Gefühl der ehrfürchtigen Scheu erfüllte, welches von der Majestät Seiner Präsenz herrührte. Sein Gang war wie der eines Löwen, langsam und ruhig und machtvoll. Ein ungewöhnlicher Glanz ging von Ihm aus, der aus Seinem Inneren kam, und der machte, dass Seine ganze Erscheinung mit dem orangefarbenen Gewand, Seiner braunen Haut und Seinem tiefschwarzen Haar hell leuchtete. Das nahm ich dann noch intensiver wahr, als ich im Zimmer näher bei Ihm saß. Die anderen Menschen wirkten im Vergleich zu Seinem Leuchten eher stumpf – egal, wie attraktiv, gut gekleidet oder mit Edelsteinen geschmückt sie waren.

Er machte ein paar kurze Bemerkungen in Richtung der indischen Männer, die auf der Veranda saßen. Die Iranerin hatte schon mehrere Interviews gehabt und fühlte sich in Seiner Gegenwart ganz entspannt. Ich hatte gehört, dass Baba den Iranern, die zu Besuch kamen, besondere Aufmerksamkeit schenkte und dass Er sie gernhatte.

Er wandte sich an die Iranerin und bemerkte wie nebenbei: „Erster Ehemann gegangen", und ging hinein. Sie schien verstanden zu haben, was Seine Worte bedeuteten, und wurde nachdenklich.

Höhere Wesen vergeuden keine Zeit mit überflüssigem Reden, sie gehen mit Zeit und anderen Ressourcen sparsam um. Später beobachtete ich, dass Seine Kommentare, Vorhersagen usw. meist kurz und treffend waren.

Er hielt uns die Tür auf, während wir eintraten. Unter den Devotees gab es allgemein die Aussage, dass Er in den Interviews wie eine Mutter oder wie ein warmherziger Gastgeber war – anders als Er vielleicht während des Darshans gewirkt haben mochte. Dies entsprang dem Eindruck von Seiner doppelten Natur als weibliche Shakti und männlicher Shiva. Als ich an Ihm vorbeiging, traf es mich schlagartig, von welch faszinierender transzendenter Schönheit Er war, und ich sagte spontan und leise: „Du bist so wunderschön."

Der kleine Interviewraum war durch zwei alte blaue, von Vorhängen verdeckte Holztüren von einem dahinter liegenden Zimmer abgeteilt. Der Raum war sehr schlicht eingerichtet. Reichlich vorhanden waren die Farben Rot und Purpur. Der Sitz Seines Sessels, das Polster zu Füßen Seines Sessels, das Blumendekor auf dem strohgeflochtenen Korb, der die Päckchen des von Ihm gesegneten *Vibhuti* (heilige Asche) enthielt, die Er zum Verteilen bestimmt hatte – alles war entweder purpurfarben oder rot. Rot wird mit Shiva assoziiert. Auf der Fensterbank stand eine kleine Bronzefigur von Nataraj, dem tanzenden Shiva, darüber hing eine schlichte Wanduhr. Wir saßen auf dem nackten Marmorfußboden, die Frauen zu Seiner Linken, die Männer zu Seiner Rechten.

Als alle Platz genommen hatte, schloss Er die Türen, verriegelte sie und knipste den Ventilator an, der an der Zimmerdecke hing. Mich durchfuhr der Gedanke: „Oh nein, ich werde mich erkälten!" – wie es mir oft passierte, wenn ich unter einem Ventilator saß. In dem Augenblick, in dem mir dieser Gedanke kam, knipste Er den Ventilator wieder aus. Ich fragte mich, ob Er etwa meinen Gedanken gelesen hatte!

Er stand neben Seinem Sessel, der in der Ecke in der Nähe des Fensters stand und begann, Seine Hand kreisen zu lassen, um Vibhuti zu materialisieren. Es gehörte zum typischen Ablauf, dass Er zu Beginn des Interviews das materialisierte Vibhuti nur an die Frauen verteilte.

Ich saß Seinem Sessel, neben dem Er stand, am nächsten, und da ich klein bin, konnte ich in dem Moment, als Er Seine Hand kreisen ließ, Seine Handfläche von unten ganz genau sehen. Ich konnte eine Flüssigkeit erkennen, die sich in Form eines Wirbels auf Seiner Handfläche bildete. Sie tropfte nicht herunter und verwandelte sich schnell in weißes, sandiges, festes Vibhuti, das Er mit einer raschen Handbewegung auffing und an die Frauen verteilte. Instinktiv aß ich die kleine Portion, die Er mir in die Hand rieseln ließ. Er kommentierte es mit den Worten: „Iss, gutes Mädchen."

Dann nahm Er auf dem mit rotem Samt bezogenen Sessel Platz. Bei diesem Interview waren auch einige Inder und Italiener dabei, die Er dafür ausgesucht hatte. Baba wirkte sehr entspannt und anmutig. Die Iranerin hatte mehrere Rollen von großformatigen Baba-Postern mitgebracht, die Er signieren sollte. Während Baba das zweite Poster signierte, machte ich fast im Beschwerdeton die Bemerkung: „Das wird wohl eine ganze Weile dauern!"

Die kurze Zeit, die wir mit Ihm verbringen durften, war äußerst kostbar, und ich musste einfach zum Ausdruck bringen, was ich empfand. Baba hielt eine Sekunde lang inne, legte den Kugelschreiber weg und nahm das Gespräch mit der Gruppe wieder auf. Die Frau war möglicherweise ärgerlich, aber sie erwähnte niemals, dass ich sie dabei unterbrochen hatte, eine der von den Devotees begehrtesten Unterschriften zu erhalten.

Er begann damit, jedem einzelnen in der Gruppe Fragen zu stellen, deren Antworten Er bereits wusste, was jeden sich entspannen ließ. Es handelte sich um Fragen, die das Eis brachen und oft zu einer Lehre, einer Vorhersage oder zur Offenbarung Seiner Allwissenheit führten. Eine Seiner bekannten Fragen, die Er im Interviewraum oft stellte, war „Was wünschst du dir?" Diese Frage erinnert an spirituelle Geschichten aus alten Zeiten, wenn es geschah, dass einem spirituellen Aspiranten, der in der Einsamkeit lebte und jahrelang Askese geübt hatte, auf einmal ein Geist erschien und ihn fragte: „Was wünschst du dir?" Vielleicht waren wir alle, die in diesem Raum saßen, in früheren Leben auf der spirituellen Suche gewesen, und dies war der Moment, auf den wir Äonen lang gewartet hatten.

38

Er machte zum Leben eines jeden von uns kurze Bemerkungen. Der einen beschrieb Er, wie es um ihre Kinder stand, dem anderen sagte Er etwas über sein Geschäft, andere fragte Er: „Wo ist dein Ehemann" bzw. „… deine Ehefrau?" Einen Mann, der in einer langjährigen Beziehung lebte, fragte Er: „Wo ist die Ehefrau?" worauf der Mann antwortete, er sei nicht verheiratet. Baba hob Seinen Zeigefinger und stellte richtig: „Nein, er hat eine Frau", womit Er andeutete, dass der Mann eine feste Beziehung hatte. Der Mann lächelte und senkte den Kopf.

Zuletzt wandte Er sich mir zu und fragte mich: „Wo ist der Ehemann?" Dies war das erste Mal, dass Er mich ansah. Wie es ist, in Seine Augen zu schauen, könnte ich am besten so umschreiben: Es ist, als blicke man in die Unendlichkeit, in eine unvorstellbare Tiefe, die einen bezaubert. Ich antwortete einfach: „Kein Ehemann."

Dann sagte ich spontan, ohne dass Er mich gefragt hätte, was ich mir wünschte: „Baba, ich möchte mit meinem inneren *Atman* (dem innewohnenden Gott) in Berührung kommen", wobei ich auf meine Brust deutete. Dieses Sanskrit-Wort hatte ich erst kürzlich gelernt. Es war das Äquivalent zu dem Konzept des Selbst, das ich im System des *Vierten Weges* studiert hatte.

Er machte ein Wortspiel aus der Art, wie ich „Atman" aussprach, nämlich wie „Asthma". Die korrekte Aussprache ist „Aatma". Dann schaute Er mir direkt in die Augen, ziemlich ernst, aber sanft, und während Er mich im Blick behielt, sprach Er einen Satz in einer mir unbekannten Sprache. Die Sprache schien nicht Telugu, Seine Muttersprache zu sein. Ich erinnere mich nur daran, dass der Satz mit einem Wort begann, das wie „maama" klang und mit „aatma" endete.

Ohne den Blick von mir abzuwenden wiederholte Er ihn zum zweiten Mal. Verwundert schaute ich Ihn an und blickte mich dann im Raum um, ob vielleicht einer der älteren Devotees Seine Worte verstand, denn ich war ja zum ersten Mal hier bei Ihm. Die Gruppe schien erstarrt und verstummt zu sein. Baba wiederholte den Satz zum dritten Mal. Nach ein paar Sekunden sagte Er liebevoll: „Ich werde segnen."

In einem Augenblick der Stille, die eingetreten war, nachdem Er mit anderen gesprochen hatte, fragte ich wieder spontan: „Baba, wann werde ich heiraten?"

Baba sagte ganz ruhig: „Du wirst in einem Jahr heiraten."

Das Gefühl, das sich sofort einstellte, war, dass ich Ihm nicht glaubte. Ich fragte: „Wirst Du den Mann aussuchen?" Er bedeutete mir, dass Er einverstanden war, indem Er auf die indische Art nickte: Er wiegte den Kopf hin und her.

Die Nähe zu Mutter Sai brachte Identifizierungen zutage, Wünsche, die man frei von Schuldgefühl oder Scham äußern konnte. Im Nachhinein war ich recht erstaunt über meine Frage, es war, als ob jemand mir auf den Kopf geklopft hätte, damit ich sie stelle. Normalerweise wäre es mir peinlich, vor anderen etwas so Persönliches auszusprechen und erst recht vor Baba, so als ob Er ein Wahrsager wäre. Später sollte sich herausstellen, was für eine Bedeutung diese Frage hatte. Vielleicht hatte mir ja tatsächlich jemand auf den Kopf geklopft.

Dann erhob sich Baba und bat die kleine Gruppe Italiener zu einem privaten Gespräch in den hinteren Raum. Er öffnete den Vorhang, der die beiden Zimmer teilte und wartete, bis sie alle durch die alten blauen Türen hineingegangen waren. Ich hielt den Kopf gesenkt während ich die Demut dieses hohen Wesens bewunderte, das geduldig den Vorhang aufhielt, damit andere hindurchgehen konnten.

Als ich wieder aufsah, merkte ich, dass Baba mich ansah und wunderschön lächelte, während Er den Vorhang aufhielt. Ich lächelte zurück. Unser beider Lächeln schien eine ganze Weile anzuhalten. Dieser Augenblick prägte meinem Herzen eine bleibende Erinnerung von einer schönen, stillen Kommunikation mit dem Avatar ein, die ich liebe und ehre. Mir dämmerte, dass die Person, die wir im Interviewraum erlebten, nur ein Bruchteil dessen war, was sie in Wirklichkeit ist. Nur aus Liebe interagierte Er mit uns und bekundete Sein Interesse an unserem Leben. Er hatte ja erklärt, dass wir Ihn niemals verstehen könnten, und mir wurde bewusst, dass es wahr ist.

Während die andere Gruppe in dem hinteren Zimmer war, hob ich Sein samtenes, purpurfarbenes Fußpolster auf und hielt es an meine Brust. Augenblicklich verspürte ich Ruhe und Leichtigkeit. Nun wollte ein großer Anteil meiner Persönlichkeit verstandesmäßig argumentieren, dies sei nur eine Assoziation, die mein Hirn entstehen ließ, weil es Sein Fußpolster war, doch was ich empfand und erlebte war unmissverständlich. Eine Inderin, eine von jenen, die zum Interview gerufen worden waren, fand es unerhört, dass ich Sein Fußpolster an mich genommen hatte – in ihren Augen eine Respektlosigkeit gegenüber dem Avatar, und so stellte ich es wieder an seinen Platz. Ich schaute zu den Türen, die die beiden Zimmer voneinander trennten, und durch den schmalen Spalt zwischen ihnen konnte ich Baba sehen, der auf Seinem, unserem Raum zugekehrten Stuhl, saß. Ein flüchtiger Anblick Gottes durch eine Pforte. Ich genoss es, Ihn dabei zu beobachten, wie Er gestikulierte. Und wieder nahm ich das Leuchten wahr, das von Ihm ausging und die Farbe Seines Haars, Seiner Haut und Seines Gewands intensivierte.

Die italienische Gruppe kam heraus und Baba sagte: „San Francisco, geht hinein." Während wir uns aufmachten, in den hinteren Raum zu gehen, saß Er schweigend auf Seinem Sessel. Dann kam Er herein, und wir setzten uns um Ihn herum. Das Zimmer war unmöbliert. Er sprach mit den anderen über deren persönliches Leben und beantwortete Fragen. Eine Afroamerikanerin aus unserer Gruppe hatte Fotos von ihren Kindern mitgebracht und ließ sie von Baba segnen. Bei dieser kurzen Zusammenkunft hatte ich keine Interaktion mit Baba, außer dass ich in einem Moment kurz auflachte, weil ein Gruppenmitglied auf eine übertrieben blumige Weise mit Baba sprach, die sonst nicht ihre Art war. Er wandte mir Sein Gesicht zu und schaute mich mit einem Augenzwinkern und verhaltenem Lächeln an. Ich legte meine Hände anbetend zusammen, um Ihm die Ehre zu erweisen (und um mein Kichern wiedergutzumachen) und lächelte.

Das Interview war vorbei, und wir verließen das Zimmer. Er stand draußen vor dem Eingang und wartete, dass wir herauskämen. Ich flüsterte: „Danke!" und Er nickte zur Antwort. In mir regte sich der Wunsch, Er möge mir das weiße Taschentuch geben, das Er in Seiner

Hand hielt. In dem Augenblick, als ich das dachte, warf Er es einem Studenten hin, der auf der Veranda saß.

Wie ich bald erfahren sollte, hatte Er mich bereits mit dem seltensten Geschenk beschenkt. Die Botschaft war, dass ich keine materiellen Dinge, wie etwa ein armseliges Taschentuch, begehren sollte, auch wenn es Sein Taschentuch war. Die melodischen Morgen-bhajans begannen, erfüllten die Halle mit ihrem Klang und vertieften unsere glückliche Stimmung, während wir die Halle verließen.

Wir versammelten uns am Aschram-Tor, alle ganz erhoben und von Seiner Energie aufgeladen. Wir verabredeten, uns später am Tag im Ganesha-Garten, einem kleinen hübschen Garten innerhalb des Aschrams, zu treffen, um das Interview noch einmal Revue passieren zu lassen. Jeder hatte vielleicht Teile des Interviews anders gehört oder anders in Erinnerung als andere oder etwas nicht mitbekommen.

Was diese unterschiedlichen Wahrnehmungen betrifft, so habe ich Berichte von Devotees gelesen, die Baba in ihrer Muttersprache reden hörten, während Anwesende, die diese Sprache nicht beherrschten, Ihn definitiv Englisch sprechen hörten! Eine Besucherin aus dem Iran erzählte mir, Baba habe in einem Interview fließend Farsi gesprochen, und sogar in dem Dialekt ihrer Gegend im Süd-Iran!

Ich wohnte innerhalb des Aschrams in einem der mehrstöckigen Gebäude, die den Devotees und Besuchern zur Verfügung stehen. Mit dem Anwachsen der Besucherzahlen erstreckte sich die Errichtung dieser Gebäude über einen längeren Zeitraum. Ich teilte das Zimmer im Süd-Block mit einer älteren Inderin. Es ist mir wichtig zu erwähnen, dass die Kosten für Essen und Wohnen im Aschram extrem niedrig sind, ebenso wie die Preise in den kleinen Supermärkten dort. Sai Baba hat andere niemals um Geld gebeten. Er hat ausschließlich gegeben und nicht genommen. Wie Er sagte: „Liebe gibt und vergibt. Das Ego nimmt und vergisst."

Nach unserem Treffen am Aschram-Tor machte ich mich auf den Weg zu meinem Zimmer. Unterwegs spürte ich einen ungewöhnlichen süßen Geschmack, der sich in meinem Mund auszubreiten begann. Ich vermutete, die heilige Asche, die Er materialisiert hatte, habe einen süßen Nachgeschmack hinterlassen. Ich erzählte meiner Zimmergenossin freudig von unserem Interview und seinen Höhepunkten und auch von dem süßen Geschmack in meinem Mund und dass ich mich fragte, was das sei. Sie sagte ganz gelassen und sicher: „Durch Seine Worte gab Er dir Amrit, Shivas Nektar. Es wird eine lange Zeit andauern." Ihre einfache, mir rätselhafte Erklärung und die Art und Weise, wie sie sie mir gab, erwies sich als wunderbar zutreffend.

Meine Kenntnisse von der indischen Mythologie und Spiritualität wie auch mein Interesse daran, waren minimal. Ich hatte etwas über Amrit gelesen, was als Nektar der Unsterblichkeit beschrieben wird, wusste aber auch nicht viel über die Attribute Shivas, oder dass Amrit mit Ihm assoziiert wird. Dieser Umstand war mein Glück, denn so durfte sich diese Erfahrung ohne Selbstbestätigung, ohne assoziatives Denken und ohne Berechnung entfalten.

Zu diesem Zeitpunkt war es mir noch nicht bewusst geworden, dass ich ein Jahr zuvor einer Devotee gegenüber die Bemerkung gemacht hatte, ich würde Baba, falls ich Ihn sehen sollte, um den Geschmack Gottes bitten. Und im Interviewzimmer hatte ich gesagt, ich wünsche mir den Kontakt zu meinem Atman. Gott, das Höchste Selbst, der Atman – alle diese Begriffe verweisen auf die allumfassende Essenz der Wahrheit und Wirklichkeit.

Ich wurde neugierig und wollte den Geschmack auf seine Beständigkeit testen. Ich gurgelte mehrmals mit einem kräftigen, bitteren Mundwasser, trank zusammen mit meiner indischen Zimmergenossin in einem Café außerhalb des Aschrams mehrere Tassen starken Kaffee – nicht gerade mein Lieblingsgetränk – doch der Geschmack blieb.

Am Nachmittag versammelte sich die Gruppe vor dem Darshan im Ganesha-Garten, um ihre Aufzeichnungen zu vergleichen. Ich forschte bei den Frauen nach, was für Erfahrungen sie mit dem Geschmack des Vibhuti gemacht hatten, und jede beschrieb ihn anders. Die eine sagte, es habe salzig geschmeckt, für die andere schmeckte es nach Milch und eine weitere sagte, es habe überhaupt keinen Geschmack gehabt. Keine von ihnen beschrieb den Geschmack als süß.

Danach gingen wir zum Nachmittagsdarshan. Die schöne Musik erklang und verkündete, dass Er in die Halle eingetreten war. Als ich Ihn hereinkommen sah, floss der süße Geschmack in Strömen meine Kehle hinunter und versetzte mich in einen ekstatischen Zustand. Jetzt wusste ich es: Der Geschmack hatte mit Ihm zu tun, nicht mit der heiligen Asche! Ich hörte auf, Ihn weiter zu untersuchen, mir zu überlegen, was ich als Nächstes tun sollte oder ob ich versuchen sollte, ein weiteres Interview zu bekommen, um Ihn wegen dieses süßen Geschmacks zu befragen. Ich nahm Seine Anwesenheit einfach bewusst wahr und auch die Ekstase, die Er in mir hervorrief.

Ich wollte gerne herausfinden, an welcher Stelle meines Körpers dieser himmlisch süße Geschmack entsprang. Eine solch starke physische Empfindung musste ja von irgendwoher in meinem Körper kommen. Ich nahm an, ihre Quelle seien meine oberen Backenzähne, denn an dieser Stelle hatte ich den Geschmack zuerst wahrgenommen. Am nächsten Tag wurde mir klar, dass der Geschmack nicht aus meinen Zähnen kam, sondern vom Scheitelpunkt meines Kopfes.

Ich konnte seinen Weg verfolgen, als mein Kopf in der Nacht auf dem Kopfkissen ruhte. Die Geschmacksempfindung wurde durch einen leichten Druck auf den Scheitel ausgelöst. Ich erinnerte mich daran, die Hypothese gelesen zu haben, der Sitz des Bewusstseins sei die Zirbeldrüse, die in der Mitte des Gehirns eingebettet ist. Mit einigen älteren Devotees, Indern und Menschen aus dem Westen, die ich im Aschram kennengelernt hatte, sprach ich über meine Amrit-Erfahrung. Keiner hatte je eine solche Erfahrung gemacht und kannte auch niemanden, der dieses Geschenk von Baba erhalten hätte.

> „Gott ist die Süße selbst *(madhura svarūpa)*. Fragt man euch nach dem Geschmack von Zucker, antwortet ihr, Er sei süß. Den Geschmack kann man nur erfahren, nicht beschreiben. In ähnlicher Weise ist die Süße Gottes nur jenen bekannt, die sie geschmeckt haben. Ebenso wie Süße *(mādhurya)* keine Form hat, so hat auch Gott keine Form." (Sri Sathya Sai Baba)

Das Amrit floss bei jedem Darshan, wurde stärker, wenn Baba in den Tempel hereinkam, und schwächer, wenn ich die Darshanhalle verließ. Während meines ganzen Aufenthalts empfand ich eine nie zuvor gekannte Freude und Glückseligkeit. Diese außergewöhnlichen Ereignisse hatten mich in einen erhöhten Zustand versetzt. Ich war glücklich, strahlend, schwebend. Das treffendste Sanskrit-Wort, mit welchem man meinen Zustand beschreiben könnte, ist *Samādhi*, völliges Aufgehen in einer höheren Wirklichkeit.

Es war die Zeit des Dasara-Festes und des Lichterfestes Diwali. Wie jedes Jahr um diese Zeit gab es Feiern und Prozessionen. *Dasara*, auch als *Vijayādashamī* bekannt, ist ein großes hinduistisches Fest, das am 10. Tag des *Āshvina*-Monats (September oder Oktober) begangen wird. Das Fest erinnert an den Sieg des Guten über das Böse. In Nordindien feiert man den Sieg Ramas über den bösen Ravana, und im Süden Durgas Sieg über den Dämonen in Büffelgestalt. (Durga ist eine Manifestation von Shakti, der göttlichen Energie.) Die vorangehenden neun Tage werden *Navarātri* genannt, was „neun Nächte" bedeutet, ein Fest, das der Göttin Durga geweiht ist.

Jede der neun Nächte wird damit zugebracht, Durga in ihren verschiedenen Gestalten anzubeten. Am ersten Tag von *Navarātri* wird die Göttin Durga durch das Ritual *Ghatasthapana* angerufen. Wie ich später herausfand, war der 12. Oktober jenes Jahres der erste Tag von *Navarātri* und der Tag, an dem sich das Amrit in mir zu bilden begann. Der Meister aller Meister hatte den richtigen Zeitpunkt gewählt, mich Seiner Gnade teilhaftig werden zu lassen.

Am 10. November folgte auf die Dasara-Feiern das Fest des Lichtes, Diwali. Die Straßen von Puttaparthi waren voll von Menschen, die feierten, Prozessionen abhielten und Feuerwerk veranstalteten. Obgleich ich eine einsame Reisende war, fühlte ich mich zuhause; ich war in meinem wahren Zuhause, wo meine Mutter wohnte, und empfand vollkommene Erfüllung. Die Heiterkeit und die festliche Stimmung der äußeren Umgebung waren Widerspiegelungen meiner innerlichen festlichen Stimmung und intensivierten meine ohnehin gesteigerte Freude.

Bei der Heimkehr trug ich ein unvergängliches Geschenk bei mir, den Nektar der Unsterblichkeit, Amrit.

Nach dem ersten Interview

*Ich kehre aus den Flammen des Feuers zurück,
müde und rein und weiß.* (William Blake)

*Die Segnungen, die ihr erhaltet, werden sich zur
rechten Zeit entfalten. Aber denkt auch daran: Wem
viel gegeben wird, von dem wird auch viel verlangt.*
(Sathya Sai Baba)

*Das Unglaublichste an Wundern ist, dass sie
geschehen.* (G. K. Chesterton)

Ich kehrte nach San Francisco zurück – von der Stadt Gottes in die
Stadt der Menschen – durchdrungen von der Glückseligkeit Seiner
unermesslichen Liebe. Als ob Seine Segnungen nicht genug wären,
schickte Er mich noch mit ein paar „Abschiedsgeschenken" auf den
Rückflug.

Als ich auf meinen Anschlussflug von Bangalore nach Singapur
wartete, fragte mich eine Stewardess, ob ich in der ersten Klasse sitzen
wolle! Und als Krönung des Ganzen umgab mich, als ich Platz
genommen hatte, ein starker Jasmin Duft. Es war, als ob man mir
frische Jasminblüten unter die Nase hielt. Ich hatte gehört, dass das
plötzliche Auftauchen von Jasmin Duft eine Art war, wie Baba Seine
Gegenwart offenbarte. Dies wurde unzählige Male von vielen anderen
Devotees dokumentiert, die diesen göttlichen Duft erlebten, sogar in
ihren eigenen, weit entfernten Ländern. Die Sitze neben mir waren
frei und nur ein einziger Passagier saß in der Reihe hinter mir.
Natürlich wusste ich, dass es Baba war. Trotzdem fragte ich die Frau,
ob sie ein Jasmin Parfüm trage, nur um den rationalen Verstand zu
beruhigen. Der Duft hielt an, bis das Flugzeug in Singapur landete, und
hörte dann auf.

Nur wenige Tage nach meinem Aufenthalt bei einem Freund in San Francisco erzählte mir ein Bekannter, dass gerade eine Wohnung frei geworden sei. Ich war noch so in Glückseligkeit getaucht, dass ich noch gar nicht mit der Wohnungssuche begonnen hatte. Es spielte eigentlich auch keine Rolle, wo ich wohnen würde – was wiederum so gar nicht zu mir passte.

Diese Wohnung wurde zum Zentrum vieler wunderbarer Sai-Erfahrungen und zum Zufluchtsort für meine innere Arbeit. Und was für eine Überraschung, als ich feststellte, dass sie direkt gegenüber dem neuen San Francisco Sai-Baba-Zentrum in der Van Ness Avenue lag! Ich staunte, wie sich Baba um alles kümmerte, was in meinem Leben wichtig war.

Von neuem geboren, schwamm ich nun in einem anderen Fluss des Lebens, liebevoll gehalten von einer unvorstellbaren phänomenalen Kraft. Das Amrit schien sich in einem Zustand der Schwangerschaft zu befinden, und Mutter Sai kümmerte sich um das Neugeborene in mir und nährte dieses Jungtier. Mein grundlegender Drang, mit der Quelle vereint zu sein, wurde erfüllt, indem ich ein Element der Quelle in mir trug.

Ich nahm wieder meine Studienroutine auf und begann mein klinisches Praktikum in einer Gemeindeklinik. Da sich das Sai Center auf der anderen Straßenseite befand, war es einfach, es regelmäßig zu besuchen und an seinen Aktivitäten teilzunehmen.

Meine Beziehungen zur äußeren Umgebung waren zwar notwendig, aber meistens von innerlichem Desinteresse geprägt – ich spielte halt das Spiel des Lebens, während ich gleichzeitig eine verborgene transformierende innere Existenz lebte. Automatisch hatte ich jegliches Zusammensein mit anderen reduziert, sogar mit den Devotees.

Die verbleibende Zeit nach der Arbeit und dem Unterricht verbrachte ich damit, alles zu lesen, was von Ihm und über Ihn verfügbar war. Die Buchreihe Seiner Ansprachen, unter dem Titel *Sathya Sai Speaks*, die seit den frühen Sechzigern zusammengestellt wurde, enthält zahlreiche Goldkörner an Weisheit und Führung, und es ist eine Freude, sie zu lesen. Die *Vāhinī*-Serien (z. B. *Prema Vāhinī, Jnāna Vāhinī, Gītā Vāhinī, Dhyāna Vāhinī* usw.) sind eine Fundgrube uralter Weisheit, die der zeitlose Geist den modernen Suchern zur Verfügung gestellt hat. Sie behandeln eine Auswahl von spirituellen Themen: Göttliche Liebe, Meditation, Rechtschaffenheit, Weisheit, Friede und Babas Kommentare zu den alten hinduistischen Texten. Diese höheren Wahrheiten werden durch Seine Erklärungen einfacher und verständlicher gemacht. Und natürlich die vielen Bücher, die von den Devotees über Baba und Seine immer wieder faszinierenden Wunder geschrieben worden sind.

Ich war keine große Meditierende in der üblichen Form, im Schneidersitz zu sitzen und zu „meditieren". Ich hielt die Praxis des *Vierten Weges* der Selbsterinnerung und Nicht-Identifikation für ausreichend. In Sai Babas Lehre wird die sitzende Meditationspraxis nicht betont. Jedoch empfahl Er eine Art der Meditation für diejenigen, die dazu tendieren, und die von Seinen Devotees als „Meditation über das Licht" (Lichtmeditation) bezeichnet wird.

Ich vermute, dass die Yogapositionen entwickelt wurden, um den Körper als Ergänzung und zur Überbrückung von Pausen in anderen yogischen Techniken, wie z. B. der stundenlangen sitzenden Meditation, einzusetzen. Die alten indischen Weisen boten geniale Methoden an, indem sie Geist und Körper nutzten, um höhere Zustände zu erreichen.

Nāmasmarana oder *Japa* (meditatives Erinnern an das Göttliche durch Wiederholung Seiner verschiedenen Namen), ebenfalls von Sai Baba gelehrt, war eine neue Übung, die ich aufnahm. Das *Nāma-smarana*, das ich praktizierte, war: *„Om Bhagavān Sri Sathya Sai Babaya Namaha"* (Gegrüßt sei Sri Sathya Sai Baba, der alle Attribute des Schöpfers verkörpert und auch unser göttlicher Vater und unsere göttliche Mutter ist) oder *"Om Sri Sathya Sai Rāmāya Namaha"* (Gruß an Sri Sathya Sai als Lord Rama) und manchmal das bekannte Jesus-Gebet: *"Herr Jesus Christus, sei mir gnädig".* All diese Praktiken, einschließlich des Singens von Bhajans, haben den Nebeneffekt, dass sie die Beschäftigung mit sich selbst minimieren, den Geist von meist nutzlosen Gedanken „reinigen" und das Ego-Ich verblassen lassen.

Sai Baba hatte gesagt, dass der Zweck aller Sādhanas darin bestehe, *Māyā* (die Illusion der phänomenalen Welt) zu überwinden. Ein Beispiel: Die Arbeit am Erkennen unserer eigentümlichen Identifikationen sowie das Sādhana des *Jnāna*-Pfades, helfen uns letztendlich, die illusorische Natur der meisten unserer Denkprozesse zu durchschauen. Er drückte die Wahrheit auf eine sehr einfache Weise aus. Die Welt da draußen schien mir geschmacklos und flach, obwohl ...

... ich ein relativ komfortables Leben in einer äußerst charmanten Stadt hatte. Ich war mir bewusst, dass ich ein außerordentlich reiches, wirklich lebendiges Privatleben führte, aber für einen Außenstehenden wurde ich vielleicht als alleinstehende Frau aus dem Iran angesehen, die ein einsames, gewöhnliches Leben am Rande der Gesellschaft führte.

Wie wahr sind doch die Worte des Philosophen Søren Kierkegaard: „Vergiss vor allem nicht deine Pflicht, dich selbst zu lieben; lass nicht zu, dass du in gewisser Weise vom Leben abgetrennt bist, dass man dich daran hindert, aktiv daran teilzunehmen, und dass du in den stumpfen Augen einer geschäftigen Welt überflüssig bist. Lasse dir dadurch vor allem nicht deine Vorstellung von dir selbst nehmen, als ob dein Leben, wenn es in der Innerlichkeit gelebt wird, in den Augen der allwissenden Führung nicht genauso viel Bedeutung und Wert hätte wie das eines jeden Menschen und wesentlich mehr als die geschäftige, eilige Geschäftigkeit, die nur damit beschäftigt ist, das Leben zu vergeuden und sich selbst zu verlieren."

Der Gedanke an die Vermutungen anderer, die, oberflächlich betrachtet, vielleicht wahr sein mochten, störte mich nicht. Ich war meinem Selbst und meinem Weg treu und einer der glücklichsten Menschen der Welt. Die innere Transformation wurde in dieser Zeit von Glückseligkeit und Ekstase begleitet. Wogen der Glückseligkeit traten auf, wenn sich mein Geist dem Göttlichen zuwandte, weg von der Außenwelt. Ich erlebte, wie es der Dichter Rilke einmal beschrieb, „nach und nach Spuren der Ewigkeit".

Diese Zeit jedoch war nicht frei von existenziellen und emotionalen Rückschlägen. In solchen Augenblicken verstärkten sich die alten Sehnsüchte; sie tauchten wieder auf, schienen die reine Wahrheit zu sein und machten mich übermütig. Ich lebte in einem mir noch unbekannten Land, weit weg von meiner Familie, und fühlte mich wie ein Vogel in einem goldenen Käfig. Ich vermisste die Gesellschaft der Weisen, und wollte auch von anderen verstanden und geschätzt werden.

Es gab Zeiten, in denen ich emotional aufgewühlt war, weil ich mich mit dem Leben anderer verglich, die Partner, Immobilien und Reichtum hatten. Ich vergaß, dass das, was mir geschenkt wurde, weder mit Reichtum noch mit einer menschlichen Beziehung erkauft werden kann. Unerfüllte Wünsche, die von meinem Geist und meinem Körper erzeugt wurden, und deren Gültigkeit nicht geleugnet werden konnte, beanspruchten den Platz, der für transzendente Ziele reserviert war.

Ich besaß eine starke körperliche und sinnliche Natur. Glücklicherweise hatte ich seit meiner frühen Jugend auch ein gewisses Maß an Kontrolle über meine Begierden, die leichter zu kontrollieren waren als das Bedürfnis nach einer emotionalen Verbindung. In solchen Momenten fuhr ich „gegen eine Wand", und der Verstand reduzierte die ganze Anmut und die außergewöhnliche Verbindung mit Baba auf etwas Belangloses. Im schlimmsten Fall fühlte ich mich in diesen Momenten rebellisch. „Ich brauche Deine Gnade nicht", sagte ich dann.

Wie machtlos sind wir doch gegen unsere Begierden! Wie sehr unterdrücken und verdrängen sie den Teil von uns, das „Ich", das sie beobachtet und so anders ist als sie, weil das Ego ihre Erfüllung für sein Überleben in der physischen Welt rechtfertigt.

Es gab auch Momente, die ich als spirituelle Frustrationen bezeichne, eine Art Enttäuschung darüber, dass mir zwar ein Ausweg angeboten wurde, indem ich von meinem Atman wusste, und dennoch das Gefühl hatte, „nicht wirklich zu wissen" und „noch nicht angekommen zu sein". Wie würde sich wohl eine Raupe fühlen, wenn sie wüsste, dass sie sich eines Tages in einen wunderschönen Schmetterling verwandeln wird, der sich in die Lüfte erhebt, wegfliegt, erwacht – aber noch in ihrem Kokon ist und warten muss? Würde sie sich nicht unruhig fühlen? Am besten wäre es, wenn sie bis dahin im Tiefschlaf läge.

Es mag gefühlsmäßig brutal erscheinen, aber war es nicht das, worum ich gebeten hatte? Kontakt mit dem Gott in mir aufzunehmen. Und das ist der Preis, die Zügelung der körperlichen und materialistischen Wünsche. Natürlich, sonst wäre ich wie jeder andere Mensch, der seinen transzendentalen Kuchen haben und ihn auch essen will! Genau wie viele, die Beziehungen haben, um ihre Bedürfnisse zu befriedigen, und sich nebenbei mit spirituellen Fragen beschäftigen. Als ich in einen nüchternen Zustand zurückkehrte, wollte ich all diese Zweifel rücksichtslos beiseiteschieben.

Solche Umbrüche traten zwar in regelmäßigen Abständen auf, waren aber eher flüchtig und beschäftigten mich nicht weiter. Ich kam immer wieder zu dem Schluss, dass die Kraft, die eine Einmischung verhinderte, sei es von innen oder von außen, mich in aller Stille formte und mich auf Diät mit den normalen Freuden des Lebens setzte. Sie schränkte mich um künftiger höherer Belohnungen willen ein. Ich erkannte, dass ich in diesem Leben, als Teil der Entwicklung meiner Seele durch verschiedene Inkarnationen, diesen Abschnitt der Reise erleben musste. Jede Seele würde früher oder später auch durch diese Phase gehen müssen. Alles war gut. Ich akzeptierte das und erhob mich über die innere Zwietracht.

Ein humorvoller Vorfall ereignete sich nach einer dieser dunklen Stimmungen. Als ich die Enge meiner Existenz spürte, warf ich eines der vielen spirituellen Bücher, die auf meinem Bett verstreut lagen, an die Wand und schleuderte ein weiteres hinterher. Mit dem Amrit und einem geöffneten emotionalen Zentrum erlebte ich eine Intensität, die ich vorher nicht kannte!

An diesem Nachmittag fuhr ich durch das Tenderloin-Viertel von San Francisco (Downtown), wo sich die Obdachlosen aufhalten. An einer Ampel warf eine obdachlose Frau wütend und ohne ersichtlichen Grund eine Münze gegen mein Autofenster, gefolgt von einer weiteren Münze und ein paar beleidigenden Worten! Ich kicherte und begriff schnell die Auswirkungen meines früheren Verhaltens, indem ich mich an Babas oft wiederholte Phrase „Aktion, Reaktion, Antwort" erinnerte. Ich entschuldigte mich in meinem Herzen bei Ihm. Ich stand unter den wachsamen Augen eines übernatürlichen Meisters. Ich konnte nicht tun, was ich wollte und wann immer ich wollte; von mir wurde viel Selbststeuerung und Selbstkontrolle erwartet.

Das erinnerte mich an eine ähnliche Erfahrung in Puttaparthi. Ich ärgerte mich über eine Schneiderin, die meine Bluse für einen Sari, den ich gekauft hatte, nicht richtig ausgemessen hatte, so dass sie viel zu klein war. Als ich aus dem Geschäft kam, sah ich einen Hund und bot ihm einen Keks an. Der Hund ignorierte den Keks völlig, knurrte, bellte, und starrte mich wütend an. Das erschien mir zunächst seltsam. Die Hunde dort sind ruhig und oft hungrig und nehmen jedes Futter bereitwillig an, insbesondere Kekse. Die Vergeltung für meine geäußerte Wut erfolgte also sofort. Puttaparthi ist von Seiner Gegenwart und reinen Energie durchdrungen. Oder vielmehr ist alles in Ihm enthalten.

„Der Mensch reift schnell durch Einsamkeit", schrieb der Dichter Rilke. Ich denke, dass Einsamkeit nur dann wertvoll ist, wenn sie dazu dient, das Selbst zu beobachten und Losgelöstheit zu entwickeln, um zu einem ununterbrochen bewussteren Zustand der Existenz zu gelangen. Losgelöstheit ist kein Zustand des Unbeteiligt Seins. Einsamkeit trägt dazu bei, die äußere Aktivität des umherwandernden Geistes, der sich seinen üblichen Tätigkeiten hingibt, zu reduzieren.

In der Gita sagt Sri Krishna: „Wenn du dich inmitten der Welt der Sinne bewegst, frei von Anhaftung und Abneigung, dann kommt der Friede, in dem alle Sorgen enden und du in der Weisheit des Selbst lebst." Das war die Wahrheit, die ich erfuhr, als ich diese heiligen Worte lebte, ob bewusst oder unbewusst, ob freiwillig oder mit schleppenden Füßen.

Drogen, wahllose Beziehungen, exzessiver Sex, der den Anschein erweckt, ein erfülltes Leben zu führen, Negativität, falsche Gesellschaft – all das schwächt die Quelle, die wir für das Erwachen brauchen, trübt unsere Sicht und verzögert die Selbstverwirklichung. Große Dinge können wir nicht umsonst haben.

Ich wollte, dass Seine Vorhersage, in einem Jahr verheiratet zu sein, eintrifft, vor allem, um meinen Glauben an Ihn nicht zu verlieren. Ich erwartete von Ihm Perfektion. Die Wahrscheinlichkeit, dass ich heiraten würde, war sehr gering. Ich war nicht in einer Beziehung, und selbst wenn ich eine Beziehung eingegangen wäre, hätte ich wohl kaum übereilte Entscheidungen getroffen. Ich konnte mir keine andere brauchbare Interpretation Seiner „Vorhersage" vorstellen, was zeitweise meine düstere Stimmung noch verstärkte. Ich konnte die Diskrepanz zwischen dem Glauben, dass Er nicht zufällig sprach, und dem Glauben, dass Er einfach unwahr gesprochen hatte, nicht auflösen. Auf einer niedrigeren Bewusstseinsebene wird eine Wahrheit in Form einer Lüge gehört.

Die Devotees im Zentrum, die mit Seinen Wegen vertrauter waren, interpretierten Seine Vorhersage meiner „Heirat in einem Jahr" im Sinne Seiner bekannten poetischen Analogie, die besagt: „Die Wahrheit ist der Vater, die Liebe die Mutter, der Friede die Tochter, die Weisheit der Sohn, die Pflicht der Bruder und die Losgelöstheit der Ehemann oder die Ehefrau." Diese Eigenschaften sind unsere wahren „Familienmitglieder", die uns unterstützen und tragen. Ich habe gelesen, dass Er einem Devotee, der den spirituellen Hintergrund Seiner Bemerkung nicht richtig verstand, sagte, dass der Devotee Seine Worte auf eine materialistische Weise interpretiere. Ein Devotee interpretierte Seine Vorhersage als Seinen Trickster-Aspekt (das Spiel mit Doppeldeutigkeiten), genau wie er Krishna eigen war. Der Trickster stehe für die Ungewissheit des Lebens.

Es gibt viele Anekdoten über die Interaktion von Devotees mit Baba, in denen Er einige verheiratete weibliche Devotees rätselhaft fragte, wann sie heiraten würden. Ich begann mich zu fragen, ob die Heirat vielleicht die endgültige Vereinigung mit dem Göttlichen bedeutete; dass meine vorausgesagte Heirat also eine spirituelle Heirat sein würde.

Er hat es nicht vergessen

Denn so, wie meine Liebe täglich neu und alt ist, so erzählt meine Liebe immer noch, was erzählt wird.
(Shakespeare)

Alle Menschen haben die Götter nötig. (Homer)

Das Maß der Liebe ist die Liebe ohne Maß.
(Bernhard von Clairvaux)

Aber Er hat Seine Worte nicht vergessen; Er hat mich nicht vergessen. Jedes Wort des Avatars ist wahr und bedeutsam.

Genau ein Jahr, nachdem Er mir gesagt hatte, dass ich in einem Jahr „heiraten" würde, kam Er in meinem Traum, oder besser gesagt, Er besuchte mich.

Es war am frühen Morgen des 12. Oktober 1997. Ich befand mich in einem Zustand zwischen Schlaf und Wachsein, dem Zustand, in dem Er mir so oft erschien. Obwohl ich physisch in meinem Bett lag, schwebte ich in mein Wohnzimmer, um die Fenster zu öffnen. Das war meine tägliche Routine nach dem Aufwachen. Genauer ausgedrückt: Ich befand mich im Astralkörper.

Als ich mich umdrehte, sah ich Baba in Seinem eigenen braunen Holzstuhl mit rotem Samt-Sitz sitzen. Er blickte zum Fenster, an dem ich stand. Sein Stuhl stand zwischen der offenen Küche und dem Wohnzimmer, etwa drei Meter von mir entfernt.

Ich war weder erschrocken noch hatte ich Angst. Die ersten Worte, die ich zu Ihm enttäuscht sprach, waren: „Warum hast Du mich angelogen?" Sie bezogen sich auf Seine Vorhersage über meine Heirat. Dann schwebte ich auf Ihn zu und setzte mich sofort links vom Stuhl hin, so wie ich es im Interviewraum getan hatte. Im Astralzustand ist die Fortbewegung schneller als im physischen Zustand und kann augenblicklich erfolgen.

Lichtstreifen zogen über Sein Gesicht und Seinen Körper. Ich hielt Seine Hand und spürte die Sanftheit Seiner Haut. Er war entspannt und antwortete nicht auf meine Frage. Stattdessen begann Er mit Seiner gewohnt konzentrierten Energie ausführlich zu sprechen, so wie Er es bei den Ansprachen über die Konzepte von Klang und Zeit tat, als würde Er Geheimnisse mit mir teilen. Er sprach über andere spirituelle Themen, die für mich neu waren, und ich hörte aufmerksam zu. In diesem Zustand verstand ich die Konzepte, aber als ich aufwachte, erinnerte ich mich nur noch daran, dass Er von Klang und Zeit gesprochen hatte. Ich erlebte die gleichen begeisterten und ekstatischen Gefühle wie im Interviewraum. Die Lichtbänder begannen mit größerer Intensität um Ihn herum zu blinken und ließen dann nach, und ich sah Ihn langsam verschwinden.

Ich wusste, dass Er gehen würde, aber wollte nicht, dass Er geht, und ließ mir Zeit, Seine Hand loszulassen. Als ich aufwachte, spürte ich immer noch Seine weiche Hand, als hätte ich sie gerade erst gehalten. Und das hatte ich auch! Als ich vollständig erwachte, rannte ich zu der Stelle, an der Er erschienen war, und sprang wie ein Kind vor Freude und Lachen auf und ab und drückte so die bemerkenswerte Flut der Glückseligkeit aus, indem ich rief: „Baba war hier!"

Der Avatar hat Seine Worte an diesen unbedeutenden Devotee aus dem Vorjahr nicht vergessen, trotz der Größe Seiner täglichen Aufgaben, trotz der Begegnung mit Tausenden von Menschen jedes Jahr. Aber Er ist natürlich der Geist! Warum vergesse ich nur immer wieder, dass Er allgegenwärtig ist und sich den menschlichen Augen offenbart, wenn es notwendig ist?

Er vergaß nicht die kleinsten Details aus dem Leben Seiner Devotees, wie es in vielen Berichten erzählt wird, egal wie viel Zeit vergangen ist. Das liegt an Seiner unergründlichen Liebe. Ich erinnere mich an die Worte Krishnas an Arjuna in der Gita, dass Er sich an ihn in seinen anderen Leben und an die vielen Einzelheiten erinnerte, alles aufgrund Seiner Liebe.

Bei der Suche in Sathya Sais Ansprachen zu den Themen Zeit und Klang, konnte ich nur diese Passage in Band 6 von *Sathya Sai Speaks* finden; Er sagt: „Klang und Zeit repräsentieren zusammen die verschiedenen kosmischen Aspekte des Herrn. Das gesamte Universum ist aus Klangschwingungen entstanden. Diese Schwingungen sind mit der Zeit verbunden. Klang und Zeit sind untrennbar und voneinander abhängig."

Er teilte mir höhere Lehren mit, die meine feineren Instrumente vielleicht irgendwo gespeichert haben, obwohl ich mich nicht daran erinnern konnte. Er verschwendete keine Zeit damit, sie meinem physischen Gehirn zum Verständnis zu vermitteln. Das kosmische Bewusstsein war verkörpert und lebte unter uns; wie kann man da versuchen, mit Sicherheit die Gründe für Sein Handeln zu erklären, die jenseits unserer begrenzten kognitiven Fähigkeiten liegen?

Verständlicherweise befand ich mich wochenlang in einem glückseligen Zustand; glückselig ist noch ein zu mildes Wort! Beflügelt durch diesen überirdischen Besuch intensivierte sich mein Sādhana, und es gab auch weniger negative Erfahrungen, die ich in dem Jahr schon erlebt hatte.

Dieser Zeitabschnitt war von einem ausgeprägten Gefühl für die vergehende Zeit geprägt. Wie in dem Traum vom Vogel, der auf meinem Kopf gelandet war, und dessen Körperwärme ich fühlte, spürte ich die Wärme eines übernatürlichen Wesens, das mir nahe und immer präsent war.

Der innere Friede führte mich tiefer in die Einsamkeit, und die vielen Traumbesuche von Baba mit dem konstanten Fluss von Amrit, tauchten mich in eine wundersame Erfahrung meines Daseins ein. Mit Freude fühlte ich mich motiviert, dem nachzugehen, was ich am meisten schätzte.

Ich war mir der Zeit bewusst, der Tage und Nächte, die wie Wasser eines Flusses vorbeiflossen, und des gleichen Repertoires an funktionaler Existenz. Alltägliche Tätigkeiten wie Einkaufen oder die Zubereitung von Mahlzeiten, die ich als „Überleben" bezeichnete, fühlten sich fordernder und einschränkender an als zuvor.

Mir wurde die Gnade zuteil, die Fülle des Göttlichen zu erleben, aber solche alltäglichen Aufgaben ärgerten mich. Wie dem auch sei, ich ließ meinem Körper weiterhin die angemessene Pflege und gelegentliches Verwöhnen zukommen. Wenn das Leben mechanisch gelebt wird und es nur darum geht, zu essen, zu schlafen, sich zu paaren und zu überleben – dann ist es zu lang; aber wenn es für die Entfaltung des Höheren Bewusstseins, des Gewahrseins des Selbst, gelebt wird – dann ist es ziemlich kurz.

„Meine Devotees, jeder von euch hat in diesem Leben eine wertvolle Rolle zu spielen. Nur diejenigen, die Ich berufen habe, können Mir dienen. Meine Mission hat nun den Zeitpunkt erreicht, an dem jeder von euch eine Aufgabe zu erfüllen hat. (...) Ich habe euch über viele Inkarnationen hinweg auf diese Arbeit vorbereitet. Ich habe euch zu Mir gezogen, Ich habe in den vergangenen Inkarnationen große Fortschritte in meiner Mission gemacht. Meine Arbeit ist ohne Ende, und so ist auch eure Arbeit unaufhörlich. Wisset, dass Ich in euch und außerhalb von euch bin. Es gibt keinen Unterschied" (Sathya Sai Baba auf der zweiten Sri Sathya Sai Weltjugendkonferenz, November 1999).

William Blake schrieb in *The Letters of William Blake*: „Aber wenn wir uns fürchten, dem Diktat unserer Engel zu folgen, und vor den Aufgaben zittern, die uns gestellt werden; wenn wir uns weigern, spirituell zu handeln, weil wir natürliche Ängste oder natürliche Wünsche haben – wer kann die düsteren Qualen eines solchen Zustandes beschreiben?"

Ich hatte einige Bereiche der Unwissenheit überwunden, kleinere und größere. Aber intuitiv war ich mir anderer Bereiche meiner Blindheit und schlechter Gewohnheiten durchaus bewusst, wie z.B. den Pfaden zu folgen, die der Verstand erschafft und die nirgendwo hinführen; wenig Kontrolle über Negativität und Reizbarkeit; und Zeitverschwendung. Mein jetziges Leben war höchstens eine elementare Stufe fortgeschrittener Spiritualität.

Die Psyche kann wie eine Linse die allgemein geglaubte Wirklichkeit vergrößern oder verkleinern und die Vergänglichkeit und Unwichtigkeit der Dinge erkennen. Unsere Sorgen, Urteile, Pläne und

Ziele sind meistens nur Kinderspiel, ohne dass wir uns bewusst sind, dass wir unser ganzes Leben lang gefangen sind.

Manchmal konnte ich in Geistesblitzen erkennen (ich nehme an, dass dies kostbare Momente des Erwachens waren), wie Schicht um Schicht des Unbeständigen und Unwirklichen, d. h. die ganze Illusion des Lebens, den Geist einhüllen. Man spürt, wie die Anziehungskraft der alten Wege, die festgelegten Muster der Funktionsweise des Geistes und die Sinneswünsche, einen zurückhalten. Warum habe ich ihrem Sog nachgegeben? In solchen Momenten lauerte die Angst, die Funken der Visionen von der Wirklichkeit nicht aufrechterhalten zu können und den Weg zum Selbst, dem ich näherkam, zu verlieren.

Die Wohnung, in der ich lebte, war der Schauplatz vieler Träume und Besuche von Baba, die mit Wundern gespickt waren. Die früheren Phasen, in denen Baba im Leben eines Devotees erscheint und ihn mit Liebe und Wundern überschüttet, nennt man die „Flitterwochen". Hier will ich ein paar dieser Wunder erzählen:

Eine wunderbare, sich wiederholende Begebenheit war die, dass ich sah, wie mein Lieblingsbild von Ihm an der Wand seine Farben änderte, oder vielmehr, dass die Farben immer intensiver wurden, wenn ich Bhajans davor sang. Sein Gesicht auf diesem Bild wurde langsam dunkelblau und dann immer dunkler, während ich weiter sang; Sein orangefarbenes Gewand wurde dunkel, fast rot, und Sein schwarzes Haar wurde extrem dunkel. Als ich dieses seltsame Phänomen zum ersten Mal bemerkte, führte ich es darauf zurück, dass ich zu lange darauf starrte und einen Wahrnehmungsfehler hatte; aber mir wurde klar, dass die allmähliche Veränderung der Farbintensität tatsächlich stattfand. Ich war begeistert und sang mit noch mehr Elan.

Im zweiten Interview fragte ich Ihn nach diesem Wunder und ob ich es mir nur eingebildet hätte. Er bestätigte, dass ich mir das nicht eingebildet hatte. Das war das einzige Mal, dass ich daran dachte, Ihm eine Frage zu stellen, wenn mir ein Interview gewährt würde, aber gewöhnlich verschwanden unwichtige Fragen in Seiner Gegenwart.

Eine bemerkenswerte Geschichte im Zusammenhang mit Seinem Bild wurde von dem indischen Arzt Dr. Kishan Gadhia erzählt. Das aufgezeichnete Interview mit seinem Bericht ist auf dem Online-Kanal „Souljourns" verfügbar. Dr. Gadhia lebte zu der Zeit in Uganda, als die Inder dort von Idi Amin verfolgt wurden. Das einzige Mal, dass Sai Baba ins Ausland reiste, war nach Uganda, um die Sicherheit der indischen Diaspora zu gewährleisten. Der Arzt erzählte, dass er von einem Soldaten aus seinem Auto gezerrt wurde und kurz davor war, erschossen zu werden. Der Soldat forderte ihn auf, seine letzten Gebete zu sprechen, bevor er ihn tötet. Der Arzt, der ein Bild von Sai Baba in seiner Brieftasche bei sich trug, holte es heraus und begann zu Baba zu beten. Der Soldat nahm ihm plötzlich das Bild ab, las den Namen und die Adresse von Baba, die auf dem Bild abgedruckt waren, und sagte ihm dann, er solle „gehen". Er war frei und entkam dem sicheren Tod.

Der Arzt sagte, dass Sai Baba selbst Jahre später in einem Interview die Begegnung des Arztes mit dem Tod beschrieb. Baba erklärte, dass Er den Geist des mörderischen Soldaten transformiert hätte, als dieser Sein Bild betrachtete. Baba fügte hinzu, dass der Soldat später nach einem Bild von Ihm suchte und inbrünstig zu Ihm betete. Einmal, als der Soldat intensiv zu Ihm betete, hörte er ein geräuschvolles Lachen, obwohl niemand im Raum war. Baba sagte, Er sei aus dem Bild herausgekommen, habe sich vor den Soldaten gestellt und ihm gesagt, er solle nach Prashanti Nilayam kommen. Die Wege des Geistes sind geheimnisvoll und können nicht nach unseren Maßstäben von richtig und falsch beurteilt werden.

In meinen früheren Tagen auf dem „Sai-Pfad" fühlte ich mich mehr zum Sri Rama-Avatar als zum Krishna-Avatar hingezogen. Ich fand Sri Ramas vorbildliche Eigenschaften und Sein unbeirrtes Festhalten am *Dharma* (kosmische Regeln und Gesetze), das im Ramayana beschrieben wird, ansprechend und bewundernswert.

Als ich über Sri Krishnas Verspieltheit, Seine Streiche und Seinen himmlischen Charme las, zog es mich später mehr zu Ihm hin. Ein paar Visionen von Krishna festigten meine Verehrung für diesen Avatar von Vishnu.

Meine erste Vision von Sri Krishna hatte ich 1997, als ich mit Seiner Lebensgeschichte noch kaum vertraut war. Eines Tages, in einem meditativen Zustand, sah ich plötzlich vor meinem geistigen Auge einen Mann in meinem Wohnzimmer, der neben meinem Schreibtisch stand. Es war tatsächlich Er, mit Seiner unglaublichen Schönheit. Er trug einen gelben *Dhotī* (ein lockeres Kleidungsstück, das von einigen Männern in Indien getragen wird und um die untere Hälfte des Körpers gewickelt ist). In dieser lebhaften Vision beobachtete ich Ihn wie von ganz Nahem. Er bewegte sich an meinem Schreibtisch, ordnete die Papiere darauf neu, brachte die Bücher in die richtige Reihenfolge, lässig und beiläufig. Das ging einige Minuten lang so.

In einer Ansprache beschrieb Sai Baba einmal Krishnas Kopfbedeckung, die Ornamente, die Er trug, und dass Er einen gelben *Dhotī* zu tragen pflegte! Beliebte Zeichnungen von Ihm zeigen Krishna auch mit dieser Farbe des *Dhotīs*. Ich interpretierte die Vision so, dass Er mich lehrte, selbst bei alltäglichen Aufgaben präsent und ungebunden zu sein. In Anbetracht meiner späteren Erfahrungen vermittelte mir die Vision auch, dass Baba und Krishna mit mir sind. Während dieser Zeit nach meinem ersten Interview hatte ich oft im Wachzustand plötzliche Visionen von Krishnas Gesicht, das einen unbeschreiblichen Zauber ausstrahlte.

Ein Traum von Krishna weckte in mir selbst im Traumzustand tiefe Gefühle und Liebe. In diesem Traum stand ich unter einem Baum. Ich schaute nach oben, und dort saß Krishna zwischen den Ästen, umgeben von einem gleißenden Licht. Als ich Ihn lächelnd anschaute, fühlte ich eine unbeschreibliche Liebe und eine Sehnsucht in meinem Herzen, eine Sehnsucht, die so stark war, dass sie physischen Schmerz in meiner Brust und einen Kloß in meinem Hals verursachten. Ich schluchzte und sehnte mich danach, bei diesem wunderbaren Wesen zu sein. In meinen Träumen habe ich selten so intensive Gefühle erlebt wie im Wachzustand.

Dieser Traum hatte mehr die Qualität einer Vision als die eines Traums. Im Wachzustand hatte ich immer noch diese Mischung aus körperlichem und emotionalem Schmerz. Meine Verbindung mit dem

Göttlichen und den Formen, die es annimmt, muss schon uralt sein, die aber durch meinen „Schlaf des Lebens" bis jetzt vergessen wurde.

Baba zeigte Seine Liebe und Fürsorge bis zum letzten Abend meines Aufenthalts in dieser Wohnung, in der die süßesten und wunderbarsten Ereignisse stattfanden. In dieser Nacht schlief ich auf dem Fußboden, nachdem ich alle Möbel ausgeräumt und die Wohnung endgereinigt hatte. In den frühen Morgenstunden, als es noch dunkel war, öffnete ich meine Augen und sah Babas orangefarbenes Gewand hell und schillernd neben der Stelle, wo ich meinen Kopf hingelegt hatte! Er stand ein paar Zentimeter über dem Boden und schwebte in der Luft. Ich war erschrocken, denn dies war eine Erscheinung von Ihm und keine Traumvision.

Er war still, hielt sich den Nasenrücken, als ob Er sich konzentrierte, die Augen geschlossen und die rechte Hand erhoben (bekannt als Segens- und Schutzgeste). Mit Seiner anderen Hand zeigte Er auf Seine Füße, die aber nicht zu sehen waren. Manchmal konnte man Ihn im Mandir während der Bhajans in Indien in dieser Haltung sehen, in der Er den Nasenrücken hielt und die Augen geschlossen waren. Vielleicht besuchte Er zu solchen Zeiten gerade einen Devotee in irgendeinem Teil der Welt oder half ihm.

Ohne nachzudenken, drückte ich das Gefühl aus, das mir in diesem Moment ganz natürlich kam: „Ich liebe Dich." Er winkte mir zu, als wollte Er sich verabschieden. Diese Vision dauerte weniger als eine Minute, dann verschwand Er. Ich wachte keuchend auf, diesmal erschrockener als bei früheren Besuchen, denn es war Er „leibhaftig" gewesen.

Eine Gruppe von Devotees aus San Francisco und anderen Städten in der Bay-Area plante im Oktober 1998 eine Pilgerreise nach Prashanti. Ich musste mitgehen und den Freund wiedersehen. Letztendlich ruft man nicht eine höhere Kraft herbei, sondern man wird von ihr herbeigerufen.

Anmerkungen zu Amrit

Indem sie sich auf den Willen Gottes ausrichtet, nimmt die Seele den Geschmack Gottes an: Trauer und Freude, Bitterkeit und Süße, Dunkelheit und Licht werden göttlich. (Meister Eckhart)

Wenn der Bewohner des Körpers diese drei Gunas (angeborene Eigenschaften), aus denen alle Körper hervorgegangen sind, überwunden hat und von Geburt, Tod, Alter und Kummer befreit ist, trinkt er den Nektar der Unsterblichkeit (Amrit). (Bhagavad Gītā, Kapitel 14, Vers 20)

Amrit oder Amrita ist ein Begriff aus dem Sanskrit und bedeutet Unsterblichkeit. Er ist etymologisch mit dem griechischen Wort Ambrosia verwandt, das ebenfalls Unsterblichkeit bedeutet. Amrit wird im *Rigveda* (einem der vier heiligen kanonischen Texte der Veden) erwähnt, wo es als eines von mehreren Synonymen für Soma gilt, das Getränk der *Devas* (göttliche Wesen), das Unsterblichkeit verleiht.

In der hinduistischen Philosophie wird Amrit im *Mahābhārata*, im *Srimad Bhāgavatam* und in dem *Vishnu Purāna* beschrieben. Die letzten beiden sind Teil der *Purānas*. Die *Purānas* sind eine umfangreiche antike Literatur zu einer Reihe von Themen wie Kosmologie, Mythen und dem Ursprung der Götter.

Im *Samudra Manthana* (Aufwirbeln des Ozeans), einer bekannten Episode im *Srimad Bhāgavatam*, wird der Ursprung von Amrit beschrieben: Die Götter verlieren aufgrund eines Fluchs des Weisen *Durvāsas* allmählich ihre Unsterblichkeit. Mit Hilfe der *Āsuras* (Dämonen), wie von Vishnu angewiesen, quirlen die Götter das Meer, um Amrit, den Nektar der Unsterblichkeit, zu finden. Nachdem sie es getrunken hatten, erlangten die Götter ihre Unsterblichkeit zurück und besiegten die Dämonen. In der yogischen Philosophie gilt Amrit als ein wahrer Segen; in einigen yogischen Texten heißt es, dass ein Tropfen davon ausreiche, um den Tod zu besiegen, d. h. unsterblich zu werden. Im Grunde handelt es sich um den Tod des Egos, der zum Erwachen führt.

Bei der Beschreibung des Heiligen und Sakralen hat Sai Baba in Seinen Ansprachen zahlreiche Hinweise auf den süßen Geschmack Gottes gegeben. In dem Buch „Gespräche mit Hislop", das von einem amerikanischen Devotee geschrieben wurde, der viele Begegnungen mit Ihm hatte, nimmt Baba Bezug auf sich selbst, wenn Er sagt: „Dieser ganze Körper ist Amrit."

Es waren die Anfänge des Internets im Jahr 1997, und es gab online nicht viele Informationen über das Phänomen der Manifestation des süßen Amrit oder über die Erfahrungen anderer, die den meinen ähnlich waren. Meine Schule ist einer der wenigen Befürworter der Integration der transpersonalen Psychologie in einen traditionellen klinischen Ansatz. Ich war neugierig zu erfahren, ob die dortigen Fachleute – Psychologen, transpersonale Psychologen, Neurowissenschaftler usw. – eine wissenschaftliche Interpretation meiner Erfahrung liefern könnten. Eine Konsultation mit Professoren würde mir vielleicht helfen, diese Erfahrung für mich besser zu einzuordnen und ihr Geheimnis zu erkunden. Ich zog sogar in Erwägung, meinen Speichel testen zu lassen, um eine unbekannte Substanz oder ein unbekanntes Element darin aufzuspüren. Durch mein Chemiestudium kannte ich Instrumente, die charakteristische Werte bekannter Elemente und Verbindungen aufzeichnen und so jede unbekannte Substanz identifizieren können.

Ich zögerte, die Professoren zu konsultieren, da ich wusste, dass der süße Geschmack, den ich erlebte, im Bereich der Psychologie bisher nicht untersucht worden ist. Die moderne Psychologie und Medizin sind nicht daran interessiert, Phänomene zu untersuchen, die seit Jahrhunderten aufgezeichnet werden, wie zum Beispiel das ständige Auftreten eines süßen Geschmacks, der anscheinend spontan auftritt. Außerdem dachte ich, dass sie es für eine Anomalie meines Geistes halten könnten, da Psychologen im Allgemeinen nicht dafür ausgebildet sind, solche unaussprechlichen Erfahrungen zu beurteilen; und man könnte mich für halluzinierend oder, schlimmer noch, für wahnhaft halten! Glücklicherweise hat dieser Bereich inzwischen Fortschritte in Richtung nicht-pathologisierender Berichte über mystische Erfahrungen gemacht. Dabei werden auch psychische Ereignisse berücksichtigt, die nur in bestimmten Kulturen vorkommen, in denen das Auftreten unerklärlicher Erfahrungen nicht als abnormal angesehen wird.

Ich habe einen erfahrenen Neuropsychologen an der Schule konsultiert, der mir erklärte, dass es sich um Synästhesie handelt. Synästhesie ist ein Wahrnehmungsphänomen, bei dem sich eine Empfindung oder Wahrnehmung unwillkürlich mit einer zweiten Sinneserfahrung vermischt. Manche Menschen nehmen zum Beispiel Buchstaben oder Zahlen als farbig wahr oder hören Musik in Farbe. Dies war allerdings eine armselige und ungenaue Erklärung. Sie berücksichtigte nicht, dass es nicht zwei Sinneserfahrungen sind, sondern nur eine.

Meine Hoffnungen auf eine wissenschaftliche Erklärung oder auch nur auf eine Hypothese, die eine Erklärung für diese Erfahrung liefern könnte, habe ich mit der Zeit aufgegeben. Ich hörte auf, nach einer Antwort zu suchen, weil ich erkannte, dass wir bei den tiefsten Erfahrungen immer allein sind. Selbst damals war ich mir der Gesamtheit von Babas Willen und der Tatsache, dass Er mein Leben lenkte, noch nicht voll bewusst, weshalb ich auch eine wissenschaftliche Erklärung suchte.

Ein Jahr später lernte ich einen bekannten Autor kennen, einen Aushilfsprofessor an meiner Schule, der das Kundalini-Phänomen erforscht hatte. Er identifizierte meine Erfahrung als Erweckung der Kundalini. Die praktische Herangehensweise an das Erwachen, die Gurdjieff im System des *Vierten Weges* lehrte, riet von der Verwendung von Begriffen wie „Kundalini" oder „Chakra" ab, um die Studenten „aus der Fantasie" herauszuhalten und sie nicht „in der Einbildung" verharren zu lassen. Gurdjieff vertrat die Ansicht, dass ein subjektives und vages Verständnis solch exotischer Begriffe einen noch mehr im Stadium des „Schlafens" belassen würde. Und so hatte ich mich nicht mit dem Konzept der Kundalini auseinandergesetzt. Ich muss sagen, dass ich nicht einmal vom Klang dieses Wortes angezogen wurde!

Gurdjieff hat in seinen Lehren den Begriff der „Sexualenergie" verwendet, die aus dem „Sexualzentrum" entspringe. Das Sexualzentrum ist das Reservoir der feinsten Energie, die üblicherweise missbraucht wird. Die richtige Verwendung der Sexualenergie sah er korrekterweise in der Rück-Erinnerung an sich selbst und darin, immer gegenwärtig zu sein.

Sai Baba hat in Seinen Ansprachen oder in Gesprächen mit anderen kaum je von der Kundalini gesprochen. Wie auch immer wir sie nennen mögen, sei es Kundalini, Shakti, die Sexualenergie oder Chi, all diese Begriffe beziehen sich auf dieselbe Kraft in uns, die normalerweise nicht in ihrem vollen Potenzial genutzt wird. In diesem Buch verwende ich die Begriffe Kundalini und Amrit-Erfahrung synonym.

Im Sanskrit bedeutet *Kundalinī* kreisförmig oder ringförmig. *Kunda* als Substantiv bedeutet Schale oder Wassertopf und ist auch der Name einer *Nāga* (Schlangengottheit) im *Mahabharata*. Die Kundalini-Energie wird als eine zusammengerollte Schlange dargestellt, die an der Basis der Wirbelsäule ruht. In Bezug auf letztere habe ich im Kapitel „Erfahrungen" eine außergewöhnliche Erfahrung mit einer *Nāga* geschildert.

Kundalini ist ein Begriff aus der yogischen Tradition und steht für die Kraft des Göttlichen oder der Shakti. Der Weg, den die Kundalini-Energie oder Shakti nimmt, soll vom *Mūlādhāra* (einem Energiezentrum an der Basis der Wirbelsäule) bis zum *Sahasrāra* (dem Energiezentrum am Scheitel des Kopfes) führen. Dieser Weg verläuft entlang der Wirbelsäule. Am *Sahasrāra*, dem Scheitelpunkt des Kopfes, verbindet er sich dann mit der Universellen Kundalini oder Shakti, der Kraft, die das Universum durchdringt. Das Kundalini-Erwachen bezieht sich auf die Vereinigung mit dieser Shakti.

Aus dem relativ spärlichen Material im Internet und einigen Büchern, die ich später las, schloss ich, dass Amrit in der Tat die physische Manifestation der mystischen Energie des Sexualzentrums ist; oder die Kundalini-Energie, wie ein Autor zu diesem Thema vorschlug. Manche glauben, dass das Göttliche uns durch Gebete, Anbetungsmeditation usw. mit ihrem Erwachen beglückt, also auf dem *Bhakti*-Pfad, und andere schreiben ihr Erwachen den Anstrengungen der Selbsterforschung zu, also dem *Jnāna*-Pfad.

Die am besten dokumentierte Beschreibung meiner Amrit-Erfahrung, die ich gefunden habe, stammt von Swami Muktananda (dem Begründer des *Siddha*-Yoga), die er in seinem Buch *Secret of the Siddhas* beschreibt. Ich kaufte das Buch in einem Geschäft an einem Flughafen in Indien, um es während des Fluges zu lesen, obwohl ich kein großes Interesse an seinen Lehren hatte. Später war ich froh, dass es mir in die Hände fiel, denn viele Passagen in diesem Buch spiegeln meine Erfahrungen und die Transformation wider, die ich durchlief. Muktananda spricht von *Shaktipāt*, der Übertragung ursprünglicher kosmischer Energie auf eine Person durch einen anderen, gewöhnlich durch einen Guru. Er erklärt, dass *Shaktipāt* mit oder ohne physische Berührung durch Anschauen oder das Aussprechen eines Mantras geschehen kann.

Muktananda erklärt, dass der menschliche Körper sowohl als Instrument als auch als Laboratorium dient, um Kundalini Shakti zu erfahren. In dieser Passage aus demselben Buch spricht Muktananda über den Nektar Amrit: „Der menschliche Körper besteht aus sieben Komponenten, aber in einem *Siddha* (einem Eingeweihten) sind diese Elemente im Feuer der Kundalini-Meditation verzehrt worden, ein neuer *Rasa* (Saft, Körperflüssigkeit) ist entstanden. Es ist die Verkörperung des Bewusstseins und der Glückseligkeit, deshalb ist der Körper eines *Siddha* von der Süße der Liebe durchdrungen." Die sieben Komponenten, auf die er sich bezieht, sind: Lymphflüssigkeit, Blut, Fleisch, Fett, Knochen, Mark und Sexualflüssigkeit.

Muktananda sagt, wenn die Kundalini erweckt ist, fließt die Shakti durch die *Nādis* (1) (Röhren, Kanäle) im Körper, was auf viele verschiedene Arten geschehen kann, wie z.B. durch intensive Meditation und Wiederholung von Mantren; wie auch immer, er meint, der einfachste Weg sei die Übertragung durch einen Guru.

Er erklärt: „Mit diesen Methoden (Chanten, Yoga) muss sich ein Sucher sehr abmühen, und manchmal können die Ergebnisse auch gefährlich sein. *Siddha*-Yogis haben die Erfahrung gemacht, dass es einfacher ist, die Shakti durch die Gnade des Gurus zu erwecken. Diese Methode ist auf jeden Fall segensreich. Die Einweihung durch den Guru findet leicht und einfach statt. Die *Siddhas* sagen, wenn der Guru den Samen der Shakti sät, entwickelt sich der Samen ganz natürlich zu einem Baum mit Blüten und Früchten."

Die folgende Passage entspricht genau meiner Amrit-Erfahrung. Er beschreibt seine Transformation, nachdem er das *Shaktipat* seines Gurus durch dessen Worte erhalten hatte: „Welche Macht dieses Wort hatte! Ich zögere fast, das alles zu schreiben, denn es offenbarte alles, was in mir war – in meinem Herzen und in meinem Kopf. Ich sah mein eigenes Doppel viele Male. Im *Sahasrāra*, im Scheitel des Kopfes, nahm ich den Glanz von tausend Sonnen wahr. Ich sah auch das Blaue Wesen. Manchmal verlor ich mich darin, dann kam ich wieder zu Bewusstsein. Es war wie ein Spiel, ähnlich dem des Wach- und Traumzustandes. Selbst jetzt weiß ich nicht, wo ich mein kleines Selbst verliere und von dort zurückkehre; es ist so amüsant – ich verliere mich und finde mich dann wieder. Ich habe das Zentrum der wahren Freude gesehen; dort verliere ich mich und von dort kehre ich zurück. Ich bin ekstatisch! Ich habe den besten Ort von allen gefunden, direkt in mir selbst." Das blaue Wesen, von dem er spricht, ist natürlich Lord Krishna.

Muktananda beschreibt später ein Gefühl des völligen Verlustes des Selbst als Ergebnis des Kundalini-Erwachens. Der Begriff „völliger Selbstverlust" bedarf einer eigenen klaren Definition hinsichtlich seiner Dauerhaftigkeit. Ich vertrete die Ansicht, dass man nicht dauerhaft in diesem Zustand des völligen Selbstverlustes verbleiben und überleben kann, es sei denn, es sind andere in der Nähe, die sich um die eigenen körperlichen Bedürfnisse kümmern können. Manche Schreiber halten die Dauer dieses Zustands allerdings nicht für so wichtig, vielleicht weil das seiner mystischen Romantik eher abträglich sein könnte. Hinduistische Texte verweisen auf den Zustand des *nirvikalpasamādhi* (Zustand der höchsten Glückseligkeit, Absorption ohne Selbstbewusstsein), der ein todesähnlicher Zustand ist, mit dem

Vorbehalt, dass die Person in das normale Bewusstsein zurückkehren muss, da sie sonst physisch sterben würde.

Auch der spirituelle Lehrer Meher Baba sprach in seinem Buch *Beams from Meher Baba on the Spiritual Panorama* von der Notwendigkeit eines Meisters, um die Kundalini zu erwecken:

„Kundalini ist eine latente Kraft im höheren Körper. Wenn sie erweckt wird, durchdringt sie sechs Chakren und aktiviert sie. Ohne einen Meister kann die Erweckung der Kundalini niemanden auf dem Pfad sehr weit bringen; und eine solche wahllose oder verfrühte Erweckung birgt die Gefahr der Selbsttäuschung und des Missbrauchs der Kräfte. Die Kundalini befähigt den Menschen, die niederen Ebenen bewusst zu durchqueren, und sie verschmilzt schließlich mit der universellen kosmischen Kraft, von der sie ein Teil ist, und die manchmal ebenfalls als Kundalini bezeichnet wird."

In dem Buch „Raja Yoga" (2) von Swami Vivekananda, dem Hauptschüler des indischen Mystikers Ramakrishna, einem der indischen Yogis, die die Philosophien des Vedanta und des Yoga in den Westen einführten, stellt dieser fest:

„Die Yogis behaupten, dass von allen Energien, die im menschlichen Körper vorhanden sind, die höchste diejenige ist, die *Ojas* (Energie, Vitalität) genannt wird. Das *Ojas* ist im Gehirn gespeichert, und je mehr *Ojas* ein Mensch hat, desto kraftvoller ist er, desto intellektueller, desto spiritueller ist er. (...) In jedem Menschen ist mehr oder weniger von diesem *Ojas* gespeichert. Die höchste Form aller Kräfte, die im Körper wirken, ist *Ojas*. Ihr müsst bedenken, dass es sich nur um die Umwandlung einer Kraft in eine andere handelt."

Vivekananda fährt fort: „Die Yogis sagen, dass ein Teil der menschlichen Energie, die sich durch sexuelle Handlungen und sexuelle Gedanken ausdrückt, leicht in *Ojas* umgewandelt werden kann, wenn sie kontrolliert und gesteuert wird; und da das *mūladhara* (das Chakra an der Basis der Wirbelsäule) diese leitet, schenkt der Yogi diesem Zentrum besondere Aufmerksamkeit. Er versucht, seine gesamte sexuelle Energie in *Ojas* umzuwandeln. Nur ein keuscher Mann oder eine keusche Frau können *Ojas* erzeugen und im Gehirn speichern;

deshalb wurde Keuschheit immer als höchste Tugend angesehen. Ein Mann spürt, dass seine Spiritualität verschwindet, wenn er nicht keusch ist; er verliert an geistiger Kraft und moralischer Ausdauer. Deshalb wird in allen religiösen Orden der Welt, die spirituelle Giganten hervorgebracht haben, immer auf absolute Keuschheit bestanden. (...) Es muss vollkommene Keuschheit in Gedanken, Worten und Taten herrschen. Ohne sie ist die Praxis des *Raja*-Yoga gefährlich und kann zu Wahnsinn führen; wenn Menschen *Raja*-Yoga praktizieren und gleichzeitig ein unreines Leben führen, wie können sie dann erwarten, Yogis zu werden?"

Nur wenige namhafte Gurus unserer Zeit haben sich dazu entschlossen, über das heikle Thema Sexualität und Keuschheit im Kontext der Spiritualität zu sprechen. Vivekanandas Ausführungen zur Keuschheit sind offen und selbstbewusst. Er spielt auch auf Keuschheit oder Reinheit in Gedanken, Worten und Taten an. Die esoterische Bedeutung der Empfehlungen und der Betonung der Keuschheit durch die meisten Religionen liegt in ihren praktischen Auswirkungen. Keuschheit ist nicht so sehr aus moralischen Gründen nützlich, sondern aus Gründen der Transformation. Wir sollten Keuschheit oder Moral nicht als eine unterdrückende oder überholte Lebensweise betrachten, wenn wir erst einmal ihre Funktion und ihre rechtmäßige Anwendung verstehen. Es ist wichtig, sich vor Augen zu halten, dass es nicht jedem leichtfällt, seine sexuellen Triebe zu zügeln, selbst wenn man intensiv von spirituellen Zielen motiviert wird.

Der obige Satz von Vivekananda liefert auch eine Erklärung für die Zeit der Einsamkeit, die ich durchmachen musste, und die ich zuvor beschrieben habe.

Sai Baba hatte gesagt: „Gnade wird durch Disziplin und Tugend gewonnen." Baba hat auch erklärt, dass die Menschheit nur dann Fortschritte machen kann, wenn es Moral gibt, „nur dann wird die Göttlichkeit in euch erblühen; Gott wird euch sicherlich Seine Gnade schenken."

Ich habe irgendwo gelesen: „Die erste Praxis der Mystik ist die Erziehung des Gewissens." Für mich gehört das dazu, ein moralischer Mensch zu werden. Moral ist der natürliche Zustand eines ausgeglichenen menschlichen Wesens und ist im Konzept des Dharma enthalten. Ein wahrhaft moralischer Mensch ist auf das Göttliche ausgerichtet. Moralisches Verhalten entspringt dem Gewissen, und das Göttliche ist in Form des Gewissens in uns präsent.

Die Einstimmung auf den Dharma ist die natürliche Eigenschaft eines Erwachenden. Durch Reinigung und Läuterung des „Instruments" mithilfe eines moralischen Lebens in seiner wahren Bedeutung, durch den richtigen Gebrauch der sexuellen Energie, können wir darauf vorbereitet werden, die Kraft der Kundalini-Shakti für das Erwachen zu kanalisieren und zu aktivieren.

Das Aufsteigen der Kundalini-Shakti soll nach den mir zur Verfügung stehenden Texten die psychischen Funktionen verändern, das Gehirn neu konfigurieren und einen Prozess der spirituellen Entwicklung einleiten, der zu Weisheit, Erleuchtung, außergewöhnlichen Fähigkeiten, Losgelöstheit, Mitgefühl usw. führt. Im Laufe des Aufsteigens macht man nachweislich zahlreiche Sinneserfahrungen, wie z. B. mystische Düfte, Klänge, göttliche Visionen und Geschmäcker.

Einer der bekanntesten persönlichen Berichte über das Kundalini-Erwachen stammt von Gopi Krishna, der ausführlich über dieses Thema geschrieben hat. Gopi Krishna berichtete, dass sein Erwachen durch intensive Meditation erfolgte. Er führte Buch über seine täglichen Kämpfe und die Herausforderungen inmitten intensiver physiologischer und psychologischer Symptome wie Stimmungsschwankungen und quälende Hitzeempfindungen, die sich schließlich stabilisierten.

Gopi Krishna bezeichnete die Kundalini als ein „neues Wahrnehmungsorgan" und erklärte, dass ihre Erforschung Lösungen für viele unserer psychosozialen Probleme bieten würde. Er sagte, ihre Erweckung sei ein allmählicher Prozess hin zum Bewusstsein, der Jahre dauern könne. Er lenkte die Aufmerksamkeit auf die biologischen Auswirkungen der erweckten Kundalini und ihre evolutionären Auswirkungen, was bisher noch nicht öffentlich bekannt gemacht worden war. Er glaubte, dass die Erweckung des psychophysiologischen Mechanismus der Kundalini eine biochemische

Essenz hervorbringe, die für Erscheinungen eines spirituellen Genies verantwortlich sei.

In dem Buch *The Awakening of Kundalini* (Das Erwachen der Kundalini) schreibt Gopi Krishna: „Mit diesem enormen Fluss der mächtigsten Nervenenergie in das Gehirn, kontinuierlich über Jahre hinweg, kann der Horizont des Geistes bis zu einem Grad erweitert werden, der völlig jenseits der Kapazität eines normalen Gehirns liegt. Diese Transformation beruht auf der reichlich produzierten Ambrosia des Fortpflanzungsmechanismus', der Tag und Nacht arbeitet."

Der einzige Sai Baba-Anhänger, der über sein Kundalini-Erwachen schrieb, war Dr. B. S. Goel. In seinem Buch *Drittes Auge und Kundalini* beschreibt er auch die qualvollen Symptome des Erwachens, die denen von Gopi Krishna ähneln. Zu dieser Zeit war er kein Sai Baba-Anhänger. Er versuchte es mit Psychoanalyse, der in Indien am häufigsten angewandte Therapieform, aber die Symptome blieben bestehen. Dr. Goel berichtet, dass Sai Baba ihm in einem „Traum" erschienen sei, als er weiterhin unter den Symptomen litt. Er wusste nicht, wer „dieser Mann" (Sai Baba) war, der ihn bat, nach Puttaparthi zu kommen; später wurde er ein Sai-Devotee.

Dr. Goel hat nicht berichtet, dass er den süßen Geschmack von Amrit erlebt hat. In seinem Buch dokumentierte er akribisch die Stufen der Veränderung, die er während dieser Zeit durchlief. Er fügte Zeichnungen des Kundalini-Pfades in seiner Wirbelsäule und seinem Kopf bei, wie er sie wahrnahm, sowie seine Visionen über sein drittes Auge von Lord Krishna und Sathya Sai Baba. Es ist auffallend, dass nur Visionen von Sri Krishna und nicht von Lord Rama oder anderen Gottheiten in diesen höheren Zuständen gesehen werden, wie sie von Muktananda oder Dr. Goel und auch von meinen eigenen Erfahrungen berichtet werden. Dies offenbart eine Verbindung zwischen dem Auftauchen des Kundalini-Erwachens und dem Krishna-Avatar. Aus den Schriften von Dr. Goel geht hervor, dass er der Meinung war, er sei als Ergebnis dieser Erfahrung erwacht. Er schien eine tiefgreifende und transformierende Reise gemacht zu haben, die er als „vom Staub zum Göttlichen" beschrieb.

Ich muss hinzufügen, dass es seit der Einführung des Konzepts der Kundalini und ihrer Erweckung aufgrund ihrer Verlockung und mystischen Anziehungskraft nun Schulen und Workshops gibt, insbesondere im Westen, die Mittel anbieten, um ihre Erweckung zu erleichtern. Die Entfesselung dieser Energie durch einen unvorbereiteten oder falschen Lehrer, kann nicht nur körperlich schmerzhaft sein, sondern auch psychisch schädlich. Der ideale und sicherste Weg ist der durch die Gnade eines Meisters, wie die oben zitierten Autoren sagen, und zur rechten Zeit, wie es bei mir der Fall war. Jeder unternommene Versuch, durch einen selbst oder durch die, die fälschlicherweise anbieten, diese Kraft gegen Geld zu erschließen, wird vorhersehbar zu psychischer Instabilität führen. Ich bin einigen Menschen begegnet, die mir von den psychischen Schäden berichteten, die von sogenannten Gurus verursacht wurden, die sie in Indien aufgesucht hatten.

Ebenso gibt es viele, die behaupten, sie seien durch die Erweckung seit der Einführung des Konzepts im Westen bewusst geworden oder erwacht. Sie halten sich für erleuchtet und manche sogar für eine Autorität in Sachen Erwachen, um eine Anhängerschaft zu gewinnen. Aber mit welchen Methoden diese Zustände erreicht wurden, wird von diesen Menschen, die solche Behauptungen aufstellen, oft unterschlagen!

Es gibt jedoch Fälle, in denen diese Energie spontan freigesetzt wird (die Einzelheiten sind zu umfangreich, um sie hier zu erörtern), was die Betroffenen oft verwirrt und mit einer Vielzahl psychophysischer Symptome zurücklässt. Ein Psychologe kann bei dem Betroffenen psychotische und affektive Störungen diagnostizieren, ohne dass sowohl der Patient als auch der Therapeut die Ursache des Leidens verstehen. Wie ich bereits erwähnt habe, haben selbst Therapeuten, die sich mit Fragen des „spirituellen Auftauchens" auskennen, nur unzureichende Hilfsmittel, um damit zu arbeiten, denn dieses Phänomen ist selten und noch immer nicht vollständig erforscht, so dass auch keine erprobte und bewährte Behandlungsmethode entwickelt werden konnte, um die damit verbundenen Unannehmlichkeiten und Qualen zu bewältigen.

Gegenwärtig gibt es nur wenig wissenschaftliches Interesse an der Untersuchung dieses Phänomens. Wir sind noch nicht so weit, dass wir die Berichte bewerten und ihre Aussagekraft bestimmen könnten. Die Entwicklung von Instrumenten zur Messung physiologischer Veränderungen bräuchte Jahrhunderte, um sie zu verfeinern, ganz zu schweigen von der zuverlässigen Messung von Prozessen, von denen wir wissen, dass sie zwar existieren, die aber jenseits des materiellen Bereichs liegen.

In der Literatur über die Kundalini wird behauptet, dass ohne die Erweckung dieser Kraft keine subtile spirituelle Erfahrung oder *Samādhi* möglich sei. Viele betrachten die Erweckung der Kundalini als das ultimative Ziel und den letzten Schritt des Erwachens. Ich glaube, dass die Erweckung der Kundalini, wenn sie von einem Meister oder durch unschädliche Methoden eingeleitet wird, nur die Vorstufe zum Erreichen des Höheren Bewusstseins ist und nicht die letzte Stufe der Evolution des Bewusstseins darstellt.

„Der Mensch ist nicht hierhergekommen, um zu schlafen und zu essen; er ist gekommen, um durch disziplinierte Prozesse das Göttliche in sich zu manifestieren. Deshalb wird er *vyakti* (Manifestation) genannt, derjenige, der die *shakti* (Kraft), die in ihm ist, *vyakta* (sichtbar) macht – die göttliche Energie, die ihn motiviert. Zu diesem Zweck ist er mit diesem Körper und der Intelligenz ausgestattet, die er braucht, um sie zu kontrollieren und in nützliche Kanäle der Aktivität zu lenken. Ihr müsst dies durch ständiges Streben nach Moral und guten Taten erreichen." (Sathya Sai Baba)

Amrit

Durch die Liebe ist alles, was existiert, erschienen, und durch die Liebe erscheint das, was nicht existiert, als existierend. (Shabestari)

Denn ich bin die Wohnstätte des Ewigen und des unzerstörbaren Nektars der Unsterblichkeit, des ewigen Dharmas und der unendlichen Glückseligkeit. (Bhagavad Gita, Kapitel 14, Vers 27)

Der Geschmack von Amrit wird vom Sinnesapparat als süß und nektarartig wahrgenommen. Als Phänomen ist es selten und nicht in unserer physischen Umgebung verfügbar oder erhältlich.

Der Versuch, sein Wesen vollständig zu definieren, ist eine schwierige Aufgabe. Bestenfalls kann es mehrdimensional beschrieben werden – poetisch, historisch, intellektuell oder phänomenologisch – genauso wie das Göttliche selbst. Sicher ist, dass es von denen, die das Erwachen suchen, sehr geschätzt wird.

Wenn ich meine Erfahrung mit Amrit beschreibe, kann ich nur an der Oberfläche eines ungemein tiefen und jenseitigen Phänomens kratzen. Als jemand, der es selbst „empfangen" hat, kann ich von den Umständen berichten, unter denen es sich bei mir manifestiert, sowie von seinen zahlreichen glorreichen Eigenschaften und transformierenden Wirkungen – aber ich kann lediglich versuchen, zu spekulieren, warum es mir geschenkt wurde.

Da es sich in mir manifestierte, erwartete ich anfangs naiverweise, dass ich in der Lage sein würde, es vollständig zu verstehen. Seltsamerweise war ich nie geneigt, Baba in späteren Interviews nach Einzelheiten dieses Geheimnisses zu fragen; es war eine zu überwältigende Erfahrung, um sie in Seiner Gegenwart in Worte zu fassen. Ich stellte mir vor, dass Er sagen würde: „Es ist Gott".

Zurzeit sind solche transzendenten Phänomene, die außerhalb des gewöhnlichen weltlichen Rahmens aufzutreten scheinen, nur Konzepte, über die wir gelesen haben und zu denen es nur wenige dokumentierte Erfahrungen gibt. Wie kann etwas, das (soweit wir wissen) vor allem im Westen so selten erlebt wird und kaum erforscht ist, mit Gewissheit erklärt werden, wenn Berichte über sein Auftreten nicht einmal als glaubwürdig gelten?

Als ich im Januar 1997 nach meinem dreimonatigen Aufenthalt in Indien nach San Francisco zurückkehrte, war mir schwindelig von der rasanten Entwicklung der Ereignisse auf der spirituellen Ebene. Obwohl ich einen Vorgeschmack auf Gott und Seine Fülle bekommen hatte, musste ich mein Leben immer noch auf der gewöhnlichen weltlichen Ebene leben. Diese Worte Goethes klingen so wahr: „Das ist das Unglaubliche eines Wunders, dass das Gewöhnliche und das Außergewöhnliche, das Mögliche und das Unmögliche, eins werden."

In den ersten Phasen war der Beobachter „Ich" Zeuge und Genießer dieser süßen Gegenwart. In den ersten Monaten nach meiner Rückkehr veranlasste mich meine wissenschaftliche Ausbildung dazu, ein Protokoll über die Situationen und Häufigkeit zu führen, in denen sich der süße Geschmack manifestierte. Aber bald gab ich die Beobachtung auf; es gab einfach keine Notwendigkeit.

An den Tagen, an denen ich das Amrit nicht schmecken konnte oder es sich nicht zu manifestieren schien, befürchtete ich, es sei verschwunden. Ich betete, dass es zurückkehren möge! War das das Ende meines Aufenthalts in der göttlichen Ambrosia? Bitte, geh nicht weg! Du gibst mir Halt. Aber natürlich würde sie da sein, unzerstörbar, vorherrschend, allgegenwärtig. Baba hat dafür gesorgt, dass die Gegenwart der höchsten Kraft in mir eine ewige Flamme bleibt.

Ich habe mich im vorherigen Kapitel auf Swami Muktanandas Beschreibungen seiner Erweckungserfahrung durch seinen Guru bezogen. In der folgenden Passage aus dem Buch *Secret of the Siddhas* beschreibt er diese Erfahrung poetisch weiter:

„Ah, welche Macht dieses Wort hatte! *Gurudev* drang in mich ein und ersetzte alle meine Körperflüssigkeiten durch seine, wie mächtig er ist! Er vertrieb mich und ließ sich selbst nieder. Er löschte mein Ego aus. Jetzt verstehe ich, dass dies der Grund war, warum ich von ihm abhängig wurde. (...) Mein Guru drang in mich ein, und wer weiß, wo er mich entsorgt hat? Indem er meine Individualität zu seiner machte, wurde er ich. Das ist das Mitgefühl des Gurus."

Wohnsitz nehmen ist eine wunderbare und treffende Analogie. Gopi Krishna führte die Kundalini-Energie auf den Ursprung im Fortpflanzungssystem zurück. Er erklärte, dass die Aktivität des Fortpflanzungsmechanismus umgekehrt werden kann und seine Energie nach oben gerichtet werden und in das Gehirn fließen kann, anstatt nach unten und nach außen zu fließen, wie es normalerweise geschieht. In der alten Siddha-Praxis des *ūrdhva retras* werden bestimmte Übungen angewandt, um sexuelle Flüssigkeiten in Ojas (Energie, Vitalität) umzuwandeln, indem diese Flüssigkeiten nach oben geleitet werden. Es ist die Umkehr des Weges der Fortpflanzungsenergie zum Kopf, die laut Gopi Krishna zur Erweckung der Kundalini führen kann. Auf dieses Konzept wird auch in den Schriften jüngerer spiritueller Meister wie Paramahansa Yogananda Bezug genommen. Gopi Krishna erklärt: „Diese Umkehr, die sowohl für Männer als auch für Frauen gilt, bewirkt eine erstaunliche Transformation im zerebrospinalen System, die zu einer Explosion des Bewusstseins führt. Es ist schwierig, das Gefühl der Unendlichkeit und Unsterblichkeit, das durch diese Transformation hervorgerufen wird, angemessen zu beschreiben."

Was die biologischen Veränderungen angeht, so gab es tatsächlich Veränderungen in meiner Funktionsweise. Obwohl ich mich noch im fortpflanzungsfähigen Alter befand, hörte mein Menstruationszyklus kurz nach Erhalt dieses Geschenks vollständig auf. Es traten keine unangenehmen Symptome auf, wie man sie bei physiologischen Veränderungen in der Menopause, wo die Menstruation allmählich ausbleibt, erwarten könnte.

Ich wusste instinktiv, was die Ursache war, und wollte nicht in das Geschehen in meinem Körper eingreifen. Ich suchte keine medizinische Beratung für eine Hormontherapie. Auch Jahre später leide ich nicht unter den Symptomen der Wechseljahre wie Hitzewallungen, Nachtschweiß, Stimmungsschwankungen usw. Hier kann ich hinzufügen, dass das Amrit auch die Auswirkungen des Alterungsprozesses auf den physischen Körper anzupassen scheint; ich sehe viel jünger aus als nach meinem chronologischen Alter. Ich habe festgestellt, dass spirituell Praktizierende und Menschen, die ein *satwisches* (reines) Leben führen, im Allgemeinen ein strahlendes und gesundes Aussehen haben. Negative Gedanken und Gefühle hinterlassen ihre Spuren in Gesicht und Körper. Mein gesamtes „Funktionieren" ist jetzt von einer Vitalität und Kraft durchdrungen, die vorher nicht vorhanden war.

Die Entfesselung dieser Energie kann einige herausfordernde Symptome hervorrufen, die bereits im vorherigen Kapitel erwähnt wurden. Eine unerträgliche Empfindung, die mit der Erregung dieser Energie verbunden ist, ist ein Gefühl intensiver Hitze, das gewöhnlich entlang der Wirbelsäule auftritt und in Krämpfen oder Wellen verläuft. Wie ich bereits erwähnt habe, habe ich bei der Einweihung keine psycho-physio-logischen Beschwerden erlebt. Schmerz und Schaden werden einem Devotee nicht durch die Hände des Meisters zugefügt, der einen Transformationsprozess einleitet.

In den früheren Jahren Seiner Manifestation habe ich manchmal und in bestimmten Situationen einen Hitzeschub in meiner Wirbelsäule erlebt. Diese treten in der Regel auf, wenn negative Gedanken oder Emotionen in meinem Kopf verweilen. Ich habe gelernt, damit umzugehen, indem ich diese Gedanken stoppe und die Energie in den Kopfbereich umlenke, wodurch die Hitze abgeleitet wird. Das Gefühl einer unangenehmen Hitzewelle trat auch auf, wenn ich mich in Umgebungen oder in der Nähe von Menschen aufhielt, die nicht gut für mein Wohlbefinden waren. Solche negativen Empfindungen wurden manchmal von einer viszeralen Reaktion der Übelkeit begleitet, die ich als Warnzeichen betrachtete. Es ist, als ob diese reine und göttliche Präsenz eine angeborene Fähigkeit hat, sich gegen alles und jeden zu schützen, der ihr feindlich gesinnt ist! Mit der Zeit und mit zunehmender Gewöhnung an das Amrit erlebte ich diese unangenehmen Empfindungen weniger häufig.

Als das Amrit anfing, durch meinen Körper zu fließen, wollte ich etwas „Nützliches" und Praktisches mit dieser außergewöhnlichen

Gegenwart tun. Aber allmählich erkannte ich, dass ich ihr stattdessen erlauben musste, mich zu leiten, um mein Schicksal und meine evolutionäre Bestimmung zu verwirklichen, um herauszufinden, was ich mit ihr tun sollte. Alles, was ich tun konnte, war, ihren Fluss, ihre Reifung zuzulassen; es gibt tatsächlich kein richtiges Wort, um ihren Verlauf zu beschreiben. Ich war und bin nicht der Handelnde, sondern der Bewahrer, der Verwalter von etwas Kostbarem. Es ist die Ist-heit, deren Gebrauch aber nicht untersucht werden muss. Der Atman selbst, so erklärte Baba, ist als *sat-cit-ānanda* (Wahrheit, Bewusstsein und Glückseligkeit) bekannt, denn seine Natur ist *Asti* (das, was ist; Ist-heit); das Wort *Asti* ist dem persischen Wort *Hasti* ähnlich, das Existenz, Sein bedeutet.

Zum Zeitpunkt der Niederschrift dieser Zeilen, im Jahre 2020, schmecke ich immer noch täglich diese himmlische Ambrosia, diesen *rasa* (Saft, Essenz) der Ekstase, der aus meinem Scheitel entspringt. Es ist mein Atman, das, worum ich Sai Baba bat, mich mit ihm zu verbinden. In einem Diskurs hatte Sai Baba gesagt, dass die Süße der wahre Bestandteil des Atman sei. Dieser neu gefundene Begleiter erfreut mich immer und überrascht mich manchmal mit seiner unerwarteten Manifestation, wenn es Momente oder Stunden zuvor nicht „geschmeckt" wurde. Es gibt Zeiten am Tag, in denen ich es nicht erlebe, oder besser gesagt, in denen ich es nicht wahrnehme. Seine Manifestation ist dann am reizvollsten, wenn man es am wenigsten erwartet.

Ich gebe zu bedenken, dass ich nicht behaupte, aufgrund dieser Erfahrung eine erwachte Person zu sein. Wenn wir uns das Erwachen und das Bewusstsein als ein hypothetisches Kontinuum vorstellen, könnte ich auf dieser Skala vielleicht an einer höheren Stelle dieses Spektrums „platziert" sein als eine andere Person; bis zu einem gewissen Grad ist das Erwachen aber relativ. Wie ich bereits bei der Erörterung des Kundalini-Erwachens erwähnt habe, gibt es derzeit keine festen Kriterien oder einen Konsens, um jemanden als erwacht oder bewusst zu identifizieren.

Im Interesse der Dokumentation oder künftiger Forschungen zu diesem Thema fühle ich mich verpflichtet, einige typische Umstände zu erwähnen, unter denen das Amrit erscheint.

Abgesehen davon, dass es sich immer dann manifestierte, wenn Baba zum Darshan in das Mandir kam, löst auch die Kontemplation über Gott und die Gemeinschaft mit Ihm den Geschmack dieser Ambrosia aus. Wenn ich im Geiste mit Baba spreche oder wenn ich eine tiefe, liebevolle Erinnerung an Ihn habe, schmecke ich seine Gegenwart; aber das erzeugt nicht immer die Süße. Oft, wenn ich ein spirituelles Buch in die Hand nehme, um es, nachdem ich eine weltliche Aufgabe erledigt habe, zu lesen, taucht sie plötzlich auf, während sie kurz zuvor noch abwesend war. Ihre Intensität variiert, manchmal ist sie mild, manchmal so intensiv, dass ich sie auf meinen Lippen schmecke und in meiner Kehle spüre.

Ein Eintrag in meinem Tagebuch beschreibt ein typisches Ereignis, bei dem sich Amrit in Verbindung mit Baba manifestiert: „Heute begann ich, mir ein Video von einem Darshan im Mandir anzusehen. Innerhalb von Sekunden begann das Amrit in meinen Mund zu fließen. Was ist das? Erst vor ein paar Stunden habe ich ein Sādhana gemacht, bei der das Amrit normalerweise fließt, aber da war nichts. Ist es das Teilchen, das den Anblick des Geliebten, seiner Quelle, genießt, auch wenn es eine Projektion auf einem Fernsehbildschirm ist? Die Macht der Gegenwart ist bemerkenswert. Ich fühle mich wie ein Gefäß, an dem die Macht arbeitet, als würde ich in zwei verschiedenen Welten leben. Ich brauche wirklich keine innere Arbeit zu leisten, obwohl es wichtig ist, den *satwischen* Lebensstil beizubehalten."

In Momenten spontaner Freude und ohne besonderen Grund, selbst bei ganz gewöhnlichen, glücklichen Ereignissen des Lebens, brach plötzlich die Süße in mir hervor, als ob die Faktoren, die den Rausch in der Körpermaschine auslösten, auch das Göttliche erfreuten. So durchdringend ist ihre Gegenwart im Innern, dass sie sich an sich selbst zu erfreuen scheint! Ich verstehe die Bedeutung von Babas oft wiederholtem Ausspruch „sei glücklich". Denn das Göttliche und die Erfahrung des Heiligen ist Freude an sich, nicht

Traurigkeit, Apathie oder Depression. Es reagiert auf unsere Ekstase, Liebe und Anbetung, die in uns Glückseligkeit erzeugen, und reflektiert sie.

Wenn ich über den Satz „Ich bin Gott" meditiere, schmecke ich oft sofort das Amrit, das sich manchmal in Strömen in meinen Mund ergießt! Dieser Satz ist äußerst schwierig zu ergründen, und wir können seine Bedeutung nur schätzen, wenn wir ihn tiefgründig meditieren und fühlen. Der Versuch, ihn zu verstehen, indem man ihn intellektuell untersucht, ist zwecklos.

Ein Umstand, bei dem der Amrit-Fluss immer in Gang gesetzt wird, ist, wenn ich in einem Flugzeug sitze, während des Starts und der Landung. Ich nehme an, dass dies auf seine physiologische Grundlage zurückzuführen ist, die auf Veränderungen des Luftdrucks reagiert, der die geheimnisvolle Zirbeldrüse tief im Gehirn beeinflusst. Diese Drüse wird mit Momenten höherer Bewusstseinszustände und Kundalini-Energie in Verbindung gebracht. Man geht heute davon aus, dass das alte mystische Symbol des Horus-Auges im Gehirn eingezeichnet ist. Betrachtet man den Querschnitt des Gehirns, so fällt die „Pupille" des Horus-Auges auf den Ort, an dem sich die Zirbeldrüse befindet. Diese neue Erkenntnis ist eine passende Interpretation der Beziehung zwischen der Zirbeldrüse und einem esoterischen Symbol.

Momente der Depression, der Angst oder des Stimmungswandels waren nur von kurzer Dauer. Negative Stimmungen verflüchtigen sich wie Frühlingsschauer, und gleich wieder herrscht ein beständiges Gefühl der Freude und des Friedens vor. Alle Gefühle von Nostalgie, Sorgen und Traurigkeit schmelzen mit müheloser Gelassenheit dahin. Um es mit den Worten von John Keats zu sagen: „Ich bin für immer in einer süßen Unruhe erwacht". Eine solche Erfahrung lässt das Dasein mit all seinen Anstrengungen, Freuden, Herzensbrechern, Errungenschaften – ja der Gesamtheit von allem, gewöhnlich erscheinen und unwirklich im Vergleich zu der Größe dieser Erfahrung. Humor, Glückseligkeit, Dankbarkeit und Freude sind Anzeichen für spirituelles Aufblühen. Dankbarkeit ist die Essenz der Spiritualität.

Stimmungsschwankungen sind nur Stürme auf der Oberfläche des Meeres des Seins; tief im Innern herrscht Ruhe, und das Leuchtfeuer von Amrit leitet mich durch die stürmischen Stimmungen. Wenn diese krankhaften Zustände abklingen, zeigt sich oft der süße Geschmack, der manchmal sogar hereinströmt, als ob er an der von der Negativität verschlossenen Tür gewartet hätte. Wie wundervoll! Die Glückseligkeit der Erfahrung und des Erfahrenden wird eins. Der Meister kann sie lenken, weil der Meister und das Amrit eins sind. Das Gewusste und der Wissende sind Eins.

Als ich die Tragödien des menschlichen Lebens um mich herum so miterlebte, wusste ich diese Gabe noch mehr zu schätzen und spürte, dass ich ohne sie wirklich leblos gewesen wäre. Meine aufrichtigen Gebete für andere, die ich in ihrem Leben kämpfen sehe, ohne dass sie mir das mitteilen, werden oft erfüllt. Hatte Er mir nicht das gegeben, was Er in Hülle und Fülle besaß – Sein Mitgefühl?

Ich muss auch aufpassen, dass ich niemandem etwas Schlechtes wünsche und zur Liebe zurückkehre, die mir gegeben wurde. Obwohl ich vielleicht Kritik an anderen äußere, habe ich innerlich Mitgefühl mit ihnen. Jenseits der Dualität von Liebe und Hass liegt Mitgefühl. Mehr Mitgefühl und das, was ich als objektive Liebe für andere bezeichnen würde, sind wesentlich, auch wenn der andere ein scheinbar wunderbares, problemloses Leben führt. Ich hatte selten ein schweres Urteil oder Groll gegenüber Kriminellen, Psychopathen oder Mördern, mit denen ich im Strafvollzug arbeitete. Objektives Mitgefühl half mir, die Wechselfälle im Leben mancher Menschen zu verstehen.

Die Fähigkeit, das Göttliche zu schätzen und zu verehren, wird sogar auf Dinge ausgedehnt, die man für alltäglich hält. Eine rätselhafte Veränderung, die ich bemerkte, war meine Beziehung zum Wasser. Ich habe, sagen wir mal, eine besondere Beziehung zu diesem Element entwickelt, die es vorher nicht gab. Jedes Mal, wenn ich Wasser benutze, spreche ich automatisch laut Lob und Dankbarkeit für dieses Element aus. Wasser gilt im Hinduismus als göttlich. Im *Rigveda* (einem der vier heiligen kanonischen Texte der Veden) werden dem Wasser mehrere Götter zugeordnet. Die Flüsse Ganges und Yamuna gelten als zwei der heiligsten Flüsse im Hinduismus, und an ihren Ufern befinden sich zahlreiche Pilgerstätten. In der hinduistischen

Mythologie glaubt man, dass die *Nāgas* (himmlische Schlangen) am Wasser leben.

Vom heiligen Franz von Assisi wird berichtet, dass er sich des Geistes der Elemente bewusst war und eine affektive Beziehung zum Element Feuer hatte, indem er von ihm als einem „edlen und nützlichen Wesen unter den höchsten Geschöpfen" sprach. Als seine Augen geheilt wurden, indem Feuer an seine Schläfen gelegt wurde, was zu seiner Zeit eine Heilmethode war, soll er mit dem Feuer kommuniziert haben: „Bruder Feuer sei kühler."

Manche Literatur über die Kundalini-Erweckung spricht davon, dass sie nicht nur die Tore der Wahrnehmung zu einem weiten Bereich und zum Besitz spiritueller Einsichten öffnet, sondern auch eine transformierende Wirkung auf das kreative Potenzial des Erfahrenden hat. Ich glaube, dass die Erweckung der ungeheuren Kraft der Kundalini-Shakti ein bereits vorhandenes Talent freilegt und stärkt, anstatt es in der Person erst zu erzeugen. Das Amrit hat in mir eine süße Kreativität geweckt. Meine schlummernden und unentwickelten Interessen am Singen und Schreiben von Gedichten wurden aktiv, und infolgedessen bin ich in diesen Bereichen produktiv geworden.

Baba hatte gesagt, wenn Er das Bewusstsein der Menschen anhebt, „werden sie zu Teilhabern an Meinem *Sankalpa* (Entschluss, Wille)." Teilhaber bedeutet, ein Instrument Seines göttlichen Plans zu sein. Bevor Er Seinen physischen Körper verließ, hatte Er zu einem Devotee gesagt: „Ich werde Mein spirituelles Vermögen gerecht unter meinen wahren Devotees verteilen." Wem viel gegeben wird, von dem wird auch viel verlangt.

Die Gnade höherer Wesen hat den ultimativen Zweck, uns dazu zu bringen, der Schöpfung zu dienen; es ist nicht an uns, sie nur zu genießen oder für den Dienst an ihr, Anerkennung zu verlangen. Wie bei jeder spirituellen Lehre hat Er uns angewiesen, jeden zu lieben und letztlich durch das Amrit den unsterblichen Geist zu lieben, der in jedem Wesen anwesend ist.

Bis zum heutigen Tag fasziniert mich das Amrit in mir. Ich betrachte es als integralen Bestandteil eines Prozesses der Verschmelzung und Vereinigung mit dem Göttlichen.

Die Informationen über Berichte über das Erwecken der Kundalini oder das Fließen des Nektars der Unsterblichkeit – sei es in alten oder neueren Texten – zeigen nur ein weitgehend unentdecktes Terrain auf, das der Einzelne durchqueren muss. Das Leben zu leben, während die Ambrosia in einem fließt, ist ein Weg, den man selbst beschreiten muss, oft ohne einen Meister, der einen dabei führt.

Zusammenfassend kann man sagen, dass es in der Tiefe des Seins und der Existenz einen andauernden Zustand der inneren Glückseligkeit gibt. Häufig hatte ich Momente der inneren Vision, in denen ich ohne Zweifel wusste, dass ich göttlich bin und dass es nicht anders sein kann. Dass ich die Shakti bin, die ein und dieselbe ist wie die Universelle Shakti in diesem körperlichen Rahmen. Das ist meine aufrichtige Erkenntnis und keine Wiederholung einer beeindruckenden Phrase, die man in der spirituellen Literatur findet. In den vergangenen Jahren wurde diese Erkenntnis durch die Verführung meines Verstandes und der äußeren Welt gestört, aber mit der Zeit bin ich weniger abgelenkt und mehr in dieser Wahrheit verankert. So wie die Welt nur existiert, um uns das nicht wahrnehmbare Unsichtbare oder Subtile bewusst zu machen, so ist das Gefäß des Körpers hier, um diese göttliche Süße zu erfahren.

Ich habe begriffen, dass das, was ich wirklich bin, dieses Amrit ist, die Quelle eines glückseligen göttlichen und wortlosen Zustands. Trotz meiner Begrenzungen hat im Kern eine Heilige Vereinigung stattgefunden. Dies ist bekanntlich das höchste Prinzip von *Advaita* (Nicht-Dualität).

Einmal, nach Babas physischem Ableben, dachte ich mit Traurigkeit, dass mein geliebter Baba keinen Körper mehr hat. Sofort manifestierte sich der süße Geschmack! Eine Bestätigung, dass das Amrit tatsächlich Er ist. Er und ich sind Eins: *Raso Vai Sah*. Göttlichkeit ist alles Ambrosia.

Die göttliche Harmonie hallt weiterhin in mir wider. Ich liebe das Geschenk ebenso sehr wie den Geber des Geschenks. Ich staune immer noch über diese unglaubliche Gnade. Ich schmecke die Herrlichkeit dessen, was das höchste Geschenk von „Oben" ist, und verehre es mit Dankbarkeit.

Darshan auf dem Sandplatz, ca. 1982

Der göttliche Sai Baba

In ihrer Not beten alle um Barmherzigkeit, Mitleid, Friede und Liebe.
Denn Barmherzigkeit hat ein menschliches Herz, Und Mitleid ein menschliches Gesicht, Und Liebe die göttliche menschliche Form, Und Friede, das menschliche Kleid. (William Blake)

Du wirst lernen, dass ich Prema (Liebe) selbst bin; dass ich nur eines gebe, Ānanda (Glückseligkeit), durch eben dieses Prema. Meine Aufgabe ist es, Trost, Mut und Shānti (Friede) zu verbreiten. Das heißt, Meine Charaktereigenschaften sind die uralten authentischen; nur die manifestierte Form ist neu. (Sathya Sai Baba)

Sathya Sai Baba. Der Avatar unseres Zeitalters, majestätisch, mächtig und doch gütig. Wie kann ich die Eigenschaften und Fähigkeiten eines solchen Phänomens auf ein paar Seiten beschreiben, die lediglich aus meinem begrenzten Verständnis entstehen? Jede Beschreibung Seiner Qualitäten wird nur ein unvollkommener Abglanz Seiner Liebe, Seiner Erhabenheit und Seines höchsten Geheimnisses sein.

Er erklärte, dass der Sathya Sai Avatar herabkam, weil die Heiligen und *Sādhus* (Asketen) aller Länder um Seine Ankunft gebetet hatten. Er war wahrlich die Hoffnung unseres Zeitalters. Er verkörperte das Universelle Bewusstsein, das weder Geburt noch Tod kennt, das zeitlos ist und das die Essenz reiner Liebe darstellt: „Mein Abstieg ist euer Aufstieg – ich bin hier, um euch zu erheben", sagte Er. Wir hatten das große Glück, Zeitgenossen eines Avatars zu sein, eines *Pūrna-Avatars* (3).

Benjamin Franklin hat gesagt, es habe nie ein goldenes Zeitalter gegeben, das sich selbst geschätzt hätte. Unser goldenes Zeitalter begann mit der Anwesenheit von Sai Baba, mit dem wir in die tiefste Liebe eintauchen konnten.

Babas Anwesenheit unter uns war die Gnade selbst. Als Mensch war Er die Vision eines perfekten menschlichen Wesens. Sein Leben war ganz Wirkung, war Dienst und Liebe.

Warum sollte sich ein Wesen darum kümmern, zu heilen, zu trösten, zu beraten, Leben zu verbessern, durch übermenschliche Projekte auf eigene Initiative – indem es verschiedenen Menschen in Zeiten ihrer Not in irgendeinem Winkel der Erde erscheint, und dies konsequent über Jahrzehnte hinweg, tagein, tagaus, ohne Unterbrechung, ohne sich um sich selbst zu kümmern, und ohne offensichtlichen Grund eines eigenen Vorteils? Es sei denn, Es ist die Liebe selbst?

Am wichtigsten ist jedoch, dass Seine Anwesenheit, Seine Führung und Seine unermessliche Zärtlichkeit unweigerlich die Transformation vieler Herzen und Gemüter durch Seine Liebe bewirkten. Mit Seiner göttlichen Anwesenheit half Er uns, die Geheimnisse des Universums zu entschlüsseln, die sich nicht von unserem Atman (unserer inneren Göttlichkeit) unterscheiden.

Ich glaube, dieser Vierzeiler des berühmten Astrologen Nostradamus aus dem 16. Jahrhundert beschreibt Babas Ankunft:

„Von der Triade aus dem Wasser wird er Seine Geburt nehmen,
Und der Donnerstag wird zu Seinem Festtag werden.
Sein Ruhm, Sein Lob, Seine Herrschaft und Seine Macht werden sich
auf der Erde ausbreiten.
Zu Lande und zu Wasser stürmen sie den äußersten Osten."

Für diejenigen, die sich für Astrologie interessieren, sei gesagt, dass Babas astrologisches Horoskop nach Seinen Geburtsdaten das dreifache Wasserelement aufweist, mit der Sonne und dem aufsteigenden Zeichen im Skorpion und dem Mond im Krebs. Der Donnerstag wurden von Ihm als Haupt-Tag für Andachtsversammlungen gewählt, und Er hat Tausende von Anhängern auf der ganzen Erde.

Es war unmöglich, Sai Baba in seinem Leben zu haben und keine Transformation des Herzens und des Geistes zu erfahren. Wir brauchen solche Wesen, um das Unsichtbare und Allmächtige auf dieser Erde zu erfahren, ohne die wahre Freude und Segnungen nicht erfahren werden können. Der Geist in der Form von Sathya Sai Baba war hier, um uns in vielerlei Hinsicht zu dienen. Er war unser Vermittler zwischen der materiellen und der geistigen Welt. Seine Anwesenheit war eine Erinnerung und ein Beispiel für unsere erhabenen Ziele als menschliche Wesen. Auf der physischen Ebene unternahm Er gewaltige soziale Projekte. Die Aufgaben reichten von der Errichtung von Krankenhäusern, Universitäten und Wasserprojekten bis hin zu inneren Transformationen; alles in allem wurde die Hierarchie der menschlichen Bedürfnisse von diesem Geist im Fleisch erfüllt.

Eine Seiner wichtigsten Aufgaben war der Bau des „Super Specialty Hospital" in Puttaparthi, eines großen und ästhetisch gestalteten Gebäudes. Ärzte aus der ganzen Welt arbeiten dort ehrenamtlich, und die Patienten werden kostenlos behandelt. Es ist bekannt, dass die an dem Projekt Beteiligten, als sie Seine Ankündigung hörten, dass der Bau bis zu einem bestimmten Datum und innerhalb eines Jahres abgeschlossen sein würde, daran zweifelten, dass dies in so kurzer Zeit gelingen würde. Aber er wurde tatsächlich zu dem von Sai Baba angegebenen Datum fertiggestellt und eingeweiht!

Sein umfangreiches Wasserprojekt kommt Tausenden von Menschen im ländlichen Indien zugute.

Seine zahlreichen Bildungseinrichtungen, von der Grundschulen bis zur Universität, sind alle gebührenfrei. Seinem Lehrplan zur spirituellen Erziehung von Kindern, bekannt als *Bal Vikas,* wird sogar in Ländern außerhalb Indiens gefolgt. Es ist ein beeindruckendes Programm, das auf Heilung, Lernen und Hingabe basiert und das Ziel verfolgt, eine weltweite Erneuerung des individuellen Engagements für ein aktives spirituelles Leben zu propagieren.

Die Teams der humanitären Hilfe in der Sathya Sai Organisation sind immer verfügbar, um bei Katastrophen in jeder Ecke Indiens die notwendigen Dienste zu leisten. Sie arbeiten ohne jede Art von Öffentlichkeitsarbeit.

Zusätzlich zu diesen Unternehmungen nahm sich Sai immer noch die Zeit, regelmäßig zweimal täglich Darshan zu geben. Auf einen Darshan folgten meist Interviews mit Devotees aus verschiedenen Ländern, wobei Er ihnen Ratschläge gab und immer liebevoll zu ihnen sprach.

Die Devotees erhielten die Gaben der Heilung, ob aus der Ferne oder in Seiner Nähe. Er kümmerte sich aktiv um das Leben Seiner Devotees wie auch um jedes Detail der Fortschritte Seiner Schüler; sie waren, wie Er sagte, Teil Seiner Mission. Am erstaunlichsten ist, dass Er Devotees in verschiedenen Teilen der Welt in Zeiten ihrer Not erschien und Leben rettete, während Er von anderen in Indien als physisch anwesend erlebt wurde, was Seine Allgegenwart und Allwissenheit nur bestätigt.

Sai Baba war die Verkörperung der kosmischen Kraft, und gleichzeitig Seinen Anhängern beziehungsmäßig sehr eng verbunden. Ihn als Übermenschen zu betrachten, wäre eine Unterschätzung. Trotz Seiner Macht und Erhabenheit war es nicht unangenehm, Bedürfnisse, Bitten oder Probleme in Seiner Gegenwart zu äußern. Er ignorierte nicht die Herausforderungen der menschlichen Existenz, wie Arbeit, Beziehungen und Gesundheit, und griff sogar ein, bevor man mit dem Problem konfrontiert wurde. Er verstand die menschlichen Bedürfnisse ebenso wie den Grad des spirituellen Wachstums des Devotees. „Was willst du?" Das war Seine typische Frage, mit der Er sowohl die praktischen Probleme des Lebens ansprach als auch den Raum für spirituelles Wachstum öffnete. Er war Vater und Mutter; warum also nicht fragen? Er kannte die Quelle, aus der die Anfragen kamen, und wusste um die Aufrichtigkeit eines jeden Anhängers. *Advaita*-Lehrer (Verfechter des Non-Dualismus), meist die modernen, würden wahrscheinlich ohne tieferes Wissen über die Kämpfe dieser Seele fragen: „Wer ist es, der da etwas will?" Nur der Eine, der Vergangenheit, Gegenwart und Zukunft kennt, kann die angemessene Antwort geben.

Unermüdlich unterstützte und motivierte Er Seine Anhänger, das Leben als transformierte Wesen zu leben und bewusster zu einer neuen Art der Erfahrung des wahren Selbst zu gelangen. Er lehrte uns, ein zärtliches Mitgefühl gegenüber anderen und deren Leiden zu entwickeln: „Liebe alle, diene allen", wie Er immer wieder sagte. Das Göttliche will letztlich, dass wir aufwachen, und das ist für uns Lohn genug. In Seiner Gegenwart fühlte man sich großartig und unbedeutend zugleich. Großartig, weil man durch Seinen Ansporn erkannte, dass wir nicht der Körper, sondern der Atman sind; unbedeutend, weil man Zeuge Seiner Macht, Energie und Seines Geheimnisses wurde.

Sathya Sai Baba offenbarte Seine Göttlichkeit nicht einmal Seinen engsten Anhängern vollständig, sondern zeigte aus Güte verschiedene Grade Seiner Macht, je nach den Bedürfnissen des Einzelnen. Sein majestätisches Auftreten war ein Fest für die Augen. Er hatte absolute Macht und absolute Barmherzigkeit.

Er gab Seine Zeit und Sein Leben für die Glückseligkeit Seiner Devotees und sagte: „Mein Körper gehört Meinen Devotees" – als Mittel des Dienens.

Baba hielt im Laufe Seines Lebens Ansprachen über praktisch jedes spirituelle Thema, und die Bandbreite der Informationen ist enorm. Seine Ansprachen waren schön, einfach und tiefgründig, nie langweilig, auch wenn sie dieselbe Wahrheit zu wiederholen schienen. Wie ein langjähriger Devotee es ausdrückte, hat es in der Geschichte noch nie einen Weltenlehrer gegeben, der den Kern der vedischen Lehre auf so einfache, umfassende und verständliche Weise präsentiert hat wie Sai Baba. In Seinen Ansprachen begann Er mit der höchsten Lehre und ging dann auf praktische Fragen des täglichen Lebens ein. Natürlich war Sai Baba nicht nur ein Lehrer alter Ideen, die uns anleiten sollten. Wie eine geduldige Mutter sprach Er entsprechend unserer Verständnisfähigkeit – aber Seine Taten lagen jenseits unseres Verständnisses.

Das Ego verbindet den Gebrauch beeindruckender Worte und komplizierter Konzepte mit dem Besitz höherer Kenntnisse, von denen wir uns vorstellen, dass eine Verkörperung des Göttlichen sie haben sollte; oder dass ein göttliches Wesen eine bestimmte Größe haben und auf eine bestimmte Weise aussehen sollte, um unseren menschlichen Idealen zu entsprechen. Das falsche Selbst ist dreist genug, zuzulassen, dass Heilige Einflüsse zu vertraut werden, und zieht sie auf sein Niveau herab.

Der Platz reicht nicht aus, um hier auch nur einen Bruchteil Seiner verblüffenden Wunder zu erzählen. Glücklicherweise sind sie dokumentiert und in Büchern oder im Internet verfügbar.

Welche davon sollte ich beschreiben? Die Vermehrung von Essen aus einem kleinen Topf, der Hunderte von Menschen ernährte, oder die Verwandlung von Wasser in Benzin während der Zeit des Krieges, als es rationiert war? Oder vielleicht Geschichten über Sai Babas Materialisationen, die von Gegenständen (die Er durch Anhauchen in ihrer Größe verändern konnte) bis hin zu scharfem Essen oder indischen Süßigkeiten, die von Honig trieften, oder Früchten, die, wie jemand sie beschrieb, „nicht so wie von dieser Welt" schmeckten, oder das Füttern eines Babys mit Milch, die aus Seiner Fingerspitze floss, reichen? Vielleicht auch Berichte über die Verhinderung des Absturzes des Privatflugzeugs eines Anhängers und die Rettung anderer vor einer Flugzeugentführung?

Sein Sinn für Humor war allgegenwärtig, während Er korrigierte und lehrte. Einmal kamen zwei ausländische Männer mit ein paar Flaschen Whisky in Seinen Aschram, was dort nicht erlaubt ist. Nachdem sie sich in ihrem Zimmer eingerichtet hatten, beschlossen sie, eine der Flaschen zu öffnen; zu ihrer Überraschung schmeckte ihr Inhalt nach reinem Wasser. Sie öffneten die zweite Flasche, und wieder war es Wasser. Am nächsten Morgen, beim Darshan, ging Baba an ihnen vorbei und sagte im Vorbeigehen zu ihnen nur: „Prost!"

Ein Devotee, der den Aschram in den sechziger Jahren häufig aufsuchte, erzählte Sai Baba eines Tages, dass die indische Regierung ihn aufforderte, das Land zu verlassen, weil er ein CIA-Mann sei. Sai Baba erwiderte, dass er in der Tat ein CIA-Mann sei. „Aber Swami, ich gehöre nicht zum CIA." Doch Baba wiederholte und der Mann leugnete weiter, bis Baba erklärte: „Du bist CIA – Constant Integrated Awareness!"

Ein Devotee erzählte in seinem Buch die Geschichte eines Mannes, der eine große Geldsumme für einen Tempel in einer Stadt weit weg von Prashanti Nilayam spenden wollte. Er sammelte alle seine Geldscheine, die beschädigt und zerrissen waren, und machte sie zu einem Bündel. Er nahm an, dass die Priester des Tempels die Scheine zur Bank bringen und gegen unbeschädigte eintauschen könnten. Einige Tage später, beim Darshan, kam Baba vorbei und warf ihm einen kleinen sperrigen Umschlag zu. Der Mann öffnete ihn und fand die zusammengerollten Scheine, die er dem Tempel gegeben hatte, in demselben Zustand, zerrissen und unvollkommen! Baba hatte gesagt, dass man auch bei wohltätigen Aufgaben Lebensmittel und andere Dinge von guter Qualität geben sollte, soweit das im Rahmen unserer Möglichkeiten liege.

Baba korrigierte die Verfehlungen Seiner Devotees sehr genau. Aufgrund Seiner liebevollen Natur erwartete man, dass Er die eigenen Fehler ignoriert, so wie es die Eltern vielleicht getan haben. Die Meister aber erwarten von ihren Anhängern Disziplin und Strebsamkeit, so wie die Entwicklung auch uns Energie, Disziplin und Anstrengung abverlangt.

Ein Devotee und Wissenschaftler aus Thailand, Dr. Art-Ong Jumsai, sprach in einem im Juli 2016 aufgezeichneten Vortrag (verfügbar auf YouTube) über ein Interview mit Sai Baba und vier indischen Spitzenwissenschaftlern. Baba materialisierte Geschenke für sie und fragte sie, ob sie als Wissenschaftler die Materialisierung verstanden hätten, worauf sie verneinten. Baba sagte: „Gegenstände zu materialisieren ist einfach, aber ich möchte euch etwas zeigen." Dann winkte Baba mit Seiner Hand, legte Seine Handflächen aufeinander und zog sie wieder auseinander. Zu ihrer Überraschung erschien ein kleiner lebender Affe auf Seiner Handfläche. Als Baba Seine Hand hob, wuchs der Affe und wurde zu einem noch größeren Affen! Dann ließ Baba den Affen los. Er begann, im Raum herumzuspringen. Nun fragte Er sie: „Versteht ihr das?" Er bot den Affen einem Wissenschaftler an, doch der lehnte höflich ab und sagte, er wisse nicht, was er mit ihm anfangen solle. Baba bat ihn, den Affen zu holen. Er legte ihn auf Seinen Schoß und zwischen Seine Handfläche und begann, Seine

Handfläche zu senken, der Affe wurde kleiner und kleiner und schließlich verschwand er ganz.

Eine erstaunliche und humorvolle Geschichte über Sais Allwissenheit und Allgegenwart wird von einem hingebungsvollen Augenarzt, Dr. Surendra Upadhyay, erzählt, der im Rahmen seiner Seva-Dienste für die Sathya Sai Organisation häufig ehrenamtlich in entlegenen Gebieten verschiedener Länder tätig war. Er erzählte folgende Geschichte: Während einer Augenoperation in Afrika, in einem wegen lokaler Kriege leerstehenden Krankenhaus, verschwand plötzlich, als es dunkel wurde und Schüsse zu hören waren, sein Anästhesist. Der Arzt war beunruhigt, er machte sich Sorgen um den Ausgang der Operation und begann, zu Baba zu beten. Plötzlich flog die Operationstür auf und ein Afrikaner kam zufällig herein und fragte, was sie da machten.

Der Arzt in seiner gereizten Stimmung sagte zu ihm: „Was meinen Sie denn? Spielen wir hier Fußball?" Der Fremde stellte sich daraufhin als Anästhesist vor und erzählte, dass er zufällig vorbeikäme und durch das Licht im Operationssaal neugierig geworden sei. Dann beteiligte er sich an der Operation und blieb noch drei Tage, um bei anderen Operationen zu helfen. Später sprach Dr. Upadhyay die Krankenhausverwaltung auf das rechtzeitige Erscheinen dieses Mannes an und war überrascht zu hören, dass alle Anästhesisten aus der Stadt versetzt worden waren und es keine mehr gab. Der Arzt erzählte, dass er ein paar Monaten später Indien besuchte, um den Darshan des Avatars zu erhalten. Sai Baba fragte ihn, wie seine Arbeit in der Station denn verlaufen sei. Dann bemerkte Er: „Du hast also dort Fußball gespielt?!"

Einer meiner liebsten und erstaunlichsten Berichte über Sai stammt von einem indischen Herrn, Mr. Nayar, der in London lebt. Dieser Bericht wurde von „Souljourns" aufgezeichnet, einer Website mit einer umfassenden Sammlung von Interviews mit Sai-Anhängern. Der Mann beschreibt, wie Baba am 3. Juni 1993 vor seiner Haustür in London erschien, dem Tag, an dem ein Anschlag auf Sai Baba in Seinem Aschram in Indien verübt worden war. Er beschreibt, dass Baba drei Tage lang in seinem Haus blieb und ihn sogar bat, mit Ihm eine Stadtrundfahrt durch London zu machen! Seine Frau versuchte immer wieder, Sai Baba, dem unerwarteten, aber höchst willkommenen Gast, Essen und Trinken anzubieten. Baba lehnte jedes Mal ab; schließlich sagte Er dem Mann, er solle seiner Frau erklären, dass Er im Astralkörper sei und weder essen noch trinken müsse!

Sathya Sai Baba hatte den Auftrag, die Menschheit in ein neues Zeitalter und eine neue globale Zivilisation zu führen, deren Verwirklichung Jahrhunderte dauern kann. Sogar unser wissenschaftlicher Fortschritt hat ja Zeit gebraucht, um sich zu entwickeln; wie viel mehr Zeit wird dann für unsere bewusste Evolution benötigt.

Der Zustand unserer Welt wäre ohne Ihn düster – und wie anders ist er nun aufgrund Seiner Gegenwart! Jede Beschreibung des Ausmaßes Seiner Macht kann in unvorbereiteten Gemütern unweigerlich zu Missverständnissen führen. Wir können die Überfülle nur entsprechend unseren Möglichkeiten aufnehmen. Erst im Laufe der Zeit wird sich die Bedeutung Seiner Gegenwart voll entfalten.

„In Wahrheit könnt ihr die Natur Meiner Wirklichkeit weder heute noch nach tausend Jahren ununterbrochener Askese oder eifrigen Forschens verstehen, selbst wenn sich die gesamte Menschheit diesen Anstrengungen anschlösse. Aber in kurzer Zeit werdet ihr die Glückseligkeit erkennen, die das Göttliche Prinzip, das diesen heiligen Körper und diesen heiligen Namen auf sich genommen hat, ausstrahlt. Euer Glück, das euch diese Chance bietet, ist größer als das, was den Anachoreten, den Mönchen, den Weisen, den Heiligen und sogar den Persönlichkeiten, die schon Facetten der Göttlichen Herrlichkeit verkörpern, zuteilwurde!" (Sathya Sai Baba)

Die Augen können es nicht ertragen, direkt in die Sonne zu schauen; die Gurus und Lehrer reflektieren das Heilige Licht des Göttlichen für unsere Augen. Baba erleichterte das Fortschreiten der Seele auf die nächste Stufe und arbeitete mit jedem Devotee gemäß und im Rahmen der Regeln des von ihm gewählten Weges, sei es *Jnāna-* (Wissen), *Bhakti-* (Hingabe) oder *Karma-* (Handlung, Dienst) Yoga, und zwar unabhängig vom religiösen Hintergrund. Er unterstützte die Arbeit derjenigen, die entschlossen und standhaft auf ihrer spirituellen Reise waren – Eigenschaften, die Er an einem Aspiranten schätzte.

Ich hatte das Gefühl, dass Baba gekommen war, um die einen zu korrigieren und die anderen zu belohnen – daher auch die Unterschiede, was jeder Devotee erhielt und wahrnahm. In einer Ansprache (Geburtstag 2000) sagte Er: „Gott schickt Wesen, um die Menschheit zu bestrafen, aber wenn ihr gut seid, werden diese Wesen euch sogar unterstützen."

Bei meinen Besuchen in Seinem Heimatdorf hatte ich das Gefühl, in ein einzigartiges, uraltes Phänomen eingetreten zu sein, ein Drama, das in unserer modernen Zeit mit Schauspielern aus alten Zeiten nachgespielt wird und so an die Zeit des Krishna-Avatars erinnert, von dem man liest.

Was mir im Aschram bei der Zusammenkunft von Menschen aus verschiedenen Enden der Welt auffiel, war, dass jeder dazu berufen war, mindestens eine wundersame oder außergewöhnliche Erfahrung durch Babas Willen zu machen, anders als die Besucher anderer Aschrams in Indien. Das ist ziemlich bemerkenswert und einzigartig in unserer Geschichte und in diesem scheinbar unbedeutenden Teil der Welt.

Alle wurden von einer überbewussten Energie der Liebe beeinflusst, die Glückseligkeit hervorrief. Die heilende Gegenwart des Göttlichen während der Darshans hinterließ bei den Anwesenden immer das Gefühl, erhoben, umsorgt und geliebt zu sein, unabhängig davon, ob dem Einzelnen äußerlich Aufmerksamkeit geschenkt wurde oder nicht.

Eine Geschichte, die oft zitiert wird, um Seine göttliche Geburt zu veranschaulichen, wird von einem angesehenen älteren Devotee in dem Buch *Easwaramma, the chosen Mother* von N. Kasturi erzählt: „Eines Tages, umgeben von Seinen Devotees, fühlte ein in den heiligen Puranas bewanderter Pandit den plötzlichen Drang, eine Frage zu stellen. ‚Swami, war Deine Inkarnation ein *Pravesha* (ein Eingang) oder ein *Prasava* (Vermehrung, Eintreten)?' Er wandte sich an Seine Mutter Easwaramma, die vorne saß, und sagte: ‚Erzähle ihm, was an jenem Tag am Brunnen geschah, nachdem deine Schwiegermutter dich gewarnt hatte.' Seine Mutter sagte: ,Sie hatte von *Satyanarayan* Deva (einer Form von Vishnu, dem Gott der Erhaltung der Schöpfung in der hinduistischen Triade) geträumt, und der warnte mich, ich solle keine Angst haben, wenn mir durch den Willen Gottes etwas zustoße. An jenem Morgen, als ich am Brunnen war, um Wasser zu schöpfen, kam ein großer Ball aus blauem Licht auf mich zugerollt, ich fiel in Ohnmacht und fiel hin. Ich fühlte, dass er in mich eindrang.' Swami wandte sich mit einem Lächeln an den Pandit. ,Da hast du die Antwort: Ich wurde nicht gezeugt', sagte Er. ,Es war *Pravesha*, nicht *Prasava.*' (Eine göttliche Inkarnation findet also durch einen Prozess der Befruchtung statt, der durch den göttlichen Willen selbst und nicht durch den natürlichen und normalen menschlichen Akt erfolgt.)"

Baba erklärte, dass Er uns schon seit vielen Geburten kenne und auf uns gewartet habe. Diejenigen, die Seine Gnade empfangen haben, wurden von Ihm für die Zeiten ihres Lebens vorbereitet. Er sagte: „Wenn Avatare kommen, wählen sie die Zeit und den Ort, den Clan und die Familie, und sie entscheiden und bringen die Kameraden und Mitarbeiter mit. Als Vishnu als Rama inkarnierte, kamen auch die Devas herab, um die Süße der Gesellschaft und des Dienstes des Herrn zu kosten."

Ich habe einen entzückenden und magischen Bericht über die Erfahrung einer engen Devotee aus Seiner Kindheit ausgewählt. Die erstaunliche Episode wird in dem Buch *Anyatha Sharanam Nasthi – Other Than Your Refuge There is None* – von Frau Vijayakumari erzählt. Ein zweiteiliges Interview mit der Erzählerin ist auch auf dem Online-Kanal „Souljourns" verfügbar.

Die Autorin erzählt von den goldenen Tagen, die die Devotees mit Baba verbrachten. Damals gab es nur eine Handvoll Devotees in Puttaparthi, und der Sand der Chitravati (ein Fluss, der durch Puttaparthi fließt) war Sein Spielplatz.

Die himmlische Vision

Die Sonne, der Mond – Das alles ist Er!

Eines Tages, als wir alle auf dem Weg zur Chitravati waren, war Swami plötzlich verschwunden. Während wir nach Ihm suchten, hörten wir ein Klatschen, und als wir aufblickten, fanden wir Swami, der uns mitteilte: „Ich bin hier auf dem Gipfel des Hügels." Es war sechs Uhr abends. Die Sonne hatte die Ströme ihrer Strahlen abgeschwächt und sank in Richtung Westen. Der Himmel war mit schwarzen Wolken verhangen, als ob er sich in eine dicke Decke gehüllt hätte. Swami sagte: „Schaut Mich alle an. Ich werde euch die Sonne zeigen."

Noch während wir dachten: „Wie kann die Sonne zurückkommen, wenn sie doch schon untergegangen ist?" – sahen wir hinter Swamis Kopf erneut ihre aufgehenden Strahlen. Der ganze Himmel war mit blauen Wolken gefüllt. Die Strahlen begannen sich rot zu färben, bis sie feurig aussahen und so viel Hitze ausstrahlten, dass wir alle heftig schwitzten. Die Strahlen waren so heiß, als kämen sie von der sengenden Mittagssonne. Unfähig, die Hitze zu ertragen, riefen wir alle laut: „Swami! Es ist zu heiß". Dann ließ die Hitze wieder nach.

Wir waren gerade dabei, uns niederzulassen, als wir Swamis Stimme vom Gipfel des Hügels vernahmen: „Ich werde euch den Mond zeigen." Wir sahen hinter Swamis Kopf die halb entfalteten, honigfarbenen Strahlen des Mondes. Bald wurden sie weiß – weißer und noch weißer. Das war's. Wir begannen in der Kälte zu zittern. Unsere Körper wurden steif. Unsere Zähne begannen zu klappern. „Swami! Kalt! Es ist sehr kalt, Swami!" Während wir Ihn so anflehten, ließ die Kälte langsam nach.

Während wir uns fragten, welches weitere Wunder Er vollbringen würde, verkündete Er: „Ich werde euch das dritte Auge zeigen. Beobachtet es sehr sorgfältig und aufmerksam."

„Das dritte Auge! Wie sieht es wohl aus?", fragten wir uns. Swamis Körper war nicht zu sehen. Aber Sein Kopf erschien gigantisch, als ob er sich über den ganzen Himmel erstrecken würde. Fassungslos und mit großer Verwunderung starrten wir in den Himmel.

Auf Swamis Stirn, zwischen Seinen beiden Augenbrauen, erschien eine Öffnung. Feurige, rauchende Funken begannen aus der Öffnung zu kommen. Unsere Augen waren geblendet von der Brillanz dieser Funken. Wir waren erschrocken. Mehr, als um uns selbst, waren wir besorgt, was mit Swami geschehen könnte.

Die Funken sprühten weiter. Als wir zurückblickten, stellten wir fest, dass viele einfach bewusstlos umgefallen waren. Wir wussten nicht, was sie ohnmächtig gemacht hatte. Das erschreckte uns noch mehr. Wir schauten nach oben, konnten Swami aber nirgends finden. Wir fühlten uns verloren und wussten nicht, was wir tun sollten, und begannen zu weinen. Plötzlich sahen wir Swami wieder in unserer Mitte stehen.

„Was ist passiert?" fragte Er uns und klopfte uns auf die Schultern. „Warum weint ihr? Warum sind diese Kinder in Ohnmacht gefallen?" Da wir nicht wussten, was wir auf diese Fragen antworten sollten, umarmten wir Ihn einfach und weinten weiter. Als sich ein oder zwei von denen, die in Ohnmacht gefallen waren, erholt hatten und aufstanden, sammelten wir ein wenig Kraft und fragten Ihn wie mit einer Stimme: „Swami! Bist Du in Ordnung? Wie kommt es, dass wir Dich dort nicht gesehen haben?" Während wir diese Fragen stellten, tätschelten wir Sein Gesicht und Seinen Körper, um uns zu vergewissern, dass Er wirklich bei uns war. Swami lachte herzlich, und als Er uns versicherte, dass es Ihm gut gehe, formte Er mit einer Handbewegung Vibhuti und strich es selbst auf unsere Stirnen.

Von den bewusstlos Gewordenen begann sich einer nach dem anderen langsam wieder zu regen. Es war eine seltsame Erfahrung. Wir hatten das Gefühl, als würden sich unsere Körper unruhig hin und her bewegen. Wir fühlten uns, als ob wir in der Luft schwebten. Eine unaussprechliche Freude schien unser ganzes Wesen zu durchdringen. Es war eine süße Welle der Zuneigung. Wir verstanden ihre Natur nicht. Obwohl wir mit Swami Schritt hielten, schien es uns, dass unsere Füße den Boden nicht berührten. Einige liefen unsicher, als wären sie betrunken. Wir hatten alle das Gefühl, uns in einer anderen, fremden Welt zu befinden. Es war ein merkwürdiger Geisteszustand.

Wir erreichten das Mandir und setzten uns wie gewohnt für die Bhajans nieder.

Wir konnten nicht richtig singen. Uns war schwindlig. Den ganzen Abend verbrachten wir in diesem Zustand. Als wir uns auch am nächsten Tag in einem ähnlichen Zustand befanden, fragten wir Swami danach. Er sagte mit einem Lächeln: „Ihr habt in zahlreichen vergangenen Leben darum gebetet, einen Blick auf dieses Dritte Auge werfen zu dürfen. Als Antwort auf eure Gebete habe ich euch heute seinen Darshan gegeben. Und doch, ich habe euch nicht einmal ein Tausendstel seines Glanzes gezeigt. Nicht einmal den konntet ihr aushalten. Euer jetziger Zustand ist das Ergebnis dieses Schauspiels."

Überwältigt von dieser Offenbarung, brachen wir fast zusammen und weinten. Wir wuschen Seine Lotosfüße mit unseren Tränen und sagten Ihm: „Swami, wenn wir das nur vorher gewusst hätten, hätten wir diesen Darshan vielleicht mehr genossen. Wir konnten den göttlichen Segen, den Du uns so freundlich gewährt hast, nicht voll ausschöpfen. Wir konnten seine tiefe Wirkung wirklich nicht ertragen. Wir bekamen Angst, als wir Deine physische Gestalt nicht sehen konnten. Wir waren sehr besorgt um Dich, als wir die Öffnung auf Deiner Stirn erblickten."

Er schaute uns nur voller Mitgefühl und Liebe an – und wir fühlten uns überwältigt von dem Schauer Seiner Zuneigung, die uns wie das Mondlicht wieder beruhigte, und mit tränenerfüllten Augen legten wir Ihm unser Leben zu Füßen. Er erschuf erneut Vibhuti und strich es auf unsere Stirnen. Danach erreichten wir langsam wieder einen Anschein von Normalität. Wir fühlten uns innerlich ekstatisch und dachten über diese seltene goldene Gelegenheit nach, diese Belohnung für irgendeine Hingabe in vergangenen Leben, für irgendein Gebet, das wir mit goldenen Blumen gesprochen haben müssen, oder für irgendein Glück, das wir aufgrund der guten Taten unserer Ältesten hatten.

Tief in die goldenen Tempel unserer Herzen haben wir in goldenen Lettern das alles eingeätzt. Was wir erlebt hatten, war eine einzigartige Vision, die uns durch unser glückliches Schicksal gewährt wurde, um Befreiung zu erlangen.

Mehr als alles andere ist es ein bedeutendes Ereignis, in der Nähe dieses liebenden Vaters zu sein, und eine goldene Gelegenheit wie diese zu bekommen – ein Höhepunkt der Verdienste vieler früherer Leben.

„Wait, wait!"

Das zweite Interview

Wer Gott erwählt, ist von Gott erwählt worden. (Sri Aurobindo)

Lass dies mein letztes Wort sein: Ich vertraue auf Deine Liebe. (Tagore)

Der allgegenwärtige Geist Gottes kann in unserer physischen Welt überall und jederzeit sofort in Erscheinung treten. Wir dagegen, die wir Gefangene unseres Körpers sind, müssen die weite Reise per Flugzeug unternehmen, um an dem zauberhaften Ort zu landen, an dem der fleischgewordene Geist Wohnung genommen hat.

Die kleine Stadt Puttaparthi ist ganz von Seiner heiligen Energie durchdrungen. Und da war ich wieder, die spirituelle Luft Indiens tief einatmend. Wie jedes Mal, begrüßte mich beim Betreten des Aschrams in den frühen Morgenstunden der warme Duft der Räucherstäbchen, vermischt mit dem frischen Duft von Jasminblüten. Der überirdische Klang der vedischen Hymnen und die mitreißenden Bhajans, die aus der weiten Halle drangen, und dazu noch die Vorfreude, Ihn wiedersehen zu dürfen – das alles versetzte meine Seele in eine Art heiligen Rauschzustand. Die körperliche Mühsal, der Mangel an Komfort damals (in den späten neunziger Jahren) waren nur unbedeutende Unbequemlichkeiten. Der tägliche Ablauf im Aschram gestaltete sich wie immer perfekt – alles um Seiner Liebe willen und unter Seinen aufmerksamen Augen.

Tausende von Menschen unterschiedlichen kulturellen Hintergrunds, jeder Einzelne auf seine Weise exzentrisch und eigenwillig, was sowohl die Kleidung als auch den Charakter betraf, hatten sich dort aus nur einem einzigen Wunsch heraus versammelt – sie wollten *darshan* und *sparshan* (den Anblick und die Berührung) des Avatars erfahren. Wie im Märchen – einem andersartigen Märchen, das noch nie erzählt worden ist – war Ihm die Rolle eines jeden schon bekannt. Und auch ich war eine der Darstellerinnen in diesem Bühnenstück. Eine unser Bewusstsein übersteigende Macht hatte es uns gestattet, in dieses von Ihr betriebene mythische Land einzutreten, das – der überwiegenden Mehrheit unserer Zeitgenossen unbekannt bzw. von ihr nicht zur Kenntnis genommen – eine Parallelwelt zu unserer gewohnten modernen Welt darstellt.

Wenn ich mir das tägliche Leben dort anschaute, schien es mir, als ob die ganze Stadt in Ihm enthalten sei. Alle wachten auf und legten sich schlafen – nur für Ihn. Alle lebten – nur für Ihn. In den von Freude erfüllten frühen Morgenstunden kam es manchmal vor, dass ich beim Aufwachen sagte: „Baba, Baba, steh auf. Ich werde dich heute sehen!" Aber langsam merkte ich, dass ich mit dem Tempo des Lebens dort nicht mithalten konnte. Seine Energie und Ausdauer waren einfach unvergleichlich. Oft kam es vor, dass ich den Darshan verpasste. Essen einzukaufen und zuzubereiten, meine Wäsche zu waschen und es mir ein bisschen heimisch zu machen, nahmen viel von meiner Energie in Anspruch.

Unsere Gruppe bestand aus zwei weiteren Frauen, die wie ich aus der Gegend von San Francisco Bay kamen, einer Frau aus Mountain View, einer Stadt in Nordkalifornien, einem jungen Mädchen aus Los Angeles in Südkalifornien, einem Ehepaar aus Reno, einem recht jovial wirkenden Europäer und einem Ehepaar aus Utah.

Das einzige unangenehme Vorkommnis hatte damit zu tun, dass ich bei meiner Ankunft im Aschram, dem Mitarbeiter des Accomodation-Office gegenüber die Fassung verlor. Wegen der täglichen Anreise von einer sehr großen Anzahl von Besuchern und der eingeschränkten Verfügbarkeit von Zimmern im Aschram mussten sich zwei oder auch mehr Besucher gleichen Geschlechts jeweils ein Zimmer teilen, je nachdem wie groß es war. Der Herr im Accomodation-Office sagte, ich müsse warten, bis mindestens eine weitere Dame angekommen sei, mit der ich ein Zimmer teilen könne. Da aber die meisten Devotees in Gruppen ankamen und auch zusammenwohnten, hätte es lange gedauert, bis eine weitere allein reisende Dame auftauchte. Ich war noch völlig erschöpft von der zweitägigen

Reise und erwartete eigentlich, dass dieser Herr etwas Mitgefühl für meine Lage aufbringen würde, dass er mir den Schlüssel geben und meine künftige Mitbewohnerin später einfach in das Zimmer hinaufschicken würde. Diesen kleinen Zwischenfall erwähne ich deshalb, weil er in dem Interview, das unserer Gruppe gewährt wurde, eine Rolle spielte. Jede noch so kleine Begebenheit, gleich ob sie sich bei Ihm oder in weiter Ferne abgespielt hatte, war Ihm bekannt. Er hatte „tausend Augen".

Schließlich kam ich im Ayurveda-Zentrum unter, das auch bei den folgenden Reisen mein Quartier bleiben sollte. Das Zentrum liegt nur eine zehnminütige Rikscha-Fahrt vom Aschram entfernt. Es ist ein sehr schönes, friedliches Haus, das von einer freundlichen Familie betrieben wird. Langjährige Devotees erwähnen oft, Baba habe stets davon abgeraten, außerhalb des Aschrams zu wohnen (in Hotels oder Gästehäusern), aber für mich fühlte es sich richtig an, dort zu wohnen, wo ich auch wunderbare „Baba-Erfahrungen" machte.

Am Freitag, dem 30. Oktober, bekam unsere Gruppe ein Interview. Wieder einmal verspürte ich dieses unbeschreiblich erhebende Gefühl, unter den hundert Lichtern der Kronleuchter, die das innere Licht noch verstärkten, auf der Veranda zu sitzen und darauf zu warten, mit dem Geliebten zusammen zu sein. Als Er sich näherte, hob Er gelassen den Saum Seines Gewandes ein wenig, um die Stufen hinauf zu gehen, und wieder wurde mir bewusst, was für eine Größe und Macht sich in Seiner zarten Gestalt verbargen.

Als wir alle im Interviewraum Platz genommen hatten, schloss Er die Türen, die von innen verriegelt wurden. Außer unserer Gruppe waren noch ein Ehepaar aus Großbritannien, ein frisch verheiratetes indisches Paar und ein hochgewachsener junger Mann aus den USA für das Interview ausgewählt worden. Wir machten es uns alle auf dem weißen Marmorboden des kleinen Raumes bequem.

Wie beim ersten Interview, saß ich Seinem Stuhl am nächsten an Seiner linken Seite. Während Er noch stand, materialisierte Er Vibhuti und gab jeder Frau, außer derjenigen, die aus der Gegend von San Francisco Bay stammte, eine kleine Portion. Soviel ich wusste, befand sie sich in einem schwierigen Scheidungsprozess, in dem beide

Beteiligten zu keinem Kompromiss bereit waren. Ohne Ihn aus den Augen zu lassen, versuchte ich ein wenig Vibhuti, das eventuell auf meinen Sari gerieselt war, zusammenzukratzen, um es der Frau zu geben, die sich dann vielleicht besser fühlen würde. Während Er noch stand, ließ Er abermals Seine Hand kreisen, was ein Zeichen dafür war, dass eine Materialisation im Gange war. Von meiner günstigen Position aus konnte ich, wie damals im ersten Interview, etwas erblicken, das wie eine in sich wirbelnde wolkenähnliche Flüssigkeit aussah, die aber nicht herunter tropfte, und dann konnte ich klar den Teil eines Ringes erkennen, der nun zum Vorschein kam. Es sah so aus, als ob der Ring aus Seiner Handfläche „geboren" würde. Ich durfte dem Schöpfungsprozess beiwohnen!

Als der Ring sich vollständig materialisiert hatte, ergriff Er ihn schnell und gab ihn der Frau aus Mountain View. Anschließend brachte Er auf dieselbe Weise einen weiteren Ring hervor. Der eine war ein viereckiger goldener *Navaratna*-Ring. Diese Art von Ring hat neun verschiedene Edelsteine, die strategisch angeordnet sind und jeweils die Kraft eines Planeten repräsentieren. In Indien trägt man solche Ringe, um negative Kräfte abzuwehren. Viele Devotees haben schon einen solchen Ring von Ihm bekommen. Der andere materialisierte Ring war mit einem Diamanten besetzt.

Er wandte sich nun einer Frau zu, die zum ersten Mal hier war, fragte sie, wie es ihr gehe und fügte hinzu: „Mental nicht gut." Zu dem jovial wirkenden Europäer, den ich gesehen hatte, wie er mit einem Fotoapparat an seinem Hals durchs Dorf ging, sagte Baba beiläufig, dass er sich immer in der Nähe des „Sai Towers" (ein Hotel und bei Besuchern aus dem Westen beliebtes Restaurant) aufhielte, womit Er Seine Allwissenheit zu erkennen gab. Der Mann lächelte nur.

Dann drehte Er sich sanft zu mir um und sagte: „Du wirst wütend", indem Er mit Seiner Hand in Richtung Fenster zeigte, womit Er „da draußen" meinte. Ich begriff, dass Er sich auf meine Interaktion mit dem Mitarbeiter des Accomodation-Office bezog. Ich schwieg, und dann sagte ich wie ein Kind, das bei einer Unartigkeit ertappt worden war, spontan: „Baba, ich liebe dich", um Ihn zu besänftigen! Zum

Glück war ich aus dem Schneider, und Er drehte sich um und begann mit anderen zu sprechen.

Ein wenig später schaute Er mich direkt an und fragte: "Wie geht es Ihnen, Sir?" Viele weibliche Devotees wurden von Ihm mit „Sir" angeredet. Es gibt keine schlüssige Erklärung dafür, warum Er Frauen so anredet; vielleicht weil sie in früheren Leben Männer waren.

Ich antwortete, ich sei glücklich, in Seiner Gegenwart zu sein. Dann fragte Er: „Wo ist dein Ehemann?"

Ich entgegnete: „Ich bin nicht verheiratet", und wollte schnell fortfahren!

Er bewegte Seine Hand vor und zurück und sagte: „Boyfriend kommt, Boyfriend geht." Ich protestierte scherzhaft, ich hätte nur eine wichtige Beziehung gehabt, nämlich die mit meinem Ex-Ehemann.

Baba sagte: „Ich weiß. Der Junge." Und fügte rasch hinzu: „Nicht einer, zwei." Mein Ex-Mann war zu der Zeit ein Erwachsener, kein junger Mann. Ihn als einen Jungen zu bezeichnen schien zu bedeuten, dass Baba mit ihm nicht so ganz einverstanden war.

Es war sehr bemerkenswert, dass Er von meiner anderen Beziehung wusste. Ich selbst hatte sie völlig vergessen, aber Er erinnerte sich daran! Als ich vor Jahrzehnten in Europa lebte, war ich mit einem Deutschen verlobt. Baba sprach oft von „Verheiratet Sein", wenn es sich um eine wesentliche Beziehung handelte. Wir vergessen vielleicht sogar die wichtigsten Vorkommnisse in unserem Leben, aber der allwissende Geist Gottes weiß alles, was mit allen Geschöpfen geschieht, beziehungsweise geschehen ist.

Als ich jünger war, hatte ich mehrere männliche Freunde gehabt, deren Gesellschaft mir gefiel, aber für mich war es typisch, dass ich mich nicht auf Intimitäten einließ. Im Nachhinein interpretierte ich Seinen Kommentar über „Boyfriends" mit verschiedenen Bedeutungen. Die eine war: Er wusste, dass ich Männer zu Freunden hatte und dass nun die Zeit der Reinigung gekommen war, die Zeit der Weiterentwicklung. Hinzu kam, dass Er mehrere Freundschaften grundsätzlich nicht billigte, was Er manchmal mit dem Ausdruck für das Gesellschaftsspiel „Reise nach Jerusalem" betitelte.

Anschließend fragte ich Ihn, ob eine eheliche Verbindung die spirituelle Arbeit an einem selbst behindere.

Er antwortete: „Wenn Mann und Frau sich vereinen, haben sie vier Arme, um Gott zu dienen."

Die Frau aus Mountain View, die zum ersten Mal bei Sai Baba war, war erst kürzlich gegen Brustkrebs behandelt worden und wünschte, Er möge sie heilen. Sie fragte Baba, ob Er der Mann im Buchladen gewesen sei. Babas Gesicht hellte sich auf wie das eines Kindes, Er strahlte und sagte schelmisch: „Es war Gott. Ich kam in den Buchladen. Ich ging um dich herum", und dabei dehnte Er das Wort „herum" auf zärtliche Weise, während Er Seine Hand um ihren Kopf herum kreisen ließ. Sie saß dicht vor Ihm und Er konnte ihren Kopf mit Seiner Hand erreichen.

Später bat ich die Frau, mir ihre Geschichte zu erzählen, und sie war voller Begeisterung, als sie mir die Szene beschrieb: Sie hatte von Sai Baba und Seiner Fähigkeit, zu heilen, gehört und war mit einer Freundin in einen bekannten spirituellen Buchladen in Mountain View gegangen, um ein Buch über Ihn zu kaufen. Während sie die Regale durchforschten, tauchte plötzlich ein gutgekleideter junger Mann auf. Er ging um sie herum und stellte sich zwischen sie und ihre Freundin. Dem Aussehen nach war er ein Inder und sprach mit einem netten Akzent. Er sagte: „Sie können die ganze Reise nach Indien machen, Sai Baba wird kommen und neben Ihnen gehen, aber Sie nicht einmal anschauen oder mit Ihnen sprechen." Dann ging er zur Kasse, verlangte vom Mitarbeiter ein spezielles Video über Baba und gab es ihr. Sie fragten sich, woher er wusste, dass sie nach Büchern über Sai Baba Ausschau gehalten hatten. Sie sagte, er sei anscheinend in dem Moment verschwunden, als sie die Rückseite des Videos lasen.

Nun zurück zum Interview. Ich fragte Baba: „Ich praktiziere Nāmasmarana. Was kann ich sonst noch tun?"

Baba: „Tu Seva."

Ich fragte: „Wirst Du während meines Sādhana bei mir sein?"

Seine Antwort: „Swami ist immer bei dir."

Ich fragte: „Baba, einige Deiner Bilder bei mir zu Hause wechseln ihre Farbe. Ist das vielleicht nur meine Einbildung?"

Ohne zu zögern entgegnete Er: „Keine Einbildung. Ich sorge dafür." Was für wunderbare, kurze und treffende Antworten, die man im Herzen bewahrt!

Baba ging nun in den kleinen Nebenraum auf der linken Seite, der, wie ich gehört hatte, ein kleiner Abstellraum war, und kam mit einem sehr schönen Sari heraus. Er gab ihn der jungen Inderin. Dann kehrte Er zurück zu Seinem Stuhl und ließ sich fast darauf plumpsen. Ich hielt den Stuhl fest, als ob ich Ihn selbst hielte.

Er gab Kommentare zu den Leben von einigen der Anwesenden. Zur Frau aus Utah sagte Er: „Ich kam in deinem Traum, bevor du herkamst." Sie wirkte wie hypnotisiert, während sie Ihn anschaute und sagte gar nichts. Man hatte mir erzählt, ihr Mann leide an einer Krankheit. Er aber schwieg während des ganzen Interviews. Ich betete still zu Baba, Er möge helfen, dem Mann Heilung zu verschaffen.

Das Interview näherte sich seinem Ende. Aus einem Korb, der auf einem Regal stand, gab Er jedem ein kleines Vibhuti-Päckchen. Als wir alle aufgestanden waren, wandte Er sich dem hochgewachsenen jungen Amerikaner aus unserer Gruppe zu. Er kniff ihn in die Wange und zog daran, scheinbar im Scherz, aber gleichzeitig den jungen Mann tadelnd. „Baba weiß, was los ist."

Seine genauen Worte entgingen mir, während Er an der Wange des jungen Mannes zog, und dessen Gesicht war puterrot geworden. Baba sagte zu ihm: „Du bist kein Hund, du bist Gott (Wortspiel: Dog – God)." Allem Anschein nach wusste Er Bescheid über einige Dinge, bei denen der junge Mann wohl die falsche Entscheidung getroffen hatte. Der Mann selbst sagte nichts.

Nach dieser Stunde mit Ihm waren wir natürlich alle in Hochstimmung. Wir trafen uns zum Mittagessen in der Wohnung einer amerikanischen Devotee, die schon seit langem in Puttaparthi lebte.

Man macht dort leicht Bekanntschaften mit anderen Devotees und wird in deren Wohnungen eingeladen. Baba ist das starke, Gemeinschaft stiftende Band. Wir erzählten uns Baba-Geschichten und tauschten aus, was jeder vom Interview mitbekommen hatte, und das alles in einer sehr fröhlichen Stimmung wie bei einem glücklichen Familientreffen, obwohl wir uns eigentlich fremd waren und aus verschiedenen Teilen der Erde kamen. Es war ein überaus freudiger Tag. In diesem Interview hatte ich nicht mehr von Ihm erwartet, denn das höchste Geschenk hatte Er mir ja bereits gegeben. Ich hatte auch nicht vorgehabt, Ihn wegen des Amrit zu fragen, und im Interviewraum hatte ich überhaupt nicht daran gedacht. Ich erlebte Ihn dieses Mal als ein wenig ernst mir gegenüber. Ich machte mir selbst Vorwürfe wegen des Frusts, den ich in San Francisco zum Ausdruck gebracht hatte, und dessen Er sich offensichtlich bewusst war.

Ich blieb noch eine weitere Woche und flog dann heim in die USA. Bis Singapur wurde ich wieder in die Erste Klasse geleitet und genoss den himmlischen Jasmin Duft, der mich zweimal umwehte. Beim ersten Mal umgab mich der Duft, als ich in der Warteschlange stand, um in das Flugzeug einzusteigen. Beim zweiten Mal kam er, als ich im Flugzeug meinen Platz einnahm – und niemand neben mir saß. Dieses Mal brauchte ich nicht zu fragen, woher dieser Duft von frischen Jasminblüten kam. Ich genoss einfach das Erlebnis. Es war Sein liebevoller Abschiedsgruß, mit dem Er mir sagte, dass Er mich sicher nach Hause bringen würde und dass Er bei mir sei – wie Er selbst gesagt hatte.

Nach dem zweiten Interview

Politik ohne Prinzipien, Erziehung ohne Charakter, Wissenschaft ohne Menschlichkeit und Handel ohne Moral sind nicht nur nutzlos, sondern gefährlich. (Sathya Sai Baba)

Für die Erlösung ist Gnade ist notwendig, freier Wille ebenso – und zwar die Gnade, um die Erlösung zu gewähren, freier Wille, um sie zu empfangen. (Bernhard von Clairvaux)

Was ist die Strafe für diejenigen, die den Göttern nicht gehorchen? So zu bleiben, wie sie sind. (Epiktet)

Jeder Monat nach dem zweiten Interview brachte mir neue Erkenntnisse, begleitet vom Ablegen meines alten Ich – beides wurde von Seiner Gegenwart in meinem Leben geschult und war auf sie angewiesen.

Obwohl die äußere Welt allmählich ihren Reiz verlor, spielte ich weiterhin meine Rolle im Leben, indem ich mich mit den Anforderungen und den praktischen Dingen auseinandersetzte. An der Außenwelt war ich nicht interessiert. Innerlich fühlte ich mich emotional und körperlich unabhängig und frei von anderen und dem Bedürfnis nach deren Gesellschaft. Alles schien leer zu sein, bis auf das Wissen um mein Höheres Selbst, den Atman. Auch Ideen, die mich intellektuell interessiert hätten, fielen langsam weg. Die gewohnte Art, in der Welt zu sein, wurde bedrückend und unangenehm.

Die letzten Angriffe des früheren Denkens waren Unzufriedenheiten, die damit zu tun hatten, dass lang gehegte Wünsche nicht erfüllt wurden. Wünsche wie Wohlstand oder die Vorstellung von einer erfüllten Beziehung. Dinge, die an sich ja nicht unvernünftig waren und normalerweise als typische Lebensziele galten.

Wünsche sind wie eine Zwiebel; wenn man eine Schicht von Bedürfnissen aufdeckt und sie erfüllt, kommt die nächste Schicht zum Vorschein – ein Prozess, der nicht ohne Tränen abläuft. Die Grundbedürfnisse nach Komfort, Nahrung und Unterkunft müssen erfüllt sein, damit der moderne spirituelle Sucher seine Arbeit tun kann. Doch unsere Besitztümer und Anhaftungen sollten das Leben nicht bestimmen. Die Befriedigung, die man aus weltlichen Dingen zieht, kann dazu führen, dass man sich fälschlicherweise unabhängig von einer höheren Macht fühlt, selbst dann, wenn man an sie glaubt.

Ich vereinfachte mein Leben auf das Wesentliche und vermied überflüssige Anschaffungen, seien es Gegenstände oder Freundschaften. Ich wollte mich so weit wie möglich von den ständigen Anforderungen an meinen Geist und meinen Körper befreien, wie zum Beispiel von der Planung des nächsten schönen Erlebnisses oder dem Erwerb eines schönen Gegenstandes. Diese Veränderungen waren nicht das Ergebnis bewusster Entscheidungen, sondern immanente Aspekte im Prozess des Werdens.

Einschneidende Veränderungen bezüglich der Art und Weise, wie man jahrelang gelebt hat, zu machen, und damit auf Verbindungen und Identifikation mit Menschen, auf Aktivitäten oder Gegenständen, die die Zeit ausfüllen, zu verzichten, können zunächst beunruhigend sein, als ob einem der Stoff des Lebens weggenommen würde. Aber diese Aktivitäten sind nur dann sinnvoll, wenn man keine höheren Ziele hat. Es ist eben ein Aufwand, diese Hülle des Unwirklichen zu durchbrechen.

Es gibt eine Art Zwischenraum, in dem Illusionen in Form von weltlichen Vergnügungen des Lebens dicht neben der göttlichen Ekstase, dem Licht, der Freude der Verbindung mit dem Heiligen und höheren Möglichkeiten liegen. Dieser Raum kann ein Raum der Dunkelheit und Hoffnungslosigkeit sein. Man erkennt die Illusionen, die verführerisch und trügerisch waren, und die real erschienen – und doch ist man sich bewusst, dass man nicht ganz im Licht ist. Das ist das Fegefeuer, das jeder Aspirant durchläuft. Ich glaube, dass Baba und wahre Gurus in diesem Stadium helfen und wie Hebammen sind.

Ich erlebte die noch unfertige Wahrheit, die Hitze des Kampfes der geistigen Arbeit. Ich wurde von eingefahrenen Denk- und Verhaltensmustern, die sich selbstgerecht als gültig und wichtig aufführten, heruntergezogen. Die Gita war mir zu einem ständigen Begleiter geworden, und ich las oft darin. Sie beginnt mit der Szene eines Kampfes, ein Hinweis auf den inneren Konflikt, der für den Suchenden unvermeidlich ist. Das zu praktizieren, was in diesem heiligen Buch steht, ist in der heutigen Zeit eine Herausforderung.

„Wer auf dieser Erde vor seinem Ableben den Sturm der Begierde und des Zorns aushalten kann, ist ein Yogi. Dieser Mensch hat Freude." Baba hatte gesagt, dass man Gottes Gnade braucht, um eine derartige Kontrolle über die Sinne zu erlangen, sodass man alle Anhaftungen aufgeben kann. Aber wie ist es möglich, frei von Begierden zu sein, besonders in der heutigen Welt?

Es ist nicht der Weg der Menschheit im Großen und Ganzen, die Begierden zu zügeln, nicht für die Früchte der Handlungen zu arbeiten oder den Geist so zu beherrschen, wie es in der Gita empfohlen wird. Wir befinden uns zu sehr auf einem Karussell der Freude und des Schmerzes, des Auf und Ab, dass wir dieses Spiel am Ende sogar mögen. Für die meisten ist der Aspekt eines spirituellen Lebens nicht auf die Ebene ihres Überlebenskampfes vorgedrungen; wir gehen im Vorübergehenden auf, das wir für real halten. Sai Baba sagte so treffend: „In Wirklichkeit hat jeder versagt, ein spirituelles Leben zu leben."

Jeder Kontakt mit der Außenwelt ruft sofort die Sinne wach. Wenn er angenehm ist, erzeugt er Glück und dann die Erwartung auf noch mehr Glück; wenn er unangenehm ist, versucht man, ihm zu entkommen, indem man entweder Hoffnungen hegt oder der Negativität erliegt, die die Unannehmlichkeit erzeugt. Nur mit einer Art Selbstregulierung durch Übung sowie durch Gnade kann man solche Illusionen erkennen und sich durch sie „hindurcharbeiten".

Es liegt einfach in meiner Natur, Schönheit, angenehme Empfindungen und Verfeinerungen in meiner Umgebung zu schätzen und nach ihnen zu suchen. Unsere Kultur hat eine Industrie geschaffen, die uns von unserer göttlichen Natur ablenken soll. Ich lernte, mich dabei zu beobachten oder zu ertappen, wie ich mich in die Ästhetik der Dinge vertiefte, sie genoss – aber ohne mich mit ihnen zu identifizieren. Mein Schicksal brachte mich in eine der verlockendsten Städte der Welt, nur um an den Wünschen zu arbeiten, die durch die Fülle an Schönheit und Luxus um mich herum ausgelöst wurden. Wenn sich die Sucher der alten Tage zur Selbsterforschung in Höhlen oder Wälder zurückzogen, hatte ich dagegen – als eine moderne Version von ihnen – eine viel schwierigere Aufgabe in diesem Bereich.

Immer wieder bemerkte ich durch kleine Ereignisse, dass sich immer dann, wenn ich Antworten auf spirituelle Fragen oder generell alles, was mit Spiritualität zu tun hatte, suchte, „Türen" öffneten – aber alles, was mit materialistischen und weltlichen Wünschen, einschließlich Beziehungen, zu tun hatte, eingeschränkt oder nicht erfüllt wurde, so als ob ich eine besondere Kur machen würde.

Oft hatte ich das Gefühl, dass ich, selbst wenn ich körperlich erschöpft war, selbst wenn ich auf einem Bein hüpfen oder kriechen musste, die Selbsterforschung und andere Disziplinen mit vollem Einsatz fortsetzen musste, als hinge mein Leben davon ab (und das tat es auch). Meistens geschah dies mit Leichtigkeit und wurde weder vom Verstand diktiert noch ging es um ein konkretes Ziel. Manchmal lachte ich über mich selbst und sah mich wie ein Wesen, das nach einer gewissen Zeit des Grabens nach Luft schnappt, sich umschaut, nichts von wahrem Wert findet, um dann weiterzugraben!

Im Laufe der Jahre wurde ich jedoch langsam lockerer, war weniger streng mit mir selbst und engagierte mich mehr in der Gesellschaft, wie es die Natur meines Berufs erforderte. Ein Bäumchen muss zunächst mit einem Zaun geschützt werden, und wenn es dann zu einem Baum herangewachsen ist, kann es anderen Schatten spenden, Früchte tragen und allen nützen.

Isolation und das Vermeiden des Lärms der Geselligkeit sind wesentlich für das Nachdenken und die Frage nach Gott und dem Selbst. Isolation und Abgeschiedenheit, wenn sie richtig eingesetzt werden, ermöglichen es der Stille, das Innere zu erreichen. Die Vorliebe für Einschränkungen und sie dann zu belohnen, sind

Eigenschaften von Lord Shiva. Für mich sind Einschränkungen ganz natürlich. Sogar der Wunsch, allein zu sein, um spirituelle Disziplin zu üben, ist eine *Vāsanā* aus einem früheren Leben (karmische Prägungen vergangener Tendenzen, die sich im nächsten Leben fortsetzen), die jetzt in mir neu entfacht wurde.

Jede Tätigkeit, die mir nicht dabei half, in das letzte Geheimnis einzudringen, wurde als Zeitverschwendung angesehen, da ich mir zunehmend der Kürze der Zeit und der Zeit, die ich bisher verschwendet hatte, bewusstwurde. Ich lernte, mehr und mehr bewusst zu leben.

„Dies sind die *mumukshus* (ein Sanskrit-Begriff für jemanden, der sich darauf konzentriert, die Befreiung zu erlangen, um frei vom Kreislauf der Wiedergeburt zu sein), die wachsam auf dem Pfad der Befreiung wandeln und die Absicht haben, sie zu erlangen. Sie führen jede Handlung als einen Schritt zur Verwirklichung des Herrn aus. Sie tun also nie etwas Schlechtes; sie schauen nicht auf die Ergebnisse; sie überlassen es dem Herrn, sie zu gewähren oder zu verweigern. Sie lassen sich nicht von weltlichen Motiven leiten oder gar von dem Wunsch, himmlisches Vergnügen zu erlangen. Ihr Ziel ist nur dies: die Befreiung von der Knechtschaft der objektiven Welt. Sie gewinnen die Gnade des Herrn in dem Maße, wie ihr Glaube und ihre Praxis beständig sind." (Sathya Sai Baba, Gita Vahini)

Ich war auch wachsamer in Bezug auf die subtilen Tricks des Geistes und seine Taktiken und die falschen Aspekte meiner selbst geworden, die sich als spirituelles Selbst ausgeben; Gedanken wie „diese innere Stille ist mein wahres Ich" oder Gedanken des Stolzes über eine spirituelle Erkenntnis. Ein höherer Bewusstseinszustand ist in Wirklichkeit ein wortloser, gedankenloser Zustand. Um höhere Zustände des Seins zu verstehen, muss man sich selbst in höheren Zuständen befinden.

Ich bekam Einblicke in Schichten um Schichten von verfestigten Konzepten, Eindrücken, Urteilen, die sich im Laufe der Jahre angesammelt hatten, und in andere Schichten, die diese Schichten und ihre duale Natur kontrollieren und verwalten (alle diese Schichten sind vom Atman beseelt). Allmählich schaffen sie ein falsches Wesen mit einer eigenen Stimme, einem eigenen Körper, den wir als „Ich" bezeichnen. Viele dieser assoziativen psychologischen Konstrukte müssen durch Sādhana, Entschlossenheit, Vision und lenkende Gnade bearbeitet werden, um einen Zustand zu erreichen, der nicht durch diese Paradigmen bestimmt wird.

Das mag der Grund dafür sein, warum wir glauben, dass wir unser Körper und unser Geist sind. Meine Persönlichkeit, das „Ich" mit seinen Charakterzügen, ist nicht das, was ich wirklich bin. Diese Maryam, mit all ihren Eigenschaften und Macken, ihren guten und schlechten, ist nicht mein wahres Ich.

Ich muss die Illusion dessen, was ich für die Realität halte, aufopfern. Gelegentlich aufblitzende Visionen über die Realität des menschlichen Dilemmas, über unseren Platz in weit größeren Welten und die unausweichliche Maschinerie des Lebens auf der Erde, in der wir gefangen sind, haben mich traurig gestimmt. Die Fehlfunktion, der Schmerz und die Ignoranz, die uns dem Alltäglichen erliegen lassen, wurden mir kristallklar. Ich konnte auch die Fallen und Verstrickungen verlockender Elemente durchschauen, die bei den Menschen, mit denen ich in Kontakt kam, Leid und Schmerz verursachten; das machte mich dankbar für das große Glück der Gabe, die mir zuteilwurde, und den Weg, auf dem ich mich befand.

Es gab in der Tat Momente spirituellen Zweifels, die in Fragen verpackt waren: Wenn der Atman allem anderen in uns überlegen ist, warum kontrolliert er dann nicht vollständig den Geist und die Handlungen, um unsere Unwissenheit zu überwinden? Wie viele Male muss ich beten? Wie viele spirituelle Bücher muss ich noch lesen? Wohin bringt mich das Amrit? Ich hatte auch die Erwartung, dass mit der Anwesenheit von Amrit die „weltlichen" Gedanken und Gefühle aufhören würden. Oder im anderen Extrem, dass alle meine Wünsche erfüllt werden würden.

Manchmal fühlte ich mich ganz allein und beklagte mich darüber, dass ich weder die Befriedigung hatte, ein normales Leben mit einem Partner oder meiner Familie zu führen, noch voll „bewusst" oder erwacht zu sein. Die Negativität, die mich umgarnte, hielt nicht lange an, und ich kam mir ziemlich dumm vor, weil ich die wunderbaren Gaben auf eine unbedeutende Größe reduziert hatte.

Manchmal wies ich Baba zurück, aber Er gab mich nicht auf. Viele Male, als Er die Schreie meiner Seele hörte, erschien Er in meinen Träumen. Rilke hatte es einmal so schön ausgedrückt: „Es gibt einen Grad der Not, dem die Engel Gehör schenken müssen." Einmal beklagte ich mich vor dem Einschlafen bei Ihm: „Ich fühle mich von niemandem geliebt an diesem gottverlassenen Ort. Niemand weiß meinen Wert zu schätzen." In dieser Nacht kam Er in einem Traum in Gestalt einer Frau zu mir. Er umarmte mich, küsste mein Gesicht und sagte mehrere Male: „Ich liebe dich."

Er hielt mich an Seiner Brust
und lehrte mich eine süße Wissenschaft.
Sofort gab ich alles her, was ich hatte – und behielt nichts
und versprach dann, Seine Braut zu sein.
Ich gab Ihm meine Seele
und alles, was ich besaß, gehörte Ihm.
Ich habe keine Herde zu hüten
noch irgendein anderes Gewerbe,
und mein einziger Dienst ist die Liebe.
Wenn ich nicht mehr gesehen werde,
wenn ich Schafen über die Hügel folge,
sprich, dass ich verloren bin,
dass ich in Liebe wandernd,
mich selbst verlor und dann gewonnen wurde.
(Hl. Johannes vom Kreuz)

Meine Beziehung zu Baba war im Vergleich zu der von anderen, sogar zu meiner lieben Familie, real, weil es eine atmische, ewige und jenseitige Verbindung war. Selbst die Erinnerungen an jüngste romantische Beziehungen treten in den Hintergrund, aber die Erinnerungen an Ihn sind immer präsent.

Es gab wenig Bedarf an externer Unterhaltung. Zusätzlich zu Seinen häufigen Besuchen in meinen Traumzuständen, die ich in meinem Tagebuch festhielt, lud mich die Erinnerung an die magische Zeit in

Prashanti Nilayam (Wohnsitz des höchsten Friedens) wieder auf. Hier möchte ich von einigen von ihnen berichten:

Auf einer meiner Reisen nach Prashanti, ein paar Tage vor meiner Rückkehr, ging ich zur Bank, um einen Hundert-Dollar-Schein zu wechseln und nur zwanzig Dollar davon in Rupien umzutauschen, was alles war, was ich brauchte. Der Bankangestellte sagte, er könne nur den ganzen Hunderter in Rupien wechseln; das lehnte ich aber ab. Ich verließ die Bank und machte mich auf den Weg zum Darshan. Ich fand einen Platz neben einer Inderin. Wenige Augenblicke später drehte sie sich zu mir, und ihre ersten Worte waren, dass sie eine Menge Zwanziger Dollarnoten habe, die sie in größere Scheine wechseln wolle! Sie fragte mich, ob ich jemanden kenne, der Zwanzig-Dollar-Scheine brauche, da sie auf ihrer Rückreise in die USA nicht so viele Scheine mitnehmen wolle. Der Wachsame Geist kümmerte sich immer um die kleinsten Bedürfnisse eines Devotees. „Ich bin *Kalpavriksha* (wunscherfüllender göttlicher Baum)", hatte Er gesagt. Er arrangierte die Umstände so, dass sich um unsere Bedürfnisse gekümmert wurde.

In einem Jahr beschloss ich, nach meiner Ankunft in Prashanti einige Tage im schönsten Hotel des Dorfes zu wohnen, bevor ich in meine übliche Unterkunft im Ayurveda-Zentrum umzog. Ich hatte mein Moskitonetz nicht aufgespannt, da die Fenster mit Metallgittern versehen waren. In den frühen Morgenstunden wurde ich von einer inneren Aufforderung geweckt, mein Moskitonetz aufzuspannen, ein selbststehendes Netz, das ich auf meinen Reisen nach Indien mitgenommen hatte. Ich ignorierte die Aufforderung und schlief wieder ein. Diesmal hörte ich eine Stimme, die mir sagte, ich solle „aufstehen und es aufstellen".

Ich sollte erwähnen, dass viele Sai-Devotees berichten, dass sie Seine Stimme unter verschiedenen Umständen gehört haben, und dies sind keine psychotischen Erfahrungen. Der Körper wollte nicht, dass sein Schlaf unterbrochen wurde, und ich stand nicht auf. Etwas später hörte ich wieder diese deutliche Stimme, die die Aufforderung wiederholte. Unwillkürlich stand ich auf, baute das Netz auf und schlief wieder ein. Nicht viel später wurde ich von einem Geräusch geweckt, das wie Flügelschlagen um mich herum klang. Ich dachte, die Vögel klangen zu nah, um von draußen zu kommen. Als ich ganz wach war, sah ich kleine schwarze Vögel, die um mein Netz herumflogen, von einer Ecke des Zimmers zur anderen flitzten und dabei ein flatterndes Geräusch machten. Ich erkannte, dass es Fledermäuse waren. Sie schienen nicht aufhören zu wollen und flogen weiter, als hätten sie eine Menge Spaß dabei. Sie waren nicht zu stoppen, und das ging noch eine ganze Weile so weiter. Ich war zu ängstlich, um den Schutz des Netzes zu verlassen, da sie mich sonst berühren könnten, und so saß ich lange Zeit da und überlegte, was zu tun sei. Schließlich kam mir der Gedanke, Baba um Hilfe zu bitten.

Ich rief laut: „Baba, hilf!" Sofort hörte das flatternde Geräusch auf. Ich sah zwei schwarze Fledermäuse, die mit zusammengelegten Flügeln regungslos an den Vorhängen klebten und aussahen wie zwei kleine schwarze Schuhe. Ich war überrascht, wie schnell sie aufhörten, nachdem ich um Seine Hilfe gebeten hatte. Dann schimpfte ich mit mir selbst, weil ich über Seine schützende Hand so erstaunt war. Später fand ich heraus, dass die Fledermäuse durch eine abgerissene Ecke des Metallgitters am Fenster eingedrungen waren. Die Mutter wusste, dass ich mich ohne den Schutz des Moskitonetzes darüber aufgeregt hätte, von ihnen verletzt zu werden. In Seiner Nähe, in Seiner Heimatstadt, spürte ich diesen Schutz oft noch stärker.

Eine andere Begebenheit, die mir die verborgene Stimme des Egos und seinen Widerstand gegen eine höhere Erfahrung deutlich machte, ereignete sich im Ayurveda-Zentrum. Ich bereitete gerade Chapatis (ein flaches, rundes, ungesäuertes Brot) zu, dessen Herstellung ich gerade gelernt hatte. Plötzlich roch ich den herrlich frischen Duft von Jasminblüten, von dem ich wusste, dass er Babas Gegenwart ankündigte. Doch das Ego, das instinktive Zentrum oder wie auch immer wir es nennen mögen, das sich einem wundersamen Ereignis widersetzt, brachte mich sofort auf diesen Gedanken: „Nein, das ist nicht Baba; das ist der Geruch von Farbe von unten." Das war das erste Mal, dass ich die völlige Falschheit eines klaren Gedankens von mir erlebte, der so sehr im Gegensatz zur tatsächlichen Erfahrung stand. Ich war erstaunt, wie schnell, dreist und verzweifelt er sich gegen die Realität einer wundersamen Erfahrung wehrte. Unten wurde nicht gemalt, und Farben duften nicht nach Jasminblüten! Es war ein beunruhigendes Erlebnis und hat mich zum Nachdenken gebracht, wie sehr die Quelle, aus der diese Stimme kommt, unser Leben beherrscht, sich der Wahrheit widersetzt und in uns steckt, ohne dass wir es wissen. Das Zitat des Dichters Baudelaire kommt mir in den Sinn: „Der schönste Trick des Teufels ist der, dich davon zu überzeugen, dass es ihn nicht gibt."

Ich war glücklich, dass Baba mich besucht hatte und sagte nach einer Weile laut: „Baba, wenn Du es bist, dann lass diesen Geruch wieder auftreten." Ich rechnete nicht mit einem zweiten Mal und der Geruch war verschwunden. Aber als ich kurz darauf aufstand und ein paar Schritte ging, war er wieder da. Ein kleiner Bereich des Zimmers roch nach wunderschönem Jasmin, was eine Weile anhielt und dann ganz aufhörte.

Eine Geschichte über Babas Allwissenheit und Allgegenwart wurde von einem Seiner Schüler über einen jungen Mann erzählt, der viele Jahre, bevor er Baba kennenlernte, beschloss, Kashi (Benares) zu besuchen. Es ist eine Tradition, dass jeder, der eine Pilgerreise nach Kashi unternimmt, eine Angewohnheit aufgibt, die er oder sie für schlecht hält, als eine Art Opfer für den spirituellen Fortschritt. Dieser junge Mann beschloss, auf den Verzehr eines bestimmten Gemüses zu verzichten, obwohl er rauchte und trank, was im Hinduismus und von Sai Baba ja geächtet wird. Jahre später, als er zu Sai kam, lud Baba ihn ein, mit Ihm zu Abend zu essen. Während des Abendessens bat Baba darum, ihm dieses bestimmte Gemüse zu servieren. Der Mann lehnte das Gericht immer noch ab und Baba bestand darauf, dass er es aß. Schließlich erzählte Baba ihm, dass er in diesem und jenem Jahr nach Kashi ging und von allen schlechten Angewohnheiten, die er hatte, entschied er sich, dieses Gemüse nicht mehr zu essen. Baba sagte: „Ich sagte zu Mir, eines Tages werde ich diesen Menschen dazu bringen, dieses Gemüse zu essen!" Dann erklärte er ihm die wahre Bedeutung des Opfers. Der allwissende Geist kennt unsere Taten und Entscheidungen. Jede Seiner Handlungen war bedeutungsvoll und vermittelte eine Lehre.

Das Verlangen nach einer süßen Rückkehr zum Meister veranlasste mich, Indien zu besuchen, wo ich mein drittes und letztes Interview mit dem Avatar haben sollte.

Im Jesusgarten

Gott

Sich auf ein Bein zu stellen und die Existenz Gottes zu beweisen, ist etwas ganz anderes, als vor Ihm auf die Knie zu fallen und Ihm zu danken. (Søren Kierkegaard)

Wenn die Menschen aufhören, an Gott zu glauben, glauben sie nicht an nichts, sie glauben an alles. (G. K. Chesterton)

Wir sollten Gott um Seiner selbst willen lieben, und zwar aus einem doppelten Grund; nichts ist vernünftiger, nichts ist nützlicher. (Bernhard von Clairvaux)

Die größte Angst, die der Mensch haben sollte, ist die Angst, die Liebe Gottes zu verlieren. (Sathya Sai Baba)

Vor einigen Jahren, als ich meine Ideen für dieses Buch formulierte, zögerte ich, ein Kapitel über Gott zu schreiben. Angesichts meines eigenen wackeligen, ständig schwankenden Verständnisses und meiner Subjektivität in Bezug auf Gott wäre es unaufrichtig, ein Kapitel über Gott zu schreiben, dachte ich damals. Doch ein Buch über eine spirituelle Odyssee muss dieses Thema, das in unserem Zeitgeist so etwas wie ein Tabu ist, behandeln. Und unsere Tendenz, uns dem anzupassen, was kulturell sanktioniert ist, kann dazu führen, dass wir gar nicht mehr über dieses ureigene Thema sprechen wollen. In diesem Kapitel werde ich meine gesammelten Notizen, Gedanken und Zweifel offen mitteilen. Ich verwende in dieser Schrift das Wort Gott, das Göttliche oder Es. Den Lesern mögen andere Worte einfallen, die dieses Thema am besten beschreiben, sei es das Unendliche, das Göttliche, das Absolute, das Unerkennbare usw.

Ich bin zu der Erkenntnis gelangt, dass die größte Romanze, die man haben kann, die mit dem Göttlichen ist. Gott ist eine so schwer fassbare Präsenz und eine so umfassende Idee. Er ist die Muse des spirituellen Suchers. Die Herrlichkeit Gottes kann einen verrückt machen, wenn man darüber nachdenkt!

Jeder von uns widmet sich voll und ganz einem bestimmten Weg, um Erfüllung zu finden. Einige finden Erfüllung in der Kunst, andere in Beziehungen und wieder andere im Anhäufen von Reichtum. Meine primäre Suche war es, Gott kennenzulernen, und die Herausforderung im späteren Leben war es, Gott zu lieben.

Seit meinen jungen Jahren, war Gott ein Code, den ich knacken musste, ein Rätsel, das ich enträtseln musste. Und es war ein Versteckspiel.

„Nichts ist für Gott, der die irdischen, himmlischen und kosmischen Ebenen durchdringt, unmöglich. Jede Sekunde unseres Lebens ist vom göttlichen Willen abhängig. Jeder Atemzug unseres Lebens wird von Gott gelenkt. Wir können keinen einzigen Atemzug ohne Seinen Willen tun. Die Menschen sind nicht in der Lage, diesen allgegenwärtigen, allmächtigen Gott zu erkennen, und verschwenden ihre Zeit mit vergeblichen Diskussionen über Seine Existenz. Aufgrund ihres mangelnden Glaubens an den allmächtigen Gott erfahren sie nicht einmal ein Jota Freude." (*Sathya Sai Speaks*, Band 37)

Ich erinnere mich, dass ich als Zehnjährige einfache, kindliche Gedichte über Gott schrieb und darüber, wie schwierig es ist, Ihn zu finden. Ich versuchte, meine Gedichte vor meiner Familie zu verstecken, weil ich sicher war, dass man mich verspotten würde, wenn man sie fände. In meiner Frustration über dieses unerreichbare Wesen kam das letzte Gedicht, das ich über Gott schrieb, zu dem Schluss, dass es keinen Gott gibt! Wie konnte diese emotionale Suche und das anschließende Aufgeben schon in einem Kind entstehen? Meine Familie war nicht besonders religiös; warum sollte ein Kind dies so intensiv hinterfragen? Ich sehe jetzt, dass es meine alte Seele im Körper eines Kindes war, die dort weitermachte, wo sie in einem früheren Leben aufgehört hatte. Baba wusste von der Suche dieser

Seele und tat Sein Übriges, meinen Fortschritt in Richtung ihres Verständnisses zu bewirken.

Nach diesem letzten Gedicht aus meiner Kindheit schlief mein Interesse an diesem Thema wieder ein. In meinen frühen Teenagerjahren war die Suche nach Liebe in romantischen Beziehungen meine beherrschende Suche, doch die wenigen Beziehungen, die ich hatte, erfüllten mich nie. Im Grunde war es das Göttliche, das ich wollte, und deshalb erfüllte mich nichts anderes. Die Liebe seines Lebens zu finden, ist eine instinktive Suche, die am unteren Ende der Leiter der Bemühungen um Vereinigung und Verschmelzung mit der Letzten Wirklichkeit steht. Während dieser Zeit blühte die alte, vernachlässigte Suche nach Gott langsam zu etwas anderem auf: Ich wurde von Lehren über Bewusstsein und Selbsttransformation angezogen.

Es gibt eine unaufhaltsame Eigenschaft der Seele, einen Durst, der erfüllt werden will. Wenn alle Dinge im Leben vergänglich sind, dann muss es etwas geben, das dauerhaft ist, das nicht vergänglich ist, das nicht vergeht. Das ist Gott oder das Göttliche oder der Geist.

Aus dem Buch *Gespräche Goethes mit Johann Peter Eckermann*:

„Die Menschen behandeln Gott so, als ob dieses unbegreifliche und höchste Wesen, das sich den Gedanken fast entzieht, ihnen bloß gleich wäre. Sonst würden sie nicht sagen, der Herrgott, der liebe Gott, der gute Gott. (...) Wenn sie von Seiner Größe beeindruckt wären, wären sie stumm und aus Verehrung nicht bereit, Ihn zu benennen. Mein guter Freund, was wissen wir von der Idee des Göttlichen? Und was können unsere engen Vorstellungen über das Höchste Wesen sagen? Sollte ich es mit hundert Namen benennen? Ich würde immer noch zu kurz greifen und im Vergleich zu solch grenzenlosen Attributen nichts gesagt haben. Ich frage nicht, ob das Höchste Wesen Vernunft und Verstand hat, sondern ich fühle, dass es die Vernunft ist, dass es der Verstand selbst ist. Davon sind alle Geschöpfe durchdrungen; und der Mensch hat so viel davon, dass er Anteile des Höchsten erkennen kann."

Die meisten von uns denken selten ernsthaft über Gott und Sein Geheimnis nach oder liegen nachts wach und grübeln über solche Dinge. Wir denken nur gelegentlich über diese Themen nach; sie haben selten Priorität für uns. Unsere Beziehung zu Gott ist wie unsere Beziehung zu den inneren Organen: Wir wissen, dass sie da sind und die Grundlage unserer Existenz bilden, aber wir sind uns ihrer Anwesenheit und ihres Funktionierens nicht ständig bewusst. Als ich älter wurde, war es für mich ein großes Hindernis, Gott zu lieben. Mit der Zeit wurde der Gedanke, dass ich Gott nicht liebe, obwohl ich Ihn suche, immer lästiger. Es war für mich ganz natürlich, Gott kennen zu wollen, aber wie kann man Gott wirklich lieben? Und was bedeutet es, dass Gott Liebe ist? Ich fragte mich, was die Propheten und Weisen wie Jesus antrieb, wie Mohammed, Teresa von Avila und viele andere, um Stunden in Kontemplation zu verbringen und mit Gott zu kommunizieren? Warum bin ich nicht an dieser Form des Gebets interessiert? Aus welcher Quelle haben sie geschöpft? Die erleuchteten Wesen lehren uns, Gott zu lieben, doch es wird kein „Wie" angeboten. Die Schritte, die zur Liebe zu Gott führen, sind in den Tiefen unserer Psyche verborgen, und es erfordert Ausdauer, in sie einzutauchen und sie ans Licht zu bringen.

Ein langjähriger Devotee fragte Sai Baba einmal, wie wir uns verhalten sollten, um Gott zu sehen? Er antwortete: „Ihr solltet die Angst und den Kummer eines Menschen haben, der um seinen Atem kämpft, wenn er wiederholt unter Wasser gedrückt wird. Nur dann ist es möglich, Darshan von Bhagavan zu haben. Nur wenn ihr solche Qualen leidet, könnt ihr zu *Paramātman* (das mit dem Absoluten identische Selbst) finden. Was wir auch essen, wir essen IHN, was wir auch sehen, wir sehen IHN – in allem; was wir auch halten, wir halten IHN – in allem. Das allein solltet ihr erreichen. Wir sollten uns den Pfaden, die zu Gott führen, zuneigen und uns von Pfaden fernhalten, die in die Unwissenheit führen." Wie kann man diese Intensität kultivieren? Was müssen wir dafür opfern? Ich habe erkannt, dass es unsere Unwissenheit und unser Schlaf sind, die geopfert werden müssen. Aber wir müssen geduldig sein; es braucht Zeit. Enttäuschung über Gott oder unsere Vorstellungen von Gott ist unvermeidlich und eine menschliche Erfahrung. Als Therapeutin habe ich viele Anfälle von Wut auf Gott erlebt, begleitet von einem Gefühl der Scham darüber, so zu empfinden.

Meine negativen Lieblingsgedanken über Gott waren: Wenn Gott ein liebender, wohlwollender Mensch wäre, warum gibt es dann so viel menschliches Leid oder das Abschlachten von Tieren, die jeden Tag in Angst und Schrecken für unsere Nahrung sterben; warum musste man ihnen überhaupt ein Nervensystem geben? Wie kann man sagen, dass Gott Liebe ist? Ich würde Gott für die Berge von Leid und für die nur wenigen Körnchen Freude und für die Ohnmacht des Menschen verantwortlich machen. Und dass wir „gezüchtet" werden, um von anderen, feineren, höheren Wesen verzehrt zu werden: Nahrung für die Götter. In trostlosen Stimmungen stelle ich mir den Menschen als eine Seele vor, die in einen Körper gezwängt ist, der von Überlebensbedürfnissen getrieben wird, auf der Suche nach Nahrung, Obdach, einem Partner und hier und da einer kleinen Unterbrechung der Freude; rennen, rennen, rennen. Während uns die Weisen sagen, dass übrigens auch du Gott bist!

Ich stellte mir vor, dass göttliche Wesen sich an unserem Lebensspiel, unserem Schmerz, unseren flüchtigen Vergnügungen und der Hinfälligkeit des Alters ergötzen und die Show genießen, indem sie sich um einige von uns kümmern und andere vernachlässigen, so wie wir einige Tiere verzehren und uns zärtlich um andere, als unsere Haustiere kümmern. Gurdjieff, der Begründer des Systems des *Vierten Weges*, glaubte, dass der Zweck des organischen Lebens auf der Erde, einschließlich der Menschheit, darin bestehe, andere Universen zu ernähren und wachsen zu lassen. Platon hatte gesagt, dass jeder von uns Lebewesen eine Marionette der Götter sei. Und Shakespeare schrieb so treffend im *König Lear*: „Wie Fliegen für lüsterne Knaben, sind wir für die Götter, sie töten uns zu ihrem Vergnügen."

Synchronizität ist eine häufige Erfahrung von Menschen, die nach höherem Wissen suchen, sei es im Bereich der Spiritualität oder der Wissenschaften. Ich stellte die scheinbare Sinnlosigkeit der menschlichen Existenz in Frage und schob sie natürlich auf Gott. Ich nahm willkürlich ein Sai-Buch in die Hand:

„Einem oberflächlichen Beobachter erscheint das Leben der Menschen als eine endlose Runde von Essen, Trinken und Schlafen. Aber das Leben hat eine viel größere Bedeutung. Das Leben ist eine Opfergabe, ein Yagna. Jede kleine Handlung ist eine Gabe an den Herrn." (Sathya Sai Baba, *Prema Vahhini*)

Ein anderes Mal habe ich ausgerufen: „Gott, warum verbirgst Du Dich vor mir?" Wiederum las ich bald darauf eines von Yoganandas Büchern, und an einer Stelle hieß es: „Gott verbirgt sich nicht – Du tust es."

Wenn das Leben gut läuft, fühlt man sich in Frieden, ja sogar beschützt, und vielleicht ist man unserem Gott dankbar. Es braucht einen Liebhaber Gottes, um Ihn auch in der Not zu lieben. Hingabe bedeutet, Gott ohne Bedingungen zu lieben. Wir konstruieren einen persönlichen Gott, den wir angesichts von Hindernissen und Frustrationen vielleicht „niedermachen" oder sogar Seine Existenz leugnen. Goethe sagte: „Ist unser Horizont weit, so ist Gott alles; ist unser Horizont eng, so ist Gott eine Ergänzung unserer Erbärmlichkeit."

Es gab Zeiten, in denen ich mich dafür verfluchte, dass ich so töricht war, mich auf die Suche nach diesem Unbekannten zu begeben, einem, zu dem ich sprach, den ich ablehnte, den ich aufgab, den ich für töricht hielt, an den ich glaubte, dessen Absichten und dessen Grausamkeit gegenüber den Lebewesen ich kritisierte – aber gleichzeitig die Mystiker um deren Verbindung mit Ihm beneidete. Doch wie in dem bewegenden Gedicht „The Hound of Heaven" (Der Jagdhund des Himmels), das die unnachgiebige Verfolgung der fliehenden Seele durch das Göttliche beschreibt, hat Es mich nicht in Ruhe gelassen. Gott zu suchen ist ein Luxus, und die Erlaubnis, Gott innerlich oder äußerlich zu erkennen, ist ein Akt der Gnade. Die Maske Gottes ist Seine *māyā* (Illusion), *māyāshakti* (Kraft der Illusion) und das Geheimnis soll nicht von allen gekannt werden, vielleicht weil dann der Spaß, das *līlā* (Spiel) vorbei ist.

Ich war enttäuscht von dem Gott, der außerhalb von mir war, aber ich wollte auch den Atman erreichen, den Funken des Göttlichen in mir, mit dem ich keine Probleme hatte! Wie kann man mit diesem Widerspruch vorankommen? Ich bekam einen flüchtigen Eindruck davon, dass mein Mangel an Verständnis und meine gelegentliche Ablehnung Gottes mit meinem „Schlaf" zusammenhingen, aber ich konnte diese kleinen wachen Momente nicht aufrechterhalten.

Ich verglich das mit einem paranoid-schizophrenen Patienten, der, so sehr ich auch mit ihm arbeitete, nicht in der Lage war, das verurteilende Geschwätz, das er von Fremden auf der Straße „hörte", als die Schöpfung seines eigenen Geistes zu erkennen. Nur für kurze Momente zweifelte er an seiner Paranoia und überprüfte sie auf ihre Realität hin, doch schon bald kehrte er zu seinen Wahnvorstellungen zurück. Ähnlich sind auch wir – egal wie oft ein Guru sagt: „Auch du bist Gott" – meist nicht in der Lage, dies zu erkennen oder als Möglichkeit zu betrachten.

Zwar konnte ich leicht zurückkehren und Baba wieder lieben, auch nachdem ich mich von ihm enttäuscht gefühlt hatte, aber mit meiner Vorstellung von Gott erlebte ich ein tiefes Gefühl des Abgetrennt Seins und Verlassen Seins. Das liegt an der Identifikation mit dem Körper: Eine Verkörperung des Göttlichen war leichter zu fassen.

Baba sprach über die Identifizierung des Körpers und erzählte: Die Gopis (Verehrerinnen Krishnas) beklagten sich bei Krishna über den Schmerz der Trennung von Ihm. Sie sagten: „Ist es dharmisch, wie Du uns behandelst?" Er antwortete: „Ihr seid es, die nicht dharmisch sind. Das Gefühl, dass ihr der Körper seid, ist der größte Verstoß gegen den Dharma." Krishna vermittelte ihnen, dass sie sich durch ihre Identifikation mit dem Körper von Ihm getrennt fühlen, während Er im Geist immer bei ihnen war.

Die Enttäuschung über Gott war mit der Unfähigkeit verbunden, Ihn zu lieben. Es gab die Ironie des Widerspruchs, einerseits von Gott enttäuscht zu sein, wenn ich nicht die Dinge bekam, die ich haben wollte, andererseits mich, sobald die Wünsche erfüllt waren, wieder auf denselben Gott, auf den ich wütend war, zu konzentrieren! Meine Zweifel trennten mich vom inneren Frieden und erzeugten gleichzeitig Schuldgefühle, als ob ich mit dieser Haltung mein Selbst verraten würde. Mein Glaube befand sich in einem Schwebezustand. Obwohl ich mich rechtschaffen fühlte, vermutete ich gleichzeitig, dass mein Denken falsch und unreif war. Ich musste diese mechanischen, begrenzenden, negativen Gedankenschleifen durchbrechen. „Verblendung entsteht aus der Dualität von Anziehung und Abneigung, Arjuna; jedes Geschöpf ist von Geburt an durch diese verblendet", sagt Krishna in der Gita, im 7. Kapitel.

Die dualistische Natur unseres Denkens geht davon aus, dass Gott einen Anfang und ein Ende haben muss, und wenn es einen Gott gibt, muss Ihn jemand erschaffen haben. Gott transzendiert die Dualität. Der Glaube, dass ein anderer uns von unserer Einsamkeit befreien kann, ist ebenfalls ein Beispiel für dualistisches Denken. Sogar das Wort „Gott" und die Art und Weise, wie es üblicherweise verwendet wird, impliziert etwas, das bekannt ist, dessen Eigenschaften identifiziert werden können oder das zumindest anders ist als wir. Das Transzendente ist für die meisten von uns unbekannt und nicht erkennbar.

Der Schriftsteller Christopher Isherwood schrieb in seinem Buch „Mein Guru und sein Schüler", dass Swami Vivekanandas Lehrer wollte, dass er solange Zweifel habe soll, bis er Gewissheit hat. „Ich fragte Swami, wenn Vivekananda den höchsten Samādhi hatte, warum hatte er dann noch Zweifel? Swami erklärte, dass Ramakrishna wollte, dass er Zweifel hat. Er hat die Tür absichtlich verschlossen und ihn im Zweifel gelassen, um unseretwillen. Sonst müssten wir uns sagen: ‚Es war sehr leicht für ihn zu glauben, er war einfach von Ramakrishnas Persönlichkeit hypnotisiert. Sein Glaube beweist nichts.' Das Beruhigende ist, dass Vivekananda so lange gezweifelt hat, bevor er überzeugt wurde."

Shankara, ein Verfechter des Advaita aus dem 8. Jahrhundert, sagte, dass Gott oder *Īshvara* unabhängig von allen Dingen ist. Wenn er mit der Welt in Berührung kommt, ist er als Schöpfer, Zerstörer und Erhalter bekannt. Es liegt an der Illusion, dass sich der Mensch als verschieden von der Welt und von Gott wahrnimmt. Sobald der Schleier fällt, erkennt der Mensch, dass es gar keine Trennung gibt, und das ist die Bestimmung aller. Wenn wir aus der rechten Hand Gottes fallen, werden wir von Seiner linken Hand aufgefangen; keine Seele ist für immer und ewig verbannt.

Ein Spruch von Baba ist faszinierend: „Ich habe Mich von mir selbst getrennt, um Mich selbst zu lieben." In einigen Kulturen des Nahen

Ostens heißt es, dass Gott uns geschaffen hat, um Sein Alleinsein mit uns zu teilen. Ja, wir leben in einer Schmerzfabrik auf dieser Erde. Und doch können wir Schönheit, Liebe, Ekstase und Freude erfahren. Gottes Schöpfung ist die Rose mit den Dornen! Wir haben die Aufgabe, die Bedürfnisse der Seele, die nicht von der Erde ist, und die des Körpers, der von der Erde ist, ins Gleichgewicht zu bringen.

Der klügere Teil von mir wusste es besser – ich musste meine fehlerhaften Überlegungen, die mich festhielten, aufbrechen und hinterfragen. Ich musste die dunkle Wolke der Unwissenheit überwinden. Wir sind darauf konditioniert, Schmerz zu vermeiden. Wir glauben, dass wir keinen Schmerz empfinden sollten, weil unsere Betreuer uns nach bestem Wissen und Gewissen vor Leid bewahrt haben. Ich begann zu erkennen, dass Gott nichts mit meinem Unglück oder meinem Glück zu tun hat, die zu den Bereichen gehören, die von den Gesetzen von Aktion und Reaktion beherrscht werden.

Das Göttliche frustriert uns, weil wir es sonst auf unsere Ebene des Seins reduzieren würden. Wie William Blake schrieb: „Das vom Himmel zugefügte Leid ist Gnade". Das Göttliche geht bis zum Äußersten, damit wir die Grundlosigkeit unserer Gedanken und Wünsche erkennen. Leider bringt uns erst intensives Leiden dem Gott im Inneren oder Äußeren näher: Sandelholz duftet erst dann stärker, wenn es gemahlen wird, Zuckerrohr bringt seinen Saft erst dann hervor, wenn es mehr und mehr gekaut wird, Gold wird erst dann rein, wenn es im Feuer geschmolzen wird. Schwierige Erfahrungen und die Identifikation mit ihnen offenbaren per se, dass wir nicht erwacht sind. Wir sind gegenüber den Anforderungen des Erwachens einfach naiv.

Ich erkenne, dass der Heilige sich nicht jemandem zu erkennen gibt, dem es an Reinheit und Weisheit mangelt, denn ohne diese Eigenschaften würde seine Macht missbraucht werden. Das Göttliche kann nicht gezwungen oder getäuscht werden. Wenn aber jemand die Identifikation abgestreift hat, wird ihm mehr Kraft verliehen; die Leere des Zen, das hohle Schilfrohr Krishnas, die zerstörerischen Attribute Shivas (nicht die Zerstörungskraft, wie wir sie verstehen) beziehen sich alle auf diese Vorbereitung. Baba hatte gesagt: „Es gibt nur Gott, nur Gott. Haltet euch eng an Ihn und die Sache mit dem Geist (mind) wird sich von alleine auflösen." Er weist uns an, wenn wir mal nichts zu tun haben, einfach nur dazusitzen und an Gott zu denken. Es ist schwer, sich an Gott zu erinnern, besonders tagsüber, wenn wir mit der Arbeit beschäftigt sind; die Weisheit des Islam empfiehlt daher, fünfmal am Tag zu beten.

Mir wurde klar, dass ich Gott auf eine völlig neue Weise verstehen musste. Ich musste lernen, Gott zu lieben, indem ich meine Gedanken und ihre Entstehung untersuchte. Der Verstand gibt seine trockenen Interpretationen des Erhabenen, die die Ursprünglichkeit der Suche behindern. Ich vermute, dass der Ego-Verstand das Konzept von Gott als eine größere Version von sich selbst sieht und seine eigenen Begrenzungen auf einen fehlerhaften Gott projiziert. Daher wird es schwierig, das zu erkennen, denn der Schuldige ist in uns selbst. Für mich erklärt dies, warum Hingabe empfohlen wird und wesentlich ist. Wir brauchen den Intellekt und die höheren Emotionen, um die Hindernisse auf dem Weg zur Erkenntnis Gottes zu untersuchen. Mantren wie das Gayatri-Mantra sprechen die grundlegende transformative Basis und Wirkung des Gebets an, nämlich unsere Intelligenz und damit unsere Weisheit aufzubessern.

Mit der Zeit habe ich durch Versuch und Irrtum erkannt, dass ich, wenn Gott schwer zu verstehen ist, meine spirituelle Weisheit einsetzen kann. Die Bedeutung von Weisheit wird an mehreren Stellen in der Gita angesprochen: „Nichts in dieser Welt reinigt so wie spirituelle Weisheit", oder „Das Ziel aller Arbeit ist spirituelle Weisheit", und „Selbst, wenn du der sündigste aller Sünder wärst, Arjuna, könntest du alle Sünden durch das Floß der spirituellen Weisheit überwinden."

Ein Denkansatz führte mich zu einem besseren Verständnis dieses „Rätsels". Wenn ich meine Unzufriedenheit auf einen persönlichen Gott schiebe, dann ist dieser Gott Gegenstand meiner Projektionen. Wenn Gott das ewige Jetzt ist, können wir daraus schließen, dass wir durch unsere Anwesenheit zu der Erkenntnis gelangen, dass auch wir Gott sind. Ich konnte nicht verstehen, was mit der Formulierung „Gott ist Liebe" gemeint ist. Aber es war leicht zu verstehen, dass Bewusstsein Liebe ist, es kann gar nicht anders sein, und dass Gott mit

Sicherheit Bewusstsein ist – also ist es durch Deduktion wahr, dass Gott, das Bewusstsein, Liebe ist.

Und wenn ich meine Liebe zu Baba nicht abschütteln kann und diese Liebe mich immer wieder von einem Ort des Schmerzes und des Leidens zurückbrachte, so war sie sich letztlich selbst genug. Ich muss nicht versuchen, „einen Gott" zu lieben. Das ist eine Aufgabe von Propheten, Avataren und sogar Gurus.

Es dauerte Jahre, bis ich zu diesen Schlussfolgerungen gelangte und sie sich in mir verfestigten. Für mich sind diese Momente der Erleuchtung so etwas wie das Wiederauffinden einer schon lange verlorenen Erinnerung.

Hingabe ist ein wesentlicher Aspekt dieser Untersuchung. Sie ist eine Disziplin und ein Yoga, das entwickelt werden muss; sie kann nicht ohne ein gewisses Maß an Glauben erfolgen. Hingabe hilft, die Begierden des Egos zu kontrollieren. Ich denke, dass der Zwiespalt von Hingabe und Anwendung des Eigenwillens aufgelöst wird, indem man sich durch Hingabe mit dem Höheren Willen in Einklang bringt.

Wir streben instinktiv danach, uns zu verlieben, weil wir dadurch die Erfahrung der Hingabe machen können. Das Aufgeben des eigenen Leidens oder der Identifikation mit dem Leiden ist ebenfalls eine Form der Hingabe. Sich von übermäßigen Wünschen zu befreien, eine andere.

„Der einzige Weg aus der täglichen Sorge ist die Entwicklung von Gottesliebe. Die Veden haben dieser Liebe nicht genügend Bedeutung beigemessen. Ihre Betonung liegt auf dem Streben und nicht auf der Erfahrung. Alle vedischen Mantren hatten die Form von Gebeten um Gefälligkeiten – das ist Dualismus. Das Verlangen ist die Wurzel des Dualismus. Direkte Wahrnehmung und indirekte Beweise belegen die Existenz von etwas. Heute legen die Menschen Wert auf die direkte Wahrnehmung." (Sathya Sai Baba)

Ich habe erkannt, dass es keinen Unterschied zwischen Selbstverwirklichung und Gottesverwirklichung gibt; Gottesverwirklichung ist Liebe zu Gott, ein Liebhaber Gottes zu sein, zu trinken, zu essen, Gott zu sehen.

Baba lehrte uns alle Aspekte des spirituellen Lebens; ich denke, dass Seine Betonung auf Gott am wenigsten geschätzt und befolgt wurde. In Seinen Ansprachen riet Er, Gott nicht um belanglose Dinge zu bitten, sondern um Seine Liebe, um sich Selbst.

Einige, die nach dem Göttlichen streben, geben vielleicht ihren Anfänger-Glauben auf, und einige fallen gar vom Glauben ab, wenn alles gut geht. Ich habe festgestellt, dass man mit Gott wie mit einem Freund kommunizieren und Ihn nicht nur als unerreichbares Wesen anbeten sollte. Der Glaube an Gott wird durch die Liebe, die Liebe zu Gott, gestärkt. Im Wesentlichen gilt also: ohne Liebe kein Glaube.

Es gibt in der heutigen Zeit viele Hindernisse für die Liebe zu Gott, die es in anderen Zeiten der Geschichte nicht gab. Der technologische und kommunikative Fortschritt hat unsere Abhängigkeit davon verstärkt und uns ein Gefühl von Macht und Kontrolle vermittelt – wozu dann noch ein abstraktes Wesen wie Gott? Diese Vernetzung ermöglicht es uns, auf Ereignisse wie Leid aufgrund von Kriegen, Armut und Grausamkeiten, die in jedem Winkel der Welt geschehen, zuzugreifen – was den bereits bestehenden Unglauben oder die Schuldzuweisung an Gott für unsere Leiden noch verstärkt. Der Glaube an Gott, geschweige denn die Liebe zu Gott, wird in unserer Zeit nicht als relevant angesehen, selbst in den Ablegern der neuen spirituellen Bewegungen, deren Lehrer nur selten von der Anbetung des Göttlichen sprechen.

Die Liebe zu Gott und für Gott ist der Klebstoff, die verbindende Kraft, die unser zersplittertes Selbst eint. Es ist schwer, Gott zu lieben, weil wir Ihn nicht verstehen können. Heutzutage gibt es nur wenige bemerkenswerte spirituelle Führer, die uns zu diesem Verständnis führen können.

Man kann einen Zustand erreichen, in dem alles als das Werk des Göttlichen angesehen wird. Gott ist der höchste Künstler, der Seine Entwürfe zum Leben erweckt. Man betrachte die Vielfalt der Schöpfung, in der jede Einzelheit ihre Vollkommenheit besitzt. Ich bin oft über die Fülle der Vielfalt der Sinneseindrücke um uns herum erstaunt; Farben, Texturen, Klänge, Geschmäcker usw., einschließlich unserer feinen Instrumente, mit denen wir sie wahrnehmen können.

So stark ist die Kraft, die die Welt um uns herum belebt, diese mechanische Illusion, die die Seele fasziniert und verlockt, die uns aber auch bindet. Es ist klar, dass dies ein Spiel ist, und die Erde ist ein Spielplatz des Göttlichen. Das Göttliche ist Seine Schöpfung. Gott hat sich in der Welt als die Sinnesobjekte verkleidet, um uns zu erschrecken, zu locken und zu binden. Wenn der Schleier der Unwissenheit gelüftet wird, „sehen" wir Ihn und lieben Ihn folglich für alles, was Er ist.

Diese meine Gedanken wurden bestätigt, als ich las, dass Baba sagte:

„Das Universum ist ein Instrument, um die Majestät Gottes zu offenbaren. Das innere Firmament im Herzen des Menschen ist ebenso eine Offenbarung Seiner Herrlichkeit. Er ist der Atem des Atems des Menschen. Da Er keine spezifische Form hat, kann Er nicht mit Worten beschrieben werden. Sein Geheimnis kann auch nicht mit den anderen Sinnen erschlossen werden. Er ist jenseits der Reichweite der Askese, jenseits der Grenzen des vedischen Rituals. Er kann nur von einem Intellekt erkannt werden, der von allen Spuren der Anhaftung und des Hasses, des Egoismus und des Besitzdenkens gereinigt wurde."

Der Zweck der Welt oder der unseres Körpers ist es, das Göttliche zu erkennen. Eine der Botschaften, die ich vermitteln möchte, ist die, dass eine Person, die ihr Bewusstsein wirklich erhöhen möchte, danach streben muss, das Göttliche mit ihrem ganzen Wesen zu kennen und zu lieben. Dieser Gedanke wird auch in der Bibel festgestellt, denn das eine schließt das andere mit ein: das Göttliche zu kennen heißt, es zu lieben. Wir müssen ernsthaft sein.

Swami 1972

Der vierte Weg

Gewohnheiten mit ihrem eigenen Geist bedrohen unsere ganzen Schätze. (Rainer Maria Rilke)

Mein Inneres, höre auf mich, der größte Geist, der Lehrer, ist nahe.
Wacht auf, wacht auf! Lauft zu Seinen Füßen.
Er steht gerade in der Nähe deines Kopfes.
Ihr habt Millionen und Abermillionen von Jahren geschlafen.
Warum nicht heute Morgen aufwachen? (Kabir)

Als Teenager war das Stöbern in Londoner Buchläden eine meiner Lieblingsbeschäftigungen. Bei einem dieser Aufenthalte in einer malerischen Buchhandlung in der Nähe meines Hauses stieß ich auf die Lehren von George Iwanowitsch Gurdjieff, dem Begründer des Systems des *Vierten Weges*. Es war sein Bild, das mich zuerst faszinierte. Das verschwommene Foto zeigte ihn unter einem Baum sitzend. Er trug russische Bauernkleidung und einen Astrachan-Hut, war von ein paar Hunden und einer Katze umgeben und hatte eine Zigarette im Mundwinkel hängen. Ich las die Zusammenfassung seiner Methode der Bewusstseinslehre des *Vierten Weges*. Von da an war ich süchtig und las jedes verfügbare Buch über diese Methode und seinen rätselhaften Charakter.

Es war, als hätte sich für mich eine geheime Tür zu einer neuen und frischen Welt geöffnet. Ich bedauerte, dass ein Lehrer wie er nicht mehr existierte. Ich las weiter und nahm diese neu entdeckte Lehre auf, die mir die Augen öffnete, die mir neu war und die Wahrheit selbst darstellte. Es mussten aber noch viele Jahre vergehen, bevor ich bereit war, mich einer Gruppe des *Vierten Weges* anzuschließen.

In den Tagen vor dem Internet warb eine Gruppe, die seine Methode praktizierte, in Zeitungen oder setzte Lesezeichen in die Bücher des *Vierten Weges*. Ich hatte eines dieser Lesezeichen lange Zeit aufbewahrt, bevor die Zeit gekommen war, mit der Gruppe Kontakt aufzunehmen. Die Gurdjieff-Stiftung ist die größte Gruppe, die von seinen direkten Schülern gegründet wurde, und betrachtet sich selbst als die legitime Schule des *Vierten Weges*. Die Gruppe, der ich mich anschloss, war ebenfalls eine große Organisation mit Zentren in großen Städten auf der ganzen Welt und ihrem Hauptsitz in Nordkalifornien.

Der Beitritt zu dieser Gruppe, oder besser gesagt der Eintritt in diese bewusste Lehre, veränderte den Lauf meines Lebens dramatisch. Was mit einem Besuch des Hauptzentrums der Gruppe in den USA begann, führte bald nach meinem Beitritt durch eine Reihe unerwarteter Ereignisse dazu, dass ich mich schließlich in den USA niederließ. Wie andere große Veränderungen in meinem Leben, insbesondere in Bezug auf meine spirituelle Entwicklung, war auch dieser Umzug nicht bewusst geplant, sondern eine Fügung des Schicksals.

Gurdjieff wurde von vielen seiner Zeitgenossen und der nachfolgenden Generation von Suchern als ein erwachter Mensch angesehen. Diejenigen, die mit Gurdjieff studiert hatten, haben viel über die Lehre des *Vierten Weges* geschrieben und ebenso viel über seine charismatische Persönlichkeit.

Gurdjieff war ein armenischer Grieche, der in Alexandrapol (damals in Russland) geboren wurde. Schon in jungen Jahren suchte er nach dem Sinn und Zweck der menschlichen Existenz. Seine Suche führte ihn in den frühen 1900er Jahren zu Expeditionen durch Asien und den Nahen Osten, zunächst mit einigen anderen, die sich selbst als „Wahrheitssucher" bezeichneten, später dann allein. Die Intensität seiner Suche führte ihn zu esoterischen Schulen und Klöstern in dieser Region, wo er Kenntnisse über Praktiken erwarb, die von Gesellschaften und „Bruderschaften" gelehrt wurden, und die der Öffentlichkeit meist verborgen blieben. Es überrascht nicht, dass seine Reise zu einer Transformation seines eigenen Bewusstseins führte. Über die

Einzelheiten seiner Reisen und die Orte, die er besuchte, ist wenig bekannt, da er sie weitgehend geheim hielt.

Nach jahrelangen Untersuchungen und Forschungen fasste er all das, was er gelernt und praktiziert hatte, in einem strukturierten Wissenssystem zusammen, um die Entwicklung des menschlichen Bewusstseins zu unterstützen, das er schließlich in den Westen brachte, um es zu lehren. Die Intellektuellen und Künstler jener Zeit, insbesondere in Frankreich, England und den USA, fühlten sich von diesen offenbarenden Ideen angezogen und wurden zu begeisterten Anhängern und Schülern. Bis zu seinem Tod im Jahr 1949 hatte er eine treue Anhängerschaft.

Das System des *Vierten Weges* bietet ein umfassendes Studium des Wissens über die menschliche Psyche, ihr Potenzial und ihre Möglichkeiten des Erwachens, das der Welt bis dahin nicht präsentiert worden war. Was von den Geheimgesellschaften des Ostens verborgen gehalten worden war, wurde nun durch Gurdjieffs monumentale Bemühungen für alle im Westen zugänglich gemacht. Es ist interessant, wie der Westen zu Beginn des 20. Jahrhunderts eine Periode der Transformation und des Wandels im psychologischen Verständnis erlebte, das sich in den Werken von Freud und C. G. Jung und in den neuen Einsichten in das menschliche Potenzial beispielsweise bei Rudolf Steiner und Gurdjieff widerspiegelten.

Die Hauptaussage von Gurdjieffs Lehre ist die, dass die Menschheit schläft und ohne Arbeit an sich selbst, vor allem durch gegenwärtig sein und Selbsterinnerung, nur eine biologische Existenz führt. „Gegenwärtig Sein" ist heute ein gängiges Schlagwort und hat Eingang auch in psychotherapeutische Techniken gefunden. Diese Idee hat ihre Wurzeln in den östlichen Lehren. Vor Gurdjieff war das Konzept des „Gegenwärtig Seins" im Westen nicht als solches bekannt. Das Enneagramm, das heute als Instrument zur Beschreibung der Vernetzung von Persönlichkeitstypen verwendet und vermarktet wird, wurde ebenfalls zuerst von Gurdjieff in den Westen gebracht, allerdings als symbolischer Weg zur Beschreibung der kosmischen „Gesetze", denen wir unterliegen (siehe den letzten Abschnitt in diesem Kapitel).

Wenn man von Evolution spricht, muss man von vornherein verstehen, dass es keine mechanische Evolution gibt. Die Evolution des Menschen ist die Evolution seines Bewusstseins. (G. I. Gurdjieff)

Gurdjieff war der Ansicht, dass die traditionellen Methoden der Selbsterkenntnis – die des Fakirs, des Mönchs und des Yogis (die jeweils durch körperliche Schmerzen, Hingabe und Studium erlangt wurden) – für sich genommen unzureichend waren und oft zu verschiedenen Formen von Stagnation und einseitiger Entwicklung führten. Gurdjieff bezeichnete seine Methode des Erwachens als den Weg des schlauen Menschen – eines Menschen, der sich durch die Myriaden von Informationen und Lehren hindurchwühlt, statt Übungen jahrelang ohne substanzielle Ergebnisse zu betreiben. Der schlaue Mensch lernt die hinderlichen Gesetze oder Hindernisse auf dem Weg zur Selbstverwirklichung. Gurdjieff lehrte, dass seine Ideen praktiziert werden können, um aus dem „Schlaf" zu erwachen, und stellte sie so dar, dass ein zeitgenössischer Mensch sie weitgehend verstehen konnte.

Es war eine neue und zugleich vielleicht auch beunruhigende Nachricht für die begabten Menschen jener Zeit, die sich von seiner Lehre angezogen fühlten, einen Meister sagen zu hören, dass sie schlafend und mechanisch waren.

Gurdjieff wurde als ein Schurke dargestellt: Ich würde sagen, ein sehr mitfühlender Schurke. Einige seiner Ausdrücke mögen grob gewesen sein, um einen Schüler aus dem „Schlaf" zu rütteln, die „falsche Persönlichkeit" zu kitzeln oder, wie er sagte, „einem Menschen auf das Hühnerauge zu treten". Wir müssen auch bedenken, dass er während der beiden Weltkriege große Entbehrungen erleiden musste, die seiner Persönlichkeit eine gewisse Härte verliehen. Er nutzte jede Gelegenheit, um seine Methode anzuwenden und zu lehren, auch in Zeiten von Kriegen und Umwälzungen, die, wie er sagte, eine große Chance für die Arbeit an sich selbst boten. Während der Besetzung von Paris durch die Deutschen, als die Mehrheit aus der Stadt, in der er lebte, floh, kehrte er zielstrebig nach Paris zurück, um „die Arbeit" fortzusetzen und bei seinen Schülern zu sein.

Gurdjieff betonte, dass der Mensch schlafend geboren wird, im Schlaf lebt und im Schlaf stirbt – aber sich einbildet, er sei wach. Das gewöhnliche „Wachbewusstsein" der Menschen ist überhaupt kein Bewusstsein, sondern lediglich eine Form von Schlaf; sie sind nicht bewusst und glauben nur, es zu sein.

Er erklärte, dass man nicht mit einer Seele geboren wird. Der Mensch muss sich eine Seele durch Selbsterinnerung schaffen. Gurdjieff glaubte, dass der Besitz einer Seele, ein Zustand der psychologischen Einheit, den er mit dem Erwachen gleichsetzte, ein Luxus sei, den ein Schüler nur durch mühsame Arbeit über einen langen Zeitraum hinweg erreichen könne. Er lehrte, dass das Erwachen das Ergebnis beständiger, langwieriger Bemühungen sei. Der Lehrer, der erwacht ist, sieht die individuellen Bedürfnisse des Schülers und stellt ihm Aufgaben, von denen er weiß, dass sie die Transformation des Bewusstseins des suchenden Schülers fördern werden.

Die Vorstellung, dass ein Mensch keine Seele besitzt, sondern eine Seele erschaffen muss, indem er an sich selbst arbeitet, scheint der jüdisch-christlichen Tradition zu widersprechen, die davon ausgeht, dass ein Mensch mit einer Seele geboren wird. Die indische Spiritualität lehrt, dass wir Atman sind, nicht der Körper oder der Geist. Nachdem er den ganzen Osten bereist hatte, um die alten Lehren des Erwachens in sich aufzunehmen, wusste er sicherlich, dass man eine Seele hat, dass man der Atman ist, sonst ist man ein Leichnam. Ich denke, er verstand die Psychologie des Egos und des Verstandes und die Annahmen und Selbstzuschreibungen, denen wir unterliegen sehr genau; er wollte all diese Annahmen rücksichtslos beseitigen und eine weiße Weste für die grundlegende Arbeit an sich selbst schaffen.

Obwohl er in seinen Unterricht Ideen einbrachte, die aus dem hinduistischen und östlichen Denken stammten, verwendete er aber nicht die ursprünglichen Begriffe. Er ging richtigerweise davon aus, dass ein Schüler bereits vorgefasste Vorstellungen und somit „Assoziationen" mit dem Thema hat, die seine Nachforschungen behindern. So verwendete er zum Beispiel keine Begriffe wie Chakren,

Kundalini, Karma usw. Die Schlüsselkonzepte seines Systems, die östliche Ursprünge haben, wurden in einer Sprache präsentiert, die für den westlichen Menschen verständlich ist. Die drei bereits erwähnten Ansätze zur Selbstverwirklichung, der Weg des Fakirs, des Mönchs und des Yogis, entsprechen beispielsweise eng dem hinduistischen *Karma-, Bhakti-* bzw. *Janana-Yoga.*

Du befindest dich im Gefängnis. Wenn du aus dem Gefängnis herauskommen willst, musst du als erstes erkennen, dass du im Gefängnis bist. Wenn du denkst, du bist frei, kannst du nicht entkommen. (G. I. Gurdjieff)

Er erklärte, dass man erst sterben muss, um geboren zu werden, was das Sterben unserer Gewohnheiten und unseres Egoismus bedeutet. Das Konzept des „Sterbens, bevor man stirbt" wird von verschiedenen Religionen geteilt.

Die Evolution des Menschen ist die Evolution seines Bewusstseins, und „Bewusstsein" kann sich nicht unbewusst entwickeln. Die Evolution des Menschen ist die Evolution seines Willens, und der „Wille" kann sich nicht unwillkürlich entwickeln. (G. I. Gurdjieff)

Eine Schule des *Vierten Weges* besteht aus drei Arbeitsbereichen. Im ersten Arbeitsbereich, wie er genannt wird, arbeitet man an sich selbst, indem man sich in Selbstbeobachtung und Selbsterinnerung übt, keine negativen Emotionen ausdrückt und sich nicht mit den eigenen Gedanken und Gefühlen, mit anderen oder mit Situationen identifiziert. Der zweite Arbeitsbereich umfasst die Teilnahme an einer Gruppenarbeit, die den Austausch von Beobachtungen des eigenen mechanischen Verhaltens und Funktionierens und die respektvolle Reflexion der Beobachtungen anderer erleichtert. Die Gruppenmitglieder fungieren als Spiegel oder „Wecker" für einander, um die Arbeit eines anderen Mitglieds zu unterstützen, damit es aufwacht. Der dritte Arbeitsbereich ist die Arbeit für die Schule selbst. Hier pflegt man die Lehren, betreut die neuen Schüler der Lehre und hilft, die Organisation zu führen.

Gurdjieffs System bietet eine Erklärung für die Frage nach dem Zweck des Lebens auf der Erde, die insgesamt weder hoffnungsvoll noch rosig ist. Er geht davon aus, dass der Zweck des organischen Lebens auf der Erde, was alle Lebensformen auf diesem Planeten einschließt, darin besteht, die sich noch entwickelnden Planeten zu ernähren, einschließlich des Mondes, den er für den jüngsten Planeten in unserem Sonnensystem hielt. Gurdjieff glaubte, dass die Massen als Teil des organischen Lebens auf der Erde Nahrung für den Kosmos sind und dass die einzige Möglichkeit, diesem Kreislauf zu entkommen, darin besteht, aufzuwachen. Die Erde ist eine Schmerzfabrik, und unser nutzloses Leiden und unsere negativen Emotionen liefern die Energie und sind Futter für das Wachstum des Kosmos. Mit anderen Worten: Die Menschheit ist insgesamt nicht dazu bestimmt, zu erwachen, aber es gibt Hoffnung und einen Ausweg.

Das organische Leben stellt gewissermaßen das Wahrnehmungsorgan der Erde dar. Das organische Leben bildet so etwas wie einen sensiblen Film, der den gesamten Erdball überzieht und jene Einflüsse aus der planetarischen Sphäre aufnimmt, die sonst die Erde nicht erreichen könnten. (P. D. Ouspensky)

Die Lehre des *Vierten Weges* verbreitete sich im Laufe der Jahrzehnte, zum Teil aufgrund der Schriften und Lehren seiner prominenten Schüler nach seinem Tod, und es gibt immer noch Ableger von Schulen, die sein Erbe lehren und praktizieren.

P. D. Ouspensky war einer der bedeutendsten und angesehensten Schüler Gurdjieffs und Autor mehrerer bemerkenswerter Bücher über den *Vierten Weg*. Später trennte sich Ouspensky von Gurdjieff, aber nicht von dem System. Mit seiner starken intellektuellen Kapazität trug Ouspensky maßgeblich dazu bei, die Ideen systematisch und zusammenhängend den Interessierten zu präsentieren. Sein Buch „Der vierte Weg" ist im Frage-und-Antwort-Format geschrieben und ist ein klassisches Kompendium der Lehre. Von seinen anderen Schriften gelten die Bücher „Auf der Suche nach dem Wunderbaren" und „Die Psychologie der möglichen Evolution des Menschen" als Lehrbücher für Anfänger.

Die bedeutende Rolle, die Gurdjieff dabei spielte, uns mit seinem Ideensystem zu dienen, kann nicht ignoriert werden. Der *Vierte Weg* ist bis zum heutigen Tag eine mächtige Kraft der transformativen Lehre. Durch seine außerordentlichen Bemühungen, seinen Einfallsreichtum und seine bemerkenswerten Eigenschaften schuf Gurdjieff im Alleingang diese umfassende Methode, um unser Bewusstsein zu erhöhen. Ich betrachte Gurdjieff als einen Bodhisattva (ein erleuchtetes Wesen, das seine eigene Erlösung aus Mitgefühl aufschiebt, um leidende Wesen zu retten), ohne den unsere heutige spirituelle Landschaft sicherlich unfruchtbar wäre.

Ich habe dieses Kapitel über den *Vierten Weg* als Einführung für diejenigen Leser aufgenommen, die mit diesem System nicht vertraut sind, und weil es mich in der Anfangsphase meines spirituellen Wachstums entscheidend vorbereitet hat. Auf den folgenden Seiten beschreibe ich einige Schlüsselideen des *Vierten Weges*.

Selbst-Erinnerung

Der Kern der Lehre des *Vierten Weges* ist die Selbsterinnerung, die nach Gurdjieff der kürzeste Weg zum Erwachen ist. Gegenwärtig zu sein und sich an sich selbst zu erinnern, hat viele Formen: Nicht-Ausdruck und Nicht-Identifizierung negativer Emotionen, Trennung vom Leiden. Gegenwärtig zu sein bedeutet, nicht in der Erinnerung verhaftet zu sein, die vergangen ist.

Das Schöne an der Selbsterinnerung ist, dass sie unabhängig vom Subjekt ist und uns immer zugänglich ist.

Wir können nicht Bewusstsein besitzen und dabei keine Liebe oder keinen Willen haben. (G. I. Gurdjieff)

Selbstwahrnehmung und Selbstbeobachtung sind Aspekte der Selbsterinnerung. Der erste Schritt in der Arbeit an sich selbst ist die Selbstbeobachtung. In diesem Stadium hat man noch nicht den Willen, die „Mechanik" der eigenen Gedanken und Verhaltensweisen zu ändern, aber mit kontinuierlicher Anstrengung wird man „den Willen zum Tun" entwickeln, wenn der Zeuge oder das beobachtende Selbst stärker wird. Sich zu merken, was einen daran hindert, präsent zu sein, ist eine Übung in Selbstbeobachtung. Sich selbst zu erinnern bedeutet, sich über die routinehaften Mechanismen und Gewohnheiten zu erheben.

Aufwachen bedeutet zu wissen, wie „mechanisch" wir sind. Und um zu erwachen, müssen wir zuerst wissen, dass wir schlafen. (P. D. Ouspensky)

Die Selbsterinnerung ist ein Konzept, das man erforschen muss, indem man es praktiziert. Die Teilnahme an Vorträgen, die einen gelegentlich an seine Bedeutung erinnern, reicht nicht aus und wird einen nicht weit bringen. Gurdjieff sagte, dass die Selbsterinnerung während der gesamten wachen Zeit praktiziert werden muss. Ramana Maharshi sprach in ähnlicher Weise über die Selbsterforschung. Es ist festzustellen, dass die Bemühungen, präsent zu bleiben, im Laufe des Tages immer wieder aufgenommen werden müssen, da man leicht den Faden verliert.

Ich finde, dass der Prozess der Selbsterinnerung Energie erzeugt; der psychische Organismus gruppiert seine Teile, seine Mitglieder neu. Der Verstand und der Körper beanspruchen in der Regel viel von unserer Energie, so dass nur wenig für die Praxis der Selbsterinnerung übrigbleibt. Jede nutzlose geistige Aktivität raubt uns die Gegenwart. Die Wahrheit ist, dass die Selbsterinnerung immer die richtige Handlung ist.

Wir können nicht nach Belieben bewusstwerden, wenn wir es wollen, denn wir haben keine Kontrolle über unsere Bewusstseinszustände. Aber wir können uns nach Belieben für eine kurze Zeit an uns selbst erinnern, weil wir eine gewisse Kontrolle über unsere Gedanken haben. (P. D. Ouspensky)

Die Selbsterinnerung ist das biblische „Ich bin Das" oder die alte *So-Ham*-Übung (Meditation über „Ich bin Das" als das Ein- und Ausatmen). Selbsterinnerung und Atman-Erkundung sind letztlich ein und dasselbe.

Eingeschlafen sein

Das Erwachen beginnt, wenn der Mensch erkennt, dass er nicht weiterkommt und nicht weiß, wohin er gehen soll. (G. I. Gurdjieff)

Das Erwachen ist nur für diejenigen möglich, die es suchen und wollen, für diejenigen, die bereit sind, mit sich selbst zu ringen und sehr lange und sehr beharrlich an sich zu arbeiten, um es zu erreichen. (G. I. Gurdjieff)

Viele Sucher haben erkannt, dass die Untersuchung unseres Schlafzustandes und unserer misslichen Lage als verkörperte Seelen uns deprimieren, ängstlich machen oder sogar anwidern kann. Das Ego und der Verstand sind unwillig, diese Untersuchungen zu tolerieren und bringen uns dazu, nach Ablenkungen zu suchen. Der *Vierte Weg* verwendet den Begriff „Puffer", der sich darauf bezieht, sich vor den unangenehmen Erfahrungen und den Auswirkungen der Wahrheit, die weh tut, zu schützen.

Eine Sache, die dem *Vierten Weg* zufolge den Schlaf aufrechterhält, ist die Phantasie, die er als eine Form der Selbstlüge betrachtet. Dieser Begriff bezieht sich nicht auf einen Zustand der schöpferischen Träumerei, der durchaus eine positive Eigenschaft ist, sondern auf eine phantasierende Denkweise. Ein Hindernis für die Evolution ist die Selbsttäuschung, bzw. ein imaginäres Bild von sich selbst zu haben. P. D. Ouspensky sagte, dass „wir uns tatsächlich uns selbst vorstellen". Er sagte auch: „Der beste Gebrauch der Vorstellungskraft ist der, sich vorzustellen, wie es ist, bewusst zu sein." Eine weitere gute Anwendung der Vorstellungskraft ist es, sich vorzustellen, wie es ist, keine Gedanken zu haben, was den Weg zu einem meditativen Zustand ganz von selbst ebnet.

Der gewöhnliche Wachzustand erscheint real, wenn man ihn mit dem relativ leblosen Zustand des Schlafes vergleicht. Dies kann trügerisch sein, da es die Illusion erzeugt, dass wir bereits bewusst oder wach sind.

Ein Grund dafür, dass wir das Erwachen nicht genügend wertschätzen, um auch die notwendigen Anstrengungen zum

Erwachen zu unternehmen – obwohl es uns beeindruckt – ist, dass wir übersehen, dass unsere irdische Zeit begrenzt ist.

Identifizierung

Entsprechend dem *Vierten Weg* ist Identifikation ein Verhalten, das uns im Schlaf hält und als negative Emotion betrachtet wird. Wenn wir identifiziert sind, verlieren wir uns in dem, was wir denken oder tun; wir hören quasi auf, zu existieren. Man kann mit seinen Gedanken, den Meinungen anderer, seinem Ego, seinen Problemen usw. identifiziert sein.

Nicht-Identifikation bedeutet nicht, dass man sich nicht engagiert oder sich von Aufgaben löst; man ist immer noch involviert, aber man ist innerlich losgelöst. Es ist nicht möglich, keine Gedanken oder Gefühle über Menschen oder Themen zu haben, die unser Leben betreffen, aber wir können uns darin üben, diese Gedanken nicht als real zu betrachten, ihnen nicht zu glauben. Das ist eine Aufgabe von Augenblick zu Augenblick.

Krishnas Lehre in der Bhagavad Gita über *Nishkama Karma* (wunschloses Handeln), das die Früchte oder Belohnungen des Handelns umgeht, ist ein Beleg für die Nicht-Identifikation.

Normalerweise erfahren wir Reibungen und Erschütterungen in den Bereichen unserer Identifikationen. Paradoxerweise sind Verluste oder Trennungen eine Vorbereitung für die Entwicklung der Fähigkeit, sich nicht zu identifizieren.

Gurdjieff sprach von der Idee des „inneren Erwägens". Er lehrte, dass man nicht „innerlich erwägen" solle, ein Ausdruck, mit dem er meinte, sich nicht zu identifizieren. Er empfahl stattdessen „äußeres Erwägen", sich in den anderen hineinzuversetzen, einen Akt der Empathie. Wir können feststellen, dass letzteres bei der Arbeit mit Identifikationen oder innerer Betrachtung helfen kann.

Der illusorische Charakter einiger Konzepte und Überzeugungen, mit denen wir uns identifizieren, wird deutlicher, wenn wir uns zwischen verschiedenen Kulturen bewegen. Was in einer Kultur als absolut und wichtig angesehen wird, kann sich für uns anders anfühlen, weil wir nicht mit diesen Normen und Wertesystemen identifiziert sind.

Das Netz des Lebens besteht aus Elementen, die Identifikationen verursachen, und unsere Arbeit besteht darin, sie täglich zu transzendieren. Manche Identifikationen können mit den Werkzeugen des *Vierten Weges* bearbeitet werden, aber es gibt auch Identifikationen, von denen sich zu lösen fast unmöglich ist.

Zentren der Schwerkraft

Das Bewusstsein ist keine Funktion, ist keine Verstandesaktivität. (P. D. Ouspensky)

Der *Vierte Weg* geht davon aus, dass der Mensch vier niedere psychische Zentren oder „Gehirne" hat, nämlich das intellektuelle, das emotionale, das instinktive und das Bewegungszentrum, und zwei höhere Zentren, das höhere emotionale und das höhere intellektuelle Zentrum. Diese Zentren entsprechen keinen physiologischen Ortsangaben im Körper.

Gurdjieff sagte, dass in jedem von uns die Funktion eines Zentrums vorherrscht. Er bezeichnete dies als das „Gravitationszentrum". So kann ein Mensch ein instinktiver Typ sein oder ein emotionaler Typ usw. Er sprach auch von einem Sexualzentrum, dessen Energie von anderen Zentren missbraucht oder vereinnahmt werden kann. Das Sexualzentrum wird aber nicht als Gravitationszentrum betrachtet.

Nach diesem System sind die Zentren im Normalfall und ohne „Arbeit an sich selbst" nicht ausgeglichen. Sie übernehmen die Arbeit des jeweils anderen und leihen sich gegenseitig Energie, was zu „falscher Arbeit der Zentren" und zu Ungleichgewicht führt. Ein Beispiel für die falsche Arbeit der Zentren ist, wenn Hunger oder Irritation im instinktiven Zentrum in das emotionale Zentrum überschwappen, oder wenn das bewegliche Zentrum durch übermäßige Bewegung oder Gestikulation versucht, die Arbeit des intellektuellen

Zentrums zu übernehmen. Das emotionale und das bewegende Zentrum haben ihre eigene Sprache, die wir mit einem Trick dazu bringen müssen, die Arbeitsübungen wie die Selbsterinnerung durchzuführen, während das Pferd und der Wagen (die das emotionale bzw. das instinktive Zentrum repräsentieren) kein Interesse daran haben, präsent zu sein. Besonders das instinktive Zentrum ist dabei gegen das Erwachen gerichtet.

Jedes Zentrum arbeitet mit einer anderen Geschwindigkeit, wobei das emotionale Zentrum am schnellsten und das intellektuelle Zentrum am langsamsten arbeitet. Das Bewegungs- und das Instinktzentrum arbeiten mit derselben Geschwindigkeit, z. B. koordinieren wir beim Fangen eines Balls automatisch die Geschwindigkeit des Instinktzentrums (wann wir ihn fangen) und des Bewegungszentrums.

Die Funktion des höheren emotionalen und des höheren intellektuellen Zentrums ist für kostbare Momente der Glückseligkeit, der Freude und des Erwachens reserviert. Das höhere emotionale Zentrum ermöglicht anhaltende Zustände des Selbstbewusstseins und andere erhabene Gefühle. Das höhere intellektuelle Zentrum ermöglicht anhaltende Zustände des objektiven Bewusstseins. Ouspensky sagte, dass es in höheren Zuständen keine Widersprüche gibt. Das liegt daran, dass höhere Bewusstseinszustände im Grunde genommen nicht-dual sind.

Höhere Zustände sind in uns und bereit, sich zu manifestieren, werden aber durch den Ausdruck negativer Emotionen, Imagination, Identifikation und den schlechten Zustand der vier unteren Zentren gebremst. Der unwirkliche Teil von uns, das Ego, betrachtet höhere Zustände als eine Unterbrechung seiner Eigendynamik. Eine der Belohnungen für das Praktizieren dieses Systems sind nachhaltigere höhere Zustände.

Es wurde bereits gesagt, dass die höheren psychischen Zentren in den höheren Bewusstseinszuständen des Menschen wirken: dem „höheren emotionalen" und dem „höheren mentalen". Das Ziel der „Mythen" und „Symbole" war es, die höheren Zentren des Menschen zu erreichen, ihm Ideen zu vermitteln, die dem Intellekt unzugänglich sind, und sie in einer Form zu übermitteln, die die Möglichkeit falscher Interpretationen ausschließt. Die „Mythen" waren für das höhere Gefühlszentrum bestimmt, die „Symbole" für das höhere Denkzentrum. (...) Die vorliegende Lehre unterscheidet sich von vielen anderen durch die Tatsache, dass sie bekräftigt, dass die höheren Zentren im Menschen existieren und voll entwickelt sind. Es sind die unteren Zentren, die unentwickelt sind. Und es ist genau dieser Mangel an Entwicklung oder das unvollständige Funktionieren der unteren Zentren, das uns daran hindert, die Arbeit der höheren Zentren zu nutzen. (P. D. Ouspensky, *Auf der Suche nach dem Wunderbaren*).

Das hinduistische System der Spiritualität besagt, dass das Hindernis für die spirituelle Entwicklung die Identifikation von Geist und Körper ist. In ähnlicher Weise erklärt der *Vierte Weg*, dass wir zuerst den Verstand, den Körper und die Emotionen ins Gleichgewicht bringen müssen, um die Maschine auszurichten. Ouspensky sagte, dass der Mensch, bevor er bewusstwerden kann, zunächst normal werden muss, d.h. in allen Zentren ausgeglichen sein muss.

Wenn du meditierst und der Teufel kommt, lass den Teufel meditieren. (G. I. Gurdjieff)

Von den vier Zentren stellt das instinktive Zentrum die größte Herausforderung für das Erwachen dar; es ist dem Atma-Yoga feindlich gesinnt. Das instinktive Gehirn widersetzt sich den Bemühungen, zu erwachen, und kann sich sogar auf subtile Weise als das höhere Selbst ausgeben, was durch Selbstbeobachtung entdeckt werden kann. Der instinktive Teil versucht verzweifelt, höhere Zustände und ihre Erscheinung zu untergraben.

Das Triebzentrum ist mit dem Es vergleichbar, wie Freud erklärt. Es ist der unbewusste Teil des Geistes, in dem die Hauptbedürfnisse Nahrung, Schutz und körperliches Wohlbefinden durch das Ich erfüllt werden. Das instinktive Zentrum ist der Wächter des Körpers selbst, der Überlebensmechanismus, der seine rechtmäßige Aufgabe ist. Aufgaben, die mit dem Überleben und dem Funktionieren des Körpers verbunden sind und automatisch ausgeführt werden, sind die Domäne des instinktiven Gehirns. Zum Beispiel wird das autonome

Nervensystem, das viele verschiedene interne Prozesse reguliert und unterstützt, und oft außerhalb des bewussten Gewahrseins einer Person liegt, vom instinktiven Gehirn gesteuert.

Wenn man krank ist oder sich von einer Krankheit erholt, übernimmt das Instinktzentrum die Führung und stellt andere Aktivitäten ein, um die Energie für die Heilung des Organismus' zu erhalten. Kein Teil dieses Gehirns ist an einem Erwachen interessiert. Wir verbringen viel Zeit damit, es zu besänftigen, da es uns mit der Erfahrung von Vergnügen belohnt, wenn es verwöhnt wird.

So wird unsere Sicht durch den Schleier der Körperidentifikation und der Sinne vernebelt. Ihre Bedürfnisse sollen nicht ignoriert, sondern nur so weit erfüllt werden, dass die Maschine am Laufen gehalten wird und dass sie unserer inneren Arbeit nicht im Wege stehen – sozusagen dem Hund einen Knochen zuwerfen, wie man sagt.

Die vielen „Ich"

Der Mensch hat kein individuelles „Ich". Stattdessen gibt es Hunderte und Tausende von separaten kleinen „Ich", die einander oft völlig unbekannt sind, nie in Kontakt kommen oder im Gegenteil einander feindlich gegenüberstehen, sich gegenseitig ausschließen und unvereinbar sind. In jeder Minute, in jedem Augenblick sagt oder denkt der Mensch: „Ich". Und jedes Mal ist sein „Ich" ein anderes. Eben noch war es ein Gedanke, jetzt ist es ein Wunsch, jetzt eine Empfindung, jetzt ein anderer Gedanke, und so weiter – endlos. Der Mensch ist eine Vielheit. Der Name des Menschen ist Legion. (G. I. Gurdjieff)

Der *Vierte Weg* erklärt, dass wir kein dauerhaftes und unveränderliches „Ich" haben, sondern viele „Ich", die aus jedem der Zentren entstehen. Wir sind nie für lange Zeit dieselben, sondern wir verändern uns ständig. Selten bleibt ein Mensch auch nur eine halbe Stunde lang derselbe. Gurdjieff sagte, dass der größte Teil unseres gesamten „Ich" nicht an der Selbsterinnerung interessiert ist.

Jeder Gedanke, jedes Gefühl, jede Empfindung, jeder Wunsch, jedes Gefallen und jede Abneigung ist ein „Ich". Diese „Ich" sind nicht miteinander verbunden und werden nicht koordiniert. (P. D. Ouspensky)

Solange wir nicht erkennen, dass die „Ich" nicht real sind, ist das Erwachen unmöglich.

Wesen, Persönlichkeit und falsche Persönlichkeit

Zwei psychologische Konzepte von Gurdjieff sind Essenz und Persönlichkeit. Die Essenz wird als der natürliche Teil einer Person betrachtet oder als das, womit man geboren wird. In ihr liegen sowohl unsere Talente als auch unsere Grenzen. Die Essenz in ihrem natürlichen Zustand ist unzivilisiert und naiv, hat aber die Fähigkeit, sich zu entwickeln.

Die Persönlichkeit wird von Kindheit an in erster Linie durch die bewussten Einflüsse anderer Menschen, wie z. B. die Erziehung geschaffen, und teilweise auch durch die unwillkürliche Nachahmung anderer durch das Kind. Die Persönlichkeit ist eine Sammlung von Meinungen, instinktiven Gewohnheiten und Erziehung; sie ist im Grunde alles Künstliche, das man gelernt und gesehen hat, mit anderen Worten, sie ist unsere Programmierung.

Die falsche Persönlichkeit ist das Bild, das wir von uns selbst haben, sie ist das, was wir nicht sind. Ouspensky sagte, die falsche Persönlichkeit sei eine schwer fassbare Sache, die nicht unter unserer Kontrolle stehe.

Manchmal können wir mehr davon sehen, manchmal treten auch nur bestimmte Merkmale davon getrennt auf.

Die falsche Persönlichkeit ist wie das instinktive Zentrum, da sie verzweifelt versucht, die Ankunft des Wunderbaren zu untergraben. Wenn wir das, was nicht wirklich unser ist, das falsche Selbst, nicht beobachten, dann wird man zum falschen Selbst.

Außerdem muss man bedenken, dass die falsche Persönlichkeit oft recht attraktiv oder amüsant ist, insbesondere für andere Menschen, die in ihrer eigenen falschen Persönlichkeit leben. Wenn Sie also beginnen, Ihre falsche Persönlichkeit zu verlieren, wenn Sie anfangen, mit ihr zu kämpfen, werden die Leute Sie nicht mögen. Sie werden Ihnen sagen, dass Sie langweilig geworden sind. (P. D. Ouspensky)

Eine mögliche esoterische Bedeutung des Satzes in der Bibel, dass „ein reicher Mann nicht in das Himmelreich kommen könne" kann die sein, dass wir reich an Falschheit oder reich an falschen Persönlichkeiten sind, was wir aber nicht sind; und der Himmel bezieht sich auf den höheren Zustand des Bewusstseins.

Der *Vierte Weg* besagt, dass die falsche Persönlichkeit von einer Achse der „Hauptmerkmale" ausgeht, die bei jedem Menschen anders ist. Die wichtigsten Hauptmerkmale, von denen das System spricht, sind Dominanz, Macht, Landstreicher (unzureichende Wertschätzung von Dingen oder Menschen) und Verrückte (Wertschätzung der falschen Dinge). Die Kategorisierung in Persönlichkeit, Wesen und Schwerpunkt kann helfen, die Ursprünge der vielen „Ich" besser zu erkennen.

Negative Emotionen

Ein wichtiger Bereich der Lehre des *Vierten Weges* ist es, negative Emotionen nicht auszudrücken und sich nicht mit ihnen zu identifizieren; auf diese Weise können sie transformiert werden, und die Energie wird für die Selbsterinnerung aufgespart. Das Ausdrücken negativer Emotionen offenbart unseren Schlaf. Die Lehre spricht vom Nichtausdrücken negativer Emotionen, nicht davon, dass man sie nicht fühlen soll.

So wie im Märchen von Schneewittchen die Hexe in verschiedenen Gestalten auftaucht, um das wahre „Ich" zu täuschen, so versuchen diese Emotionen, den Platz unseres wahren Selbst einzunehmen. Unsere negativen Emotionen reduzieren oder entwerten höhere Erfahrungen, indem sie zur Identifikation mit vertrauten Verhaltensmustern und Glaubenssätzen zurückkehren.

Groll, Selbstmitleid und Ungeduld sind die schwierigsten negativen Emotionen. Selbstmitleid ist ein schwieriges Gefühl, weil es in gewisser Weise legitim ist. Wir müssen aber das Selbstmitleid für die Selbsterinnerung aufopfern.

Ich denke, dass es für einen gewöhnlichen, „mechanische" handelnden Menschen am schwierigsten ist, zu erkennen, dass seine eigenen negativen Emotionen und die anderer Menschen keinerlei Wert haben und nichts Edles, Schönes oder Starkes enthalten. In Wirklichkeit enthalten negative Emotionen nichts als Schwäche und sind sehr oft der Beginn von Hysterie, Wahnsinn oder Verbrechen. Das einzig Gute an ihnen ist, dass sie, da sie völlig nutzlos sind und durch Einbildung und Identifikation künstlich erzeugt werden, ohne jeden Verlust zerstört werden können. Und das ist die einzige Chance, die der Mensch hat, um ihnen zu entkommen. (P. D. Ouspensky, *Psychologie der möglichen Evolution des Menschen*)

Transformation des Leidens

Es ist auch sehr schwierig, auf das eigene Leiden zu verzichten. Ein Mensch wird auf alle Vergnügungen, die du dir ausdenken kannst, verzichten, aber er wird nicht sein Leiden aufgeben. (G. I. Gurdjieff)

Gurdjieff bezeichnete das Leiden entweder als nutzlos oder absichtlich. Sein System lehrt, dass nutzloses oder unnötiges Leiden aus unserem Schlaf, unserer Unwissenheit und unserer Selbstge-fälligkeit entsteht. Wir erfahren diese Art von Leiden aufgrund unserer unangemessenen Einstellungen und Erwartungen gegenüber anderen – Selbstmitleid, Besitzdenken, Böswilligkeit, Hass und Ableh-nung anderer usw.

Bewusstes Leiden ist auf ein Ziel gerichtet, entweder auf das eigene oder auf den Dienst an anderen. Gurdjieffs Idee des absichtlichen Leidens leitet sich höchstwahrscheinlich von den hinduistischen *Tapas* (Entbehrungen, Disziplin) ab, bei denen man sich mit dem Ziel des Erwachens einer Entbehrung unterzieht. Der *Vierte Weg* spricht von der Transformation des Leidens. Man transformiert das Leiden nicht, indem man es nur akzeptiert, sondern sich von ihm trennt. In allen Fällen von Leiden beinhaltet die Transformation, dass man sich an sich selbst erinnert.

Natürlich gibt es unvermeidliches Leid, wie Kriege und Katastrophen, die sich der eigenen Kontrolle entziehen und einen legitimen Platz im Leben einnehmen. Gurdjieff würde solche Ereignisse dennoch als „Mahlgut für die Mühle der Arbeit" nutzen. Während der Revolution hatte er zu seinen Anhängern in Russland gesagt: „Egal, was passiert, wir machen immer einen Gewinn"; einen Gewinn in Richtung Erwachen.

Unser gewöhnliches Leid treibt uns an, in die Zukunft zu blicken, anstatt im Augenblick zu verharren, da wir uns von ihm befreien wollen. Wir neigen dazu, uns über das Leid zu ärgern, anstatt es zu transformieren. Leid und Schmerz sind relativ unbeständig im Vergleich zu den Belohnungen, die ewig sind. Der Himmel ist die Belohnung für die innere Arbeit und die Hölle ist der Preis dafür.

A-, B- und C-Einflüsse

Der *Vierte Weg* nimmt keinen Bezug auf Gott, das Göttliche, die Hingabe oder die Liebe zum Göttlichen. Er ist recht pragmatisch in seinen Erklärungen des Heiligen. Er verwendet jedoch Ausdrücke wie „höhere Kräfte" oder „himmlischer Einfluss" oder „bewusster Einfluss". Gurdjieff postulierte, dass es drei Einflüsse gibt, denen der Mensch ausgesetzt ist. Einer ist Einfluss A, der Materialismus. Diejenigen, die in die Schule oder zur Arbeit gehen, kommen unter Einfluss C, dem bewussten Einfluss. Ihr Interesse am Erwachen wird in der Regel von einem anderen Einfluss geprägt, dem Einfluss B. Beispiele für Einfluss B sind Astrologie, Tarot, das I Ging, Religion usw. Sie können Mittel sein, um einen unter Einfluss C zu bringen.

Die Lehre besagt, dass Einfluss B seinen Ursprung in Einfluss C hat, aber durch Einfluss A verwässert wird. Es braucht ein „magnetisches Zentrum", um von einer Lehre wie dem *Vierten Weg* angezogen zu werden. Ein magnetisches Zentrum ist ein hypothetisches Konzept und wird in einer Person „gebildet", nachdem sich Informationen angesammelt haben, die gewöhnlich von Einflussquellen B stammen. Diese Informationen kristallisieren sich dann heraus und werden stark genug, um die Person zu einem esoterischen System oder einer Schule wie dem *Vierten Weg* zu führen. Ein magnetisches Zentrum kann falsche von echten Lehren unterscheiden und so die Person auf den richtigen Weg führen.

Gurdjieff und Ouspensky sagten, dass eine bewusste Schule Hilfe von außen braucht, um zu erwachen, d.h. Hilfe von höheren Einflüssen. Obwohl das Wort Gnade in diesem System nicht verwendet wird, ist es in der Vorstellung enthalten, dass höhere Kräfte uns zum Erwachen führen.

Jedes Gebet kann nur dann von den Höheren Mächten erhört werden und eine entsprechende Antwort erhalten, wenn es dreimal ausgesprochen wird: Erstens für das Wohlergehen oder den Frieden der Seelen der eigenen Eltern. Zweitens, für das Wohlergehen des Nächsten. Und erst drittens für sich persönlich. (G. I. Gurdjieff)

Maßstab und Relativität

Der *Vierte Weg* spricht über zwei Bereiche, denen wir normalerweise keine Aufmerksamkeit schenken; der eine ist die Relativität und der andere die Festlegung von Maßstäben. Eine Schwäche in der Relativität bedeutet, dass man nicht weiß, wann man den angemessenen, relativen Gedanken auf eine Situation anwenden soll. Eine Schwäche bei der Bestimmung des Maßstabs bedeutet, dass man nicht weiß, welche der vielen verfügbaren Informationen und Kenntnisse die meiste Masse haben. Wenn man sich zum Beispiel über Kleinigkeiten aufregt, ist das ein Zeichen dafür, dass man die Relativität verloren hat. Wenn wir uns über triviale Ereignisse aufregen, haben wir entweder keinen oder einen falschen Maßstab angelegt. Ein weiteres Beispiel für fehlenden Maßstab und fehlende Relativität ist, Lehrer oder Gurus, die dieselben spirituellen Konzepte vertreten, als gleichermaßen fortgeschritten und erwacht anzusehen. Relativität kann helfen, Paradoxien oder scheinbare Widersprüche in spirituellen Angelegenheiten zu verstehen. Aufgrund unseres Schlafes sind wir naiv, was das Leben, das Universum und die Größenordnung der Dinge angeht.

Die Gesetze der Drei und der Sieben

Der *Vierte Weg* ist einzigartig in seiner Erklärung des Platzes des Menschen im Strahl der Schöpfung (Schöpfungsordnung) und der universellen Gesetze. Ich werde hier nur zwei der Gesetze beschreiben, die er vorschlägt.

Das Gesetz der Drei wird von Gurdjieff als „das zweite grundlegende kosmische Gesetz" bezeichnet. Dieses Gesetz besagt, dass jedes ganze Phänomen aus drei verschiedenen Quellen zusammengesetzt ist, nämlich aus aktiven, aus passiven oder ablehnenden und aus versöhnenden oder vermittelnden Kräften. Dieses Gesetz gilt für alles im Universum und für alle Prozesse.

Das Gesetz der Sieben wird von Gurdjieff als „das erste grundlegende kosmische Gesetz" bezeichnet. Dieses Gesetz wird verwendet, um Prozesse zu erklären. Die grundlegende Anwendung des Siebener-Gesetzes besteht darin, zu erklären, warum nichts in der Natur und im Leben geradlinig verläuft, d.h. es gibt immer Höhen und Tiefen und Richtungsänderungen von Prozessen im Leben. Gurdjieff behauptete, dass es möglich ist, einen Prozess in einer geraden Linie zu halten, wenn die notwendigen „Schocks" zum richtigen Zeitpunkt eingeleitet werden, da diese Perioden auf der Grundlage des Gesetzes der Sieben gesetzmäßig auftreten. Das Siebener-Gesetz ist die Grundlage für die siebenstimmige musikalische Oktave, wobei die schwarzen Tasten das Intervall in einer Oktave überbrücken. Das Gesetz der Sieben und das Gesetz der Drei wirken zusammen und sind im Enneagramm des *Vierten Weges* dargestellt, einem neunzackigen Symbol, das die zentrale Glyphe von Gurdjieffs System ist.

Nach genau sieben Jahren oder der Vollendung einer vollen Oktave nach dem Gesetz der Sieben ging meine Zugehörigkeit zur Gruppe des *Vierten Weges* zu Ende. Dann trat Sathya Sai Baba mit all Seiner

Herrlichkeit in mein Leben. Meine Aufgabe und spirituelle Ausbildung mit diesem Werk waren damit abgeschlossen.

Der *Vierte Weg* bietet eine reichhaltige, bahnbrechende und lohnende Methode, um unser Bewusstsein zu erwecken und zu manifestieren. Ein Praktizierender des *Vierten Weges* zu sein, ist eine Lebensweise. Der Weg beinhaltet sowohl Einzel- als auch Gruppenarbeit. Die Gruppenarbeit und die gemeinsamen Ideen verbessern die Lebensqualität des Schülers. Der *Vierte Weg* appelliert an den Ego-Verstand, da man das Gefühl hat, sich mit einer geheimen und praktischen Lehre zu befassen, an der die meisten Menschen trotz ihrer Verfügbarkeit nicht interessiert sind. Dieses System ist zweifelsohne wertvoll und bringt einen auf den richtigen Weg. Leider kann ein langjährig Praktizierender dieses Systems glauben, dass es die ultimativen Antworten auf die Mysterien der menschlichen Seele bietet, und der Praktizierende kann für höhere Erfahrungen, die durch einen fortgeschrittenen Guru zugänglich sind, verschlossen bleiben.

Wenn ich zurückblicke, stelle ich fest, dass man, wie bei allem, was gut ist, bei diesem Thema nachlässig werden kann. Man kann weiter versuchen, die „Maschine" fein abzustimmen, Fehler in ihrer Funktionsweise zu sehr zu untersuchen, während man sich nach Kräften bemüht, präsent zu sein, und damit riskiert, geistig zu stagnieren. Obwohl man das Gefühl hat, dass höhere Kräfte oder Einflüsse einen in das System gebracht haben, wird die Erinnerung an das Heilige und die unerklärliche Verbindung mit dem Göttlichen nicht gepflegt.

Eine intensivere Beschäftigung mit der Höheren Quelle, an der Baba mich teilhaben ließ, war mir während meiner Jahre der Arbeit mit der Lehre nicht möglich. Es war nicht nötig, dass ich mehr Zeit als nötig damit verbrachte, das Funktionieren der Maschine zu verbessern und nach dem wahren „Ich" zu suchen; es winkten höhere Aufgaben. Aber ich schätze mich sehr glücklich, auf dieses System gestoßen zu sein, das mich vorbereitete und mich aus meiner weitgehend funktionalen Existenz herausholte. Ich glaube, dass das Praktizieren dieser Methode mich darauf vorbereitet hat, Babas Gegenwart und die Gabe von Amrit zu empfangen, nachdem ich durch die Anwendung der Methoden eine gewisse Angleichung und Anpassung meiner psychischen Funktionen erreicht hatte.

Darshan auf dem Sandplatz, ca. 1982

Schwierigkeiten

Die Engel werden, ohne eine Spur zu hinterlassen, den Markt der menschlichen Bequemlichkeit zerstören. (Rainer Maria Rilke)

Was in mir dunkel ist, erleuchte, was niedrig ist, erhebe und stütze, damit ich auf der Höhe dieses großen Streits die ewige Vorsehung behaupten und die Wege Gottes vor den Menschen rechtfertigen kann. (John Milton, Das verlorene Paradies)

Gebt mir den Mann, der nicht der Sklave der Leidenschaft ist, und ich werde ihn in meinem Herzen tragen. (Shakespeare)

Auf dem Weg zur Erleuchtung ist der Reisende zwangsläufig mit Verzweiflung, Hindernissen und Hoffnungslosigkeit konfrontiert – Aspekte der oft erwähnten dunklen Nacht der Seele. „Ich werde dir dein Zuhause, deine Ehre, alles wegnehmen. Kannst du das ertragen?" – Das soll Sai Baba zu einem Devotee gesagt haben, der Ihn um *Moksha* (Befreiung) bat. Der Guru nimmt alles weg, mit dem man sich identifiziert. Auf diesem Weg werden wir all das verlieren, was uns lieb und teuer ist. Oh, geliebter Shiva, sei sanft zu uns!

Ein altgedienter Devotee sagte, er habe von Swami gehört, wie Er von den drei Nullen sprach, und davon, dass Er einen wahren Devotee auf ein Nichts reduziere, dass Er ihm seinen Reichtum, seine Gesundheit und seinen Namen nehme, um ihn auf *Moksha* (Befreiung) vorzubereiten: „Wenn du Meine Gnade willst, verlierst du alle Besitztümer. Wenn du dich immer noch nach Meiner Gnade sehnst, dann verlierst du Familie und Freunde. Dann werde Ich deinen Ruf bei denen verderben, die dachten, du seist ein Weiser oder ein Yogi. Du bist verwirrt und willst weglaufen; in dem Moment, wo du sagst, ich brauche

Deine Liebe, dann wirst du Mich haben." Diese Worte wurden nicht zu allen Devotees gesagt, die um Befreiung baten. Er wusste, wer es ertragen konnte, solche Worte zu hören und diese Nöte auch zu durchleben. Wir dürfen jedoch nicht vergessen, dass Er meistens den Devotees half und ihre Wünsche erfüllte.

Es ist wichtig, in meiner Schilderung den inneren Aufruhr, das Alleinsein und die Kämpfe, denen ich in den Jahren dazwischen begegnete, nicht zu übergehen – nicht, weil ich mich auf einem spirituellen Weg befand, sondern trotz dessen.

In den ersten Jahren, in denen ich von Ihm wusste, war ich noch auf materielle Erfüllung bedacht, und jetzt, da ich den Avatar in meinem Leben hatte, war ich ebenso begierig auf Askese und spirituellen Fortschritt. Ich befand mich auch noch im Stadium der Nicht-Ergebenheit, auch wenn meine Ziele und mein Lebensstil immer mehr mit Seiner Lehre übereinstimmten.

Ich ahnte nicht, dass ich noch tiefer in das Labyrinth der Existenz hineingezogen werden würde, vor allem nach dem letzten Interview und Seinem Verlassen des Körpers. Eine Reihe von Verlusten – der Verlust einer Wohnung, die ich in San Francisco gekauft hatte, der Tod meiner Mutter, die auch meine engste Freundin war, und der Weggang unseres geliebten Baba, alles innerhalb von drei Jahren — erschwerten das Leben in der Einsamkeit, obwohl sie mich trotz des Mangels an echter emotionaler Unterstützung zu dieser Zeit aber nicht im Kern erschütterten.

Das Gefühl der Isolation war nicht greifbar. Ich befand mich in einer Zwickmühle: der wachsende Wunsch, rein und unbeeinflusst von allen Begierden zu bleiben, die mich in Bindungen verstricken könnten, und dagegen der Wunsch, den Frieden zu suchen, den eine liebevolle Beziehung bieten könnte. Außerdem schien es keine andere Möglichkeit zu geben, als den einzigen Weg zu beschreiten, der mir vorgegeben war, eine erzwungene Askese, von der ich nicht abweichen konnte, selbst wenn ich es versuchte. Es gab keine halben Sachen.

Es herrschte das Gefühl, nicht dazuzugehören und von anderen nicht ganz verstanden zu werden. Ich lebte im Niemandsland, symbolisch und physisch in den USA, einem Land, zu dem ich keine emotionale Bindung oder Wurzeln hatte, weit weg von der Gegenwart meines Gurus und meiner Familie und ohne eine liebevolle menschliche Beziehung.

Da ich in verschiedenen Kulturen gelebt habe, war ich in der Lage, mich zu integrieren und anzupassen und mich mit Leichtigkeit einzufügen. Mit dem neuen Phänomen des Amrit änderte sich meine Wahrnehmung des Lebens und der anderen. Meinem Lebensstil fehlte es nun an Gemeinsamkeiten mit anderen, selbst unter Sai Baba Anhängern. Ich schwang in einer anderen Frequenz. Die Menschen fühlen sich unwohl in der Nähe von Menschen, die die Welt auf eine andere Weise erleben.

All dies führte dazu, dass ich mich emotional wie im Exil fühlte, als wäre ich auf einem gewundenen Pfad ganz allein. Ein gewisser Trost war für mich Sri Ramas Erzählung von den vierzehn Jahren Exil im Wald, obwohl Er ja mit Seiner Familie im Exil war! Die Pāndavas erduldeten bescheidene Verhältnisse, Armut und Exil – aber sie gaben Krishna nie auf.

Ich schlussfolgerte, dass das Göttliche Seine Liebe durch einen Geliebten verströmt, und da ich nicht von einem anderen menschlichen Wesen geliebt wurde, liebte mich Gott (der Gott, den ich mir damals vorstellte) auch nicht. In Momenten des Selbstmitleids missachtete der Verstand die höchste Liebe, mit der ich gesegnet war und die jede menschliche Liebe übertraf.

Wie ein unbewusster Tanz führten mich meine inneren Kämpfe in die Tiefe meiner selbst, um das Streben meiner Seele zu erfüllen – als ob man sich erst dann wirklich auf einem mystischen Weg befindet, wenn man auch Ablehnung, Verlust und Selbstverleugnung erlebt, wenn auch nur für einen bestimmten Teil dieser Reise. Trotz dieses Gefühls des Alleinseins betete ich nie zu Baba, mein „Leiden" zu beenden oder ein Schlupfloch zu finden, um mein Schicksal zu ändern.

Die wenigen intensiven Anziehungen lösten sich schnell auf und katapultierten mich wieder zu meiner inneren Arbeit mit neuer Wertschätzung für die ewige Verbindung. Jedes Mal kehrte ich nach dem Wirbelwind der Anziehung wieder „nach Hause" zurück. Ich musste erkennen, dass sie mit dem Weg, auf dem ich mich befand, unvereinbar war. Obwohl solche Begegnungen mich schmerzlich an einen liebevollen Kontakt erinnerten, der mir fehlte, gelang es mir zunehmend, zur Loslösung zurückzukehren und zu lernen, die Wirkung dieses intensiven Prozesses in mir zu nutzen. Seltsamerweise ist das, was die Einsamkeit lindert, auch das, was die Einsamkeit verursacht. Einige Merkmale, die sich aus Unwissenheit und fehlender Wertschätzung dessen, was im Leben wirklich wichtig ist, ergaben – und zwar bei ansonsten intelligenten Menschen, denen ich begegnete – brachten mich dazu, mich zu fragen, ob meine Isolation vielleicht ein Segen und ein Schutzschild war – mit der Erkenntnis, dass mir eigentlich nichts wirklich Wertvolles fehlte!

Wie das Göttliche würde ich mich nur zu denjenigen hingezogen fühlen und mich ihnen beugen, die eine liebevolle und weise Natur besitzen. Es kann keine tiefe Beziehung geben, wenn man den anderen nicht versteht, und wie könnte mich überhaupt jemand verstehen, angesichts der Transformationsprozesse, die ich durchlief? Dass ich Iranerin bin, eine Nationalität und Kultur, die in der Öffentlichkeit negativ dargestellt und im Allgemeinen unterschätzt wird, das war auch nicht hilfreich. Ich war der doppelte Außenseiter! Ich fühlte mich von den Göttern bevorzugt, aber von den Menschen missverstanden, und ich hatte nur einen wahren Freund in hoher Position.

Ich hatte mir vorgestellt, dass die Obhut des Geistes nur Glückseligkeit bringen kann, aber ich war mir der Stufen des Wachstums nur teilweise bewusst; dies war die Stufe des schmerzhaften Ablegens von Wünschen.

Mit meiner neuen Sehkraft erkannte ich, dass die Handlungen zwischen den Menschen durch eine göttliche Kraft vermittelt werden. Ich sah, wie Krishna in der Gestalt eines anderen Menschen auf jemanden einwirkte. Und die Menschen, die mich verletzten? Es war

Krishna, der mich durchbohrte. Der Meisterpuppenspieler, der die Puppen aufeinanderhetzt!

Unabhängig von der psychosozialen Erfahrung, war ich mir bewusst, dass diese Zeit der Veränderung nicht durch die Anwesenheit von irgendjemandem gestört werden sollte. Ich war so sehr darauf bedacht, keine Bindungen einzugehen, dass ich mir nicht einmal ein Haustier hielt, obwohl ich mein ganzes Leben lang Katzen als Haustiere hatte. Es gibt Erfahrungen, die die Seele nur in völliger Isolation machen kann. Ein natürlicher Rückzug in einen Kokon war für die volle Manifestation der Shakti immer noch notwendig. Ich habe auch die Erfahrung gemacht, dass Beziehungen und die Nähe zu anderen Menschen im Allgemeinen die eigene Willenskraft schwächen können, und das war in dieser Phase der inneren Transformation besonders wichtig. Letztlich ist kein Mann den Gott in einer Frau wert und keine Frau den Gott in einem Mann.

Die Suche nach Liebe ist eine Suche nach Gott. Der *Jīva* (individuelle Seele) vergisst seine Ursprünge und sucht die Liebe zu anderen *Jīvas*; weil er an den Körper gebunden und von ihm belastet ist, sucht er die Liebe, die in den physischen Formen anderer ist. Doch dieser Durst wird nie ganz gestillt, denn alles, was er sieht, ist nur der Abglanz Gottes, und der kann seine Sehnsucht nicht stillen. Wenn der *Jīva* sich nicht mit dem Körper identifiziert, wird das „Ich" erkennen, dass es unsterblich und bewusst ist. Wahre Trennung ist Trennung vom Göttlichen. In der Gita fragt Arjuna Krishna, was besser sei: diejenigen, die Dich in anderen verehren oder diejenigen, die Deine Transzendenz verehren? Krishna antwortet, es sei das Letztere. Für Sterbliche ist es nicht leicht, die Transzendenz zu erreichen.

Die Wahrnehmung des Leidens ist so stark, dass die leidenden „Ich" unbarmherzig mit dem „Ich" werden, das mit dem Heiligen verbunden ist. In solchen Momenten reduziert der Verstand all die gewährte Gnade auf eine unbedeutende Größe. Es war herrlich zu sehen, wie das Amrit reichlich zu fließen begann, wenn diese negativen Gedanken nachließen. Als ob die Heilige Liebe nach einer Öffnung sucht, um sich zu offenbaren, und niemals aufgibt. Die hervorquellende Shakti aber wehrt sich immer stärker.

Es würde eine unerschöpfliche Hoffnung aufkommen und die Erkenntnis, dass Gott oder das Heilige immer bei mir ist und mich nicht bestraft, sondern mich in mein Selbst bringt.

Ich stellte mir die Feinheiten der unsichtbaren Welt um uns herum vor, die unser Spiel lenken. Ich fragte mich, ob wir als Individuen wichtig genug sind, um zu glauben, dass die Ereignisse in unserem Leben so arrangiert sind, dass wir uns entwickeln können. Gibt es einen Kampf zwischen unsichtbaren Kräften um unsere Befreiung? Gibt es Mächte, die wollen, dass man durch unermessliches Leid aufgibt, indem sie Verzagtheit erzeugen? Werde ich vollständig gereinigt und zur absoluten Unschuld zurückgeführt, um das reinste Gefäß für den zukünftigen Zweck des Amrit zu sein?

Sind materielle Einschränkungen, Leid und Verluste im Leben eines Menschen auf der spirituellen Suche das Ergebnis vergangener Handlungen oder sind sie das Ergebnis schlechter Entscheidungen? Sind sie Mittel der Desillusionierung, die einem helfen sollen, loszulassen und Platz für bewusste Bestrebungen zu schaffen und so in den Schoß Gottes zu gelangen?

Einem Wesen wie Baba mangelte es nie an irgendetwas, Er war der Besitzer aller Arten von Fülle und Reichtum. Ein fortgeschrittener Yogameister wie Sri Yukteswar, der Guru von Yogananda, konnte es sich nicht leisten, einen seiner Aschrams zu unterhalten.

Ich sah einmal eine Fliege, die sich in einem Spinnennetz verfangen hatte. Ich dachte daran, sie in Ruhe zu lassen, denn sie war Nahrung für die Spinne, aber ihre verzweifelten Bemühungen, sich zu befreien, berührten mich und ich half ihr, sich zu befreien. Vielleicht helfen uns die Götter nur, wenn wir versuchen, uns aus der bindenden Illusion der Maya zu befreien.

Das Leiden öffnete mir den Blick für die Universalität des Leidens anderer und ihrer Kämpfe, seien sie nun weltlicher oder anderer Natur. Wenn das menschliche Herz angesichts des Leidens anderer schmilzt und sich dadurch ausdehnt, dann wohnt dort Gott. Das ist das Kennzeichen eines Gottliebenden, eines *bhakta* (eines spirituellen Devotees).

Der persische Dichter Omar Khayyam muss eine Glaubenskrise gehabt haben, als er schrieb: „Diese umgedrehte Schale, die wir den Himmel nennen, unter der wir kriechend leben und sterben – ihr braucht nicht eure Hände um Hilfe zu erheben, denn sie rollt ohnmächtig weiter wie du und ich."

Ich steckte in diesem Morast, angekettet an das Amrit, das mich mit dem Himmel verband; und die Lebendigkeit und Glückseligkeit Seiner Gegenwart begleitete mich auf dieser langen, einsamen Reise. Ich wollte das Vertrauen nicht aus den Augen verlieren, dass ich von der Mutter getragen wurde. Ich sollte mich einfach nur festhalten. Goethe sagte: „Es bedarf einer robusten Konstitution, um sich ohne Morbidität in der Introspektion zu üben." Wie ich bereits schrieb, konnte ich ohne Sorgen durch den Alltag gehen. Entmutigende Stimmungen schickten mich immer wieder, oder besser gesagt, zwangen mich ins Nachforschen, nicht ins Verzagen – die Tiefe des Alleinseins führte mich in die Tiefe der Vision.

Obwohl mein konditionierter Anteil dieses einsame Leben nicht mochte, wurden seine höheren Belohnungen immer offensichtlicher; man kann das Paradies nicht ohne Prüfungen betreten. Das Bewusstsein, das sich manifestiert hatte, führte mich durch die Realität, die Vergänglichkeit und das Spiel des Lebens.

Episoden von Ablehnung gegenüber Gott (der eigenen Vorstellung davon) und dem Guru und dann wieder die Umkehr sind auf diesem Weg zu erwarten, und es ist wichtig, sich für diese Episoden nicht zu schämen, sich nicht schuldig zu fühlen oder zu verurteilen. Genauso wie es eine rebellische Phase in den Teenagerjahren gibt, gibt es auch in der Entwicklung der bewussten Evolution eine solche Phase. Die bewussten Zustände oder das Amrit selbst machen allerdings keine solche Entwicklung durch – es sind die niederen Funktionen, die lernen müssen, sich anzupassen und daher rebellieren.

Ich kehrte immer wieder zu Krishnas Ausspruch zurück und verstand Ihn jedes Mal besser: „Ich bin der einzige wahre Freund." Babas Aussage, wie alle Seine Lehren, zeigten später diese Wahrheit, dass der wahre Freund Gott ist.

Gelegentlich überkam mich die Angst vor dem Älterwerden, aber mit der Zeit löste ich mich völlig davon, und die mit den Geburtstagen verbundenen Zahlen spielten keine Rolle mehr.

Die innere Weisheit verachtete mich, weil ich die Wahrheit des unausweichlichen Zyklus' von Leben, Tod und Geburt ignorierte und mich an das Vergängliche klammerte. Das Leben ist in der Tat ein Spiel, und wir sollten es so gut wie möglich spielen.

Immer wieder stellte ich fest, dass ich, wenn ich in Selbstmitleid, Wut oder anderen negativen Emotionen schwelgte, meine Umwelt fade und leblos erlebte, als ob ein Schalter umgelegt worden wäre. Es ist klar: Wenn du dein Herz verschließt, wirst du das Licht nicht sehen. Rodney Collin, ein Autor über die Methode des *Vierten Weges*, hat ebenfalls beobachtet: „Der kleinste Hauch von Zweifel, nicht nur an höheren Kräften, sondern auch an sich selbst, schneidet einen sofort von neuen Möglichkeiten ab."

Hier eine ergreifende Passage aus dem Buch *Sri Sathya Sai Ānandadayi – Journey with Sai* über ein Gespräch zwischen der engen Anhängerin Kannamma und Sai Baba, das irgendwann in den späten 1940er Jahren stattfand:

Kannamma: Swami, ist es denn nicht möglich, die Selbstverwirklichung in nur einem Leben zu erlangen?

Swami: Es ist möglich. Du kannst deine Seele durch die Gnade des Gurus in nur einer Sekunde, einer Stunde, einem Tag, einem Monat oder einem Jahr erkennen.

Kannamma: Solltest Du in diesem Fall nicht jenen Menschen Gnade gewähren, die völlig von Dir abhängig sind und Deine Gnade suchen?

Swami: Ich werde sie sicherlich segnen. Ich bin nur aus diesem Grund und für solche Aspiranten hier. Ihr habt noch Pflichten. Sobald ihr sie erledigt habt, werde ich Gnade auf euch herabregnen lassen. Wenn ihr sie begehrt, bevor ihr eure Pflichten erfüllt habt, ist das ein Akt der Selbstsucht.

Kannamma: Swami, gibt es nicht Leute, die gleichzeitig ihre Pflichten und ihr Sādhana erfüllen?

Swami: Ja, aber es ist besser, wenn man zuerst seine Pflichten erfüllt.

Kannamma: Swami, es ist eine endlose Welt. Die Pflichten enden nie.

Swami: Nein. Es wird eine Zeit kommen, in der eure Pflichten vorbei sein werden. Es wird nicht für immer so sein. Wisst ihr, warum ich euch sage, dass ihr arbeiten (dienen) sollt? Es ist aus dem Grund, dass ihr kein weiteres Mal einen Körper haben solltet. Auch wenn euer Geist geläutert ist, hat euer Körper vielleicht nicht genug körperliche Arbeit geleistet. Das Ergebnis ist, dass ihr wiedergeboren werden müsst, zumindest als eine erhabene Person. Pass auf, dass du nicht wieder einen Körper bekommst. Glaube Mir, Ich werde dir auf jeden Fall Gnade gewähren.

Zweifel werden stärker, wenn man leidet. Der schmerzhafteste Aspekt des Leidens ist der Wunsch, es möge enden. Wenn unsere Wahrnehmung des Leidens intensiv ist, vergisst man, dass es ein *līlā*, ein Spiel ist; unsere Erwartungen machen es schwieriger, den Schmerz zu ertragen.

Jahrelang schwankte ich im Glauben, zog mich zurück und kehrte zu einem tieferen Verständnis der Bedeutung meines Lebens im Kokon zurück. Ich war Zeuge des Kampfes zwischen den verschiedenen Selbst, sah das Licht und glitt wieder ab. Die Wunsch-Ich wurden von einer anderen Gruppe von Zeugen-Ich in Frage gestellt und als das erkannt, was sie waren.

Durch ein breiteres Verständnis des Fortschreitens der Transformation kommt eine Zeit, in der man aufgibt und lernt, sich zu ergeben. Das Streben nach der Erfüllung der eigenen Wünsche wird entweder durch wiederholte Frustration aufgegeben, oder die Bedeutung, die sie einst hatten, geht verloren. Je mehr man erwacht, desto weniger will man die äußeren Umstände ändern. Ich musste meinen Willen einem Höheren Willen überlassen, als ich miterlebte, wie ich aus lebenslangen Anhaftungen herausgerissen wurde und mich von ihnen löste.

Ich habe Gurdjieffs Unterscheidung zwischen echtem Leiden und „nutzlosem" Leiden besser verstanden. Für mich ist echtes Leiden eine Unruhe und Unzufriedenheit, die man hat, wenn man von einer höheren Quelle und dem Atman getrennt ist. Echtes Leiden bringt einen dazu, unnötiges Leiden wie Schuld, Neid, Negativität usw. aufzugeben.

„Macht eine Liste all der Dinge, nach denen Ihr bisher geweint habt. Ihr werdet feststellen, dass ihr euch nur nach unbedeutenden Dingen gesehnt habt, nach momentanen Auszeichnungen und nach flüchtigem Ruhm. Von nun an sollt Ihr nur noch um Gott, um eure eigene Reinigung und Vollendung ringen. Ihr solltet weinen und über die sechs Kobras klagen, die sich in eurem Geist eingenistet haben und ihn mit ihrem Gift vergiften: Lust, Ärger, Gier, Anhaftung, Stolz und Bosheit. Beruhigt sie, wie es der Schlangenbeschwörer mit seiner schwingenden Flöte tut. Die Musik, die sie zähmen kann, ist das laute Singen des Namens Gottes. Und wenn sie zu berauscht sind, um sich zu bewegen und Schaden anzurichten, fasse sie am Hals und ziehe ihnen die Reißzähne aus, wie es der Beschwörer tut. Danach können sie eure Spielzeuge sein; ihr könnt mit ihnen umgehen, wie ihr wollt. Wenn sie niedergeschlagen sind, werdet ihr Gelassenheit gewinnen. Ihr werdet unbeeinflusst sein von Ehre oder Unehre, Gewinn oder Verlust, Freude oder Trauer!" (Sathya Sai Baba, 26. März 1968)

Im Laufe der Zeit erkannte ich, dass das, was ich als „Ich-Selbst" und seine Bedürfnisse betrachtete, weit weniger wichtig ist als das Wunder des Amrit-Flusses, der in mir wie neues Blut zirkuliert und ein neues Ich erschafft. Es gab Phasen, in denen ich die Wahrheit durchdrang, und es herrschte Einsicht und ein umfassenderer Blick auf die Maya, in der ich eingekapselt war. Das Schwanken des dualistischen Denkens zwischen Zweifeln und Hoffnungen ist zum Stillstand gekommen.

Das neu entstehende Selbst hatte wirklich nichts mit Beziehungen irgendwelcher Art zu tun, außer mit dem Göttlichen. Der Atman selbst ist Freude. Ich verstand voll und ganz den Wert dessen, was Baba gesagt hatte, wiederum in scheinbar simpler Sprache: nicht Körper-zu-Körper-Kontakt mit anderen zu haben, sondern Herz-zu-Herz-Kontakt. Er brauchte keine vollständige Erklärung zu geben; es ist an uns, die tiefe Bedeutung durch Nachfragen oder Erfahrung zu finden.

Der Dichter Rilke, der in manchen Kreisen als erwachter Mensch gilt, verstand die Tiefe des Leidens und die Notwendigkeit seiner Transformation. Er bemerkte so treffend: „Wie lieb seid ihr mir, meine Nächte des Leids. Warum knie ich nicht mehr nieder, um euch zu empfangen, und gebe mich euch einfach frei hin. Wir Verschwender von Kummer. Wie wir über sie hinausblicken in irgendeine triste Dauer, um zu sehen, ob sie nicht dort enden." In seiner Ersten Elegie schreibt Rilke: „Müssten unsere ältesten Leiden nicht inzwischen mehr Früchte tragen? Ist es nicht an der Zeit, dass wir uns in Liebe von dem geliebten Menschen befreien und zitternd aushalten: wie der Pfeil die Sehne aushält, um in dem sich sammelnden Absprung etwas zu werden, das mehr ist als er selbst? Denn nichts ist für immer festgelegt."

Als sich die Wünsche in mühelose Loslösung verwandelten, ließ ich zuweilen zu, dass Anhaftungen spielerisch die Oberhand gewannen; ich verstand das Sprichwort, dass Gott menschliche Körper wie zum „Sport" benutzt. Es bedarf jahrelanger Anstrengung, um mühelos zu werden.

Der Weg des Leidens kann uns zu Dankbarkeit und Hingabe führen. Ich zog Bilanz über mein glückliches Leben. Ich bin mit guter Gesundheit, liebevollen und weisen Eltern und vor allem mit Babas Gegenwart und Seiner grenzenlosen Gnade gesegnet worden. Ich bin unendlich dankbar dafür, dass mein Schicksal mich in Länder geführt hat, in denen ich von allem das Beste mitnehmen konnte: im Iran geboren zu sein, seine alte Kultur und Weisheit geerbt zu haben und sie in meinem Blut zu tragen, meine intellektuellen Fähigkeiten in England gefördert zu haben und in den USA gelebt zu haben, deren fruchtbarer Boden die Entfaltung meines Potenzials ermöglichte. Dieser Teil meiner Reise war der Schatten, der mit dem Geschenk einhergeht. Hingabe ist ein allmählicher Prozess. Ich war in das wunderbare Unbekannte eingetreten, das manchmal dunkel erschien. Der Regisseur, mein stiller Vorgesetzter, hatte in dieser Phase der Reifung eindeutig das Sagen. Dies ist nun das Ende des Aufruhrs, der mit der Annahme, man sei der Handelnde, einhergeht, und das Ende der Unschuldsbeteuerungen.

In einer Ansprache sagte Sai Baba: „Ohne Hingabe kann es keine Befreiung geben. Solange du dich an das enge ‚Ich‘ klammerst, schließen sich die vier Gefängnismauern um dich herum. Wie tötet man das ‚Ich‘? Legt es dem Herrn zu Füßen und sagt: ‚Du, nicht ich‘, und ihr seid frei von der Last, die euch erdrückt. Verbindet euch immer mit dem *Niranjana* (dem höchsten Wesen), dem Unermesslichen, dem Unbegrenzten; träumt und plant, mit dem Absoluten zu verschmelzen; fülle eure Ohren mit dem Ruf aus dem Jenseits und dem Grenzenlosen; überschreitet die Mauern, die Gitter und Riegel, die Schlösser und Ketten. Ihr könnt dies ganz leicht tun, indem ihr euren Geist auf eure eigene Unendlichkeit richtet.“

Atman

Das Prinzip der Liebe ist in jedem Menschen in Form des Ātman vorhanden. (Sathya Sai Baba)

Ich bin das wahre Selbst im Herzen eines jeden Geschöpfes. (Bhagavad Gita)

Glauben heißt, den Verstand zu verlieren und Gott zu gewinnen. (Søren Kierkegaard)

Atman oder Atma: Der göttliche Funke in jedem von uns. Was für ein kraftvolles und schönes Wort. Die grundlegende Realität hinter allen Erscheinungen, der Vernunft und dem Gefühl des „Ich" ist der Atman. Die Konzepte des wirklichen „Ich" und das spätere Lernen über den Atman waren für mich äußerst rätselhaft. Mein früherer Wunsch, Gott zu kennen, hat sich allmählich in den Wunsch verwandelt, den Atman zu kennen.

„Obwohl der *Ātma* keine Beine hat, kann sich nichts schneller bewegen als Er! Der *Ātma* hat keine Hände, aber Er kann alles halten. Der *Ātma* hat keine Augen, aber es gibt nichts, was er nicht sehen kann. Die Liebe ist der einzige Weg, um diesen *Ātma* zu verstehen und ihn zu erfassen. Diese Liebe existiert als *rasa svarūpa*, als Lebenselixier in allem. Die Dichter beschreiben sie als *nava rasa*, neun Lebenselixiere, aber es gibt nur zwei *rasas*. Der eine ist *karunārasam* (Mitgefühl) und der andere ist *sokarasam* (Elend oder Kummer). Alle anderen *rasas* sind in diesen beiden zu finden. Der *karunārasa*, Mitgefühl, ist der *rasa* der Liebe. Sobald man den *rasa* der Liebe hat, hat man Gott! Deshalb sagt Swami: ‚Liebe ist Gott, lebe in Liebe!' Der Mensch sollte mit solcher Liebe leben. Jahre mögen vergehen, Jahreszeiten mögen sich ändern, Kriege mögen stattfinden, aber mit nur einem Tropfen Gnade des

Herrn kann der Mensch alles überwinden." (Sathya Sai Baba, 4. April 1994)

In diesem Kapitel spreche ich über die Lehre vom Sein des Atman, wie sie vom spirituellen Denken der Hindus entwickelt und von Sathya Sai Baba erklärt wird. Ein Vergleich mit der Sichtweise der jüdisch-christlichen Religionen auf die Seele wird hier nicht vorgenommen.

Trotz des weit verbreiteten Interesses und der Anerkennung der Bedeutung des Erwachens und der Kenntnis des Selbst und des Verständnisses, das die nicht-duale Weisheit bietet, nimmt die moderne Bildung im Westen diese grundlegenden Lehren nicht in ihre Lehrpläne auf. Die Sathya Sai Schulen sind in dieser Hinsicht der Zeit voraus, indem sie diese Werte lehren. Die Schüler der Sathya Sai Schulen beginnen ihre spirituelle Erziehung schon in jungen Jahren, in Programmen wie dem *Bal Vikas*, das auf zwei Prinzipien beruht: der Existenz Gottes und der Göttlichkeit in uns.

Aufgrund der allgegenwärtigen Programmierung, der viele durch die Religion oder das allgemeine kollektive Unbewusste ausgesetzt sind, haben wir eine dualistische Vorstellung von Gott, die besagt, dass er anders und getrennt von uns ist. Das lässt sich nur schwer abschütteln. Nur die Hindu-Weisen und Yogis wiederholen die Weisheit, dass wir uns nicht von Gott unterscheiden und dass wir den Funken des Göttlichen in uns tragen. Genauer gesagt, nicht Gott ist in uns, sondern wir sind in Gott, schwimmen in diesem Bewusstsein. Ich werde jedoch die Ausdrücke „Funke der Göttlichkeit" oder „Gott oder das Göttliche in uns" verwenden, um nicht von dem allgemeinen Sprachgebrauch abzuweichen, an den viele von uns gewöhnt sind.

Selbst mit diesen alten Lehren, die uns zur Verfügung stehen, kann ich mich an keinen zeitgenössischen Guru erinnern, der uns das Göttliche im Inneren, den Atman, gelehrt und in Erinnerung gerufen hat – außer Sathya Sai Baba. Eine solche Gewichtung kann nur von denen vorgenommen werden, die Eins mit dieser Wahrheit sind, daher rührt auch die Seltenheit solcher Gurus. Sathya Sai Baba begann Seine Ansprachen immer mit der Anrede *„Divya Ātma Svarūpalara"* (Verkörperung des Göttlichen Atma) oder *„Prema Svarūpalara"* (Verkörperung der Liebe). Wenn der Avatar selbst uns lehrte, dass wir Gott sind, ist das Mindeste, was wir tun können, aufmerksam zu sein und darüber nachzudenken.

Die meisten Religionen betonen die Liebe zu Gott, anstatt uns zu lehren, dass auch wir göttlich sind. Mansur Hallaj, der persische Mystiker des zehnten Jahrhunderts, der für seinen Ausspruch „Ich bin die Wahrheit" (*Ana'l-Ḥaqq*) bekannt ist, erlangte diese Erkenntnis und wurde, weil er sie zum Ausdruck brachte, verfolgt und der Ketzerei für schuldig befunden. In einem seiner Gedichte beschreibt er diese Vereinigung sehr schön:

Ich habe meinen Herrn
mit dem Auge meines Herzens gesehen.
Er fragte: „Wer bist du?"
Ich sagte: „Ich bin Du."
Du bist derjenige, der allen Raum füllt,
aber der Ort weiß nicht, wo Du bist.
In meinem Lebensunterhalt liegt meine Vernichtung;
In meiner Vernichtung bleibe ich Du.

Die Schüler von Adi Shankara verkündeten, dass menschliche Attribute keinen dauerhaften Wert haben und ihr Studium daher kein Studium der Wahrheit sei. Sie sagten, das richtige Studienobjekt sei der Ātma tattwa (Wahrheit, Dasein, Wirklichkeit), da er dauerhaft sei und den Weg zur Verwirklichung Gottes zeige. Sie verwendeten ihre Zeit und Mühe darauf, die *bhaja govindam* (Lobpreisung Govindas, d. h. Krishnas) zusammenzustellen, Verse zum Nutzen der Menschen.

Um den Atman zu erkennen, muss man zunächst die Landkarte des psychischen Territoriums kennen. Glücklicherweise hat die alte Weisheit diese Landkarte zur Verfügung gestellt. Die vedantische Literatur und allgemein das spirituelle Denken der Hindus bieten eine umfassende Klassifizierung der Komponenten der Psyche und ihrer Funktionsweise.

Sie erklären den Atman als die belebende Kraft, den aktivierenden Strom. Es ist die Reflexion der Ausstrahlung des Atman auf die psychische Struktur *antahkarana*, die es uns ermöglicht, zu funktionieren. Der Atman unterliegt keinen Veränderungen, sondern ist beständig, rein und unzerstörbar. Er manifestiert sich auf mannigfaltige Weise, so wie die Sonnenstrahlen je nach Beschaffenheit der Objekte unterschiedlich reflektiert werden. Ein trüber See gibt ein trübes Licht ab; durch einen Kristall sieht man einen Regenbogen; und ein Diamant schillert im Licht.

Baba erklärte, dass das *antahkarana* (inneres Organ oder psychische Struktur) in vier Teile gegliedert ist: *buddhi* (Intellekt), *manas* (Geist), *citta* (Unterbewusstsein, Gedächtnisspeicher) und *ahamkāra* (Ego). Der Atman belebt all diese funktionalen Teile der Psyche. Der Atman spiegelt sich in der *buddhi* (Intellekt) wider. Dann spiegelt sich das *caitanya* (Bewusstsein) der *buddhi* im *manas* (Geist) wider, das wiederum auf die Sinne fällt. Alles hat seinen Ursprung im Atman. Die *buddhi* ist einerseits mit dem Atman verbunden und reflektiert dessen Glanz, andererseits mit dem *manas* und den Sinnen. Atman zu *buddhi* zu Geist zu Sinnen.

Daher ist der Atman die Quelle dessen, was wir als Bewusstsein betrachten. Ein erwachter Mensch ist jemand, der sich seines Atman bewusst ist und ihn kennt. Wie Sai Baba gesagt hat, ist es wichtig, die beiden, *ahamkāra* (Ego) und *buddhi* (Intellekt), rein und kontrolliert zu halten, was wiederum dazu führt, dass die anderen beiden, *manas* (Geist) und *citta* (Unterbewusstsein), dem folgen. Dies verdeutlicht für mich die wesentliche Bedeutung, den Geist und die Sinne so gut wie möglich zu kontrollieren, um dem Atman zu ermöglichen, direkt durch den Intellekt zu wirken.

In dem Buch *Sandeha Nivarinī* (Auflösung von Zweifeln) lehrt Baba: „*Manas* (Geist) erfasst die Objekte; *buddhi* (Intellekt) prüft Argumente für und gegen, *citta* (Unterbewusstsein, Gedächtnisbank) versteht das Objekt mit Hilfe dieser und *ahmkāra* (Ego) trifft die Entscheidung für oder gegen und so lässt aufgrund von Anhaftung das Festhalten an *jnāna* (Wissen, Weisheit) nach."

Er fügt hinzu: „Diese existieren, solange wir das Gefühl haben: ‚Ich bin der Körper'. (...) Keines dieser Dinge ist das wirkliche Du, sie sind mit *vritti* (4) (Aufregungen des Geistes) verbunden. Du bist der Atman, und solange dies nicht verwirklicht ist, schlafen wir den Schlaf von ‚ich' und ‚mein'."

Die ursprüngliche Essenz des Selbst ist das „Ich", das aus dem Atman kommt. Das „Ich"-Gefühl ist also nicht der Atman, aber es entstammt ihm, so wie der Geist vom „Ich" ausgeht und die Sprache aus dem Geist kommt.

Diejenigen, die sich auf ihre intellektuellen Fähigkeiten verlassen, bedenken oft nicht, dass es der Atman ist, aus dem der Intellekt *(buddhi)* schöpft, und schreiben die intellektuellen Fähigkeiten der Kraft des Intellekts selbst zu. Der Intellekt wird aber durch den Atman mit Energie versorgt.

Die *caitanya shakti*, die Kraft des Gewahrseins oder Bewusstseins, ist allgegenwärtig. Dieses Bewusstsein ist „in dir, mit dir, über dir, unter dir und um dich herum", wie Er sagte. Mit anderen Worten: „Alle sind eins", ein Satz, den wir oft hören. Da die gesamte Schöpfung von der *caitanya shakti* umhüllt ist, gibt es letztlich keine Trennung. „Wie ist es möglich, Es zu teilen? Man darf dieses Prinzip des Selbst niemals teilen. Nur wenn wir das Prinzip des Atman verinnerlicht haben, können wir verstehen, dass alles eins ist", hatte Sai Baba gesagt.

In dem Buch *Sūtra Vāhinī* (*vāhinī* bedeutet Fluss, Strom) sagt uns Sai Baba, dass die Brahma-Sutras von drei Qualitäten sprechen, die notwendig sind, um Brahman zu erkennen. „Die eine ist *viveka* (Unterscheidung) zwischen dem Vergänglichen und dem Ewigen; mit anderen Worten, die Erkenntnis, dass der Atma allein jenseits der Zeit ist und dass alle Objekte, die mit den Sinnen des Sehens usw. wahrgenommen werden können, nur vergänglich sind."

Die zweite, so erklärte Baba, ist *vairāgya* (Nicht-Anhaftung), d.h. das Bewusstsein, dass alles vergänglich ist, und als Folge davon das Ablegen der Gefühle von „ich" und „mein". Es bedeutet nicht, dass man sich völlig von der Welt zurückzieht: „Man muss die Vergänglichkeit von Freude und Kummer, die den Geist verunreinigen, durchdenken und erkennen. Man wird dann davon überzeugt sein, dass alle Dinge in einem Kraftfluss gefangen sind; sie sind alle vorübergehend, sie bringen nur Kummer hervor. Als nächstes wird das Gefühl der Nicht-Anhaftung im Geist auftauchen.

Die dritte Qualifikation besteht aus den sechs Tugenden: Geistes-kontrolle, Körper- und Sinneskontrolle, Rückzug von Sinnesobjekten, Nachsicht, unerschütterlicher Glaube und Gleichmut."

Diese Prozesse sind reinigend und bereiten einen darauf vor, die Eingebungen des Atman zu empfangen, was dazu führt, ihn zu „kennen". Und während man sich reinigt, strebt man nach den höchsten und außergewöhnlichsten Bewusstseinszuständen.

Obwohl wir normalerweise göttliche Wesen als sehr verschieden von uns betrachten und uns selbst nur als menschlich und vielleicht zerbrechlich sehen, müssen wir nach der Vollkommenheit in uns suchen, die das Göttliche selbst ist. Gott strebt nach sich selbst, und nur Gott kann sich selbst erkennen.

Viele sind mit dem Begriff Dharma vertraut. Sai Baba erklärt, dass es verschiedene Arten von Dharma gibt, einschließlich Dharma des höheren und des niederen Selbst. *Para Dharma* ist der Dharma des Körpers, des niederen Selbst. Er variiert von Person zu Person, und selbst bei ein und derselben Person variiert er von Zeit zu Zeit und hängt vom Ort ab. *Ātma Dharma* ist der Dharma des Atman, der Dharma des Wahren Selbst. Im *Para Dharma* kann es einen Hauch von Selbstsucht geben; im *Ātma Dharma* hingegen gibt es nicht einmal eine Spur von Selbstsucht; die eigenen Handlungen sind völlig selbstlos und in reiner Liebe verwurzelt. Es ist *Ātma Dharma*, dem man folgen muss. Wie die Gita anweist, sollte man handeln, ohne auf die Früchte des Handelns zu achten.

In den Hindu-Schriften wird ein weiterer Begriff beschrieben, der mit dem Atman verwandt ist, der *Jīva* (*Jīva* in Sanskrit und *Jīvi* in Telegu, Sai Babas Muttersprache), abgeleitet von dem Wort *Jīv*, was Atem bedeutet. Wir können es mit dem Konzept der Seele verglei-chen. *Jīva* wird als die eingekapselte Seele im Körper betrachtet. Es ist das Ich-Bewusstsein. *Jīva* ist mit den Begrenzungen des Körpers und der Sinne verbunden. Er überlagert sich mit den Aktivitäten von *Manas* (Geist) und *Citta* (Unterbewusstsein) und wird von ihnen belastet.

Sai Baba sagte: „Das, was mit *manas* (Verstand) belastet ist, ist die Seele *(jīvi)*; wenn der Verstand und der Name und der Körper, aus dem er hervorgeht, zerstört sind, dann erlangt der *Jīvi Moksha* (Befreiung)."

Es ist der *Jīva*, der Karma anhäuft, nicht der Atman. *Jīvashakti* (die Kraft des *Jīva*, seine Energie) initiiert oder impliziert Handlungen, die Karma hervorrufen, weil sie mit dem Körper und dem Geist verbunden sind, während *Ātmashakti* kein Karma anhäuft. In der Gita heißt es auch, dass spirituelle Handlungen keine Reaktion, kein Karma erzeugen.

„Das Bewusstsein des Einsseins kann unendliche Freude schenken; diese Erfahrung ist nicht leicht zu erlangen. Man muss intensive Nachforschungen anstellen und auch spirituelle Disziplin *(samskāra)* üben. Wenn die *samskāras* zur Verfeinerung des Geistes führen, kommt die Erfahrung des Einsseins mit dem Göttlichen. Wie glücklich ist derjenige, der diese Erfahrung macht! Derjenige, der diese Erfahrung macht, ist der Herr des Universums. Als Herr des eigenen Selbst ist er der Herr des Kosmos. Dieser Atma ist in jeder Zelle des menschlichen Körpers vorhanden. Wenn diese nektargleiche Wahrheit erkannt wird, wird der Mensch nicht nach dem Vergänglichen suchen. Jeder sollte daher den Nektar der dauerhaften atmischen Glückseligkeit suchen." (Sathya Sai Baba, 8. September 1996)

Mir gefällt diese Beschreibung des Atman in der Katha Upanishad aus dem Gespräch von *Yama* (Todesengel) mit Nachiketa, einem jungen spirituellen Sucher, der entschlossen war, *moksha* (Befreiung) zu erlangen: „Der *purusha* von der Größe eines Daumens, das innere Selbst, wohnt immer in den Herzen der Menschen. Man sollte ihn mit Entschlossenheit aus dem Körper herausziehen, wie man das Mark aus einem Schilfrohr zieht. Man sollte Ihn als den Reinen, den Unsterblichen erkennen."

Sai Baba sagte: „Zu verstehen, dass das ‚Ich‘, auf das wir uns beziehen, nicht der Körper, sondern das Höchste Selbst ist, ist *tapas* (Buße, Askese)." Warum ist dies der Fall? Weil es Konzentration, Absicht, Anstrengung erfordert, die Entschlossenheit, auf die sich *Yama* in der obigen Passage bezieht.

In dem Buch *Sandeha Nivarinī* (Auflösung von Zweifeln) erklärt Sai Baba im Gespräch mit Seinen Schülern die Hindernisse für den spirituellen Fortschritt in der Gegenwart, Vergangenheit und Zukunft und deren Ursachen. Nur der Avatar kennt diese Hindernisse, die unseren Fortschritt behindern, und kann sie genau definieren:

„Die Hindernisse der Gegenwart sind von vier Arten: Anhaftung an Sinnesobjekte, zynische Kritik, Dumpfheit des Verständnisses und absurde Einbildung. Das erste ist die Ursache für die Anhaftung an Objekte, die die Sinne anziehen. Das zweite lässt die Menschen falsche Bedeutungen in den Lehren des Gurus entdecken. Dies führt zu Verwirrung, weil man die Dinge, die der Guru erklärt, überhaupt nicht begreift. Das letzte Hindernis führt dazu, dass man sich für einen großen Gelehrten, Pandit oder Asketen hält und den Körper und die Sinne mit dem Atma verwechselt."

Er erklärt auch, wie der spirituelle Praktiker die gegenwärtigen Hindernisse überwinden kann:

„Die Hindernisse der Gegenwart werden durch Karma (Handlung), das angemessene Karma, überwunden. Es gibt kein Hindernis, das nicht überwunden werden kann. Die Anhaftung an Sinnesobjekte kann durch die Kontrolle des Geistes *(sama)*, die Kontrolle des Körpers und der Sinne *(dama)*, den Zustand des Geistes oberhalb der Dualität *(uparati)*, die Nachsicht *(titikshā)*, die Entwicklung von Reinheit, Selbstkontrolle, den Rückzug von Begierden und die Fähigkeit, zu leiden (5) entfernt werden. Verständnisschwierigkeiten können durch wiederholtes Zuhören beseitigt werden. Ständiges Nachdenken über das Gehörte wird die Gewohnheit der zynischen Kritik beseitigen. Alle absurde Einbildung wird durch die Lehre verschwinden."

Hier erklärt Er die Hindernisse der Zukunft, auf die man auf dem spirituellen Weg achten sollte:

„Die Hindernisse der Zukunft kommen immer durch sündige Taten. Sie kommen und behindern unbewusst. Es ist nicht für alle möglich, ihnen zu begegnen. Bis zu einem gewissen Grad kann der Aspirant das herannahende Unrecht und seine Tücken erkennen.

Es erzeugt ein Verlangen, das sich den Mantel des Mangels umhängt. Dann müsst ihr es als ein ‚Hindernis der Zukunft' erkennen. Es ist schwierig, als Ergebnis der Anstrengung eines einzigen Lebens so vorgewarnt zu werden. Es mag viele Geburten brauchen, um diese Erziehung zu erlangen. Der Aspirant kann, indem er die Natur dieser drei Dinge durchdenkt, der Beunruhigung durch sie entgehen. Andernfalls kann es viele Leben brauchen."

Jeder Teil der Psyche stellt ein Hindernis für die Erkenntnis des Atman dar. Das Ego oder das falsche Selbst wechselt von Gegenstand zu Gegenstand, um eine Schwachstelle in der eigenen Stärke und den eigenen Bemühungen zu finden. Die gereinigte *buddhi*, die durch den Atman gestärkt wird, muss die vielen Erscheinungsformen des Egos beobachten.

Der Geist wird von Schmerz und Vergnügen angezogen, dem Schmerz der Trennung und dem Vergnügen der erfüllten Erwartungen. Die Wachsamkeit gegenüber dem Geist muss, besonders für den Anfänger in der spirituellen Praxis, selbst harmlose Situationen wie das Lesen eines Nachrichtenartikels oder ein beiläufiges Gespräch einschließen. Selbst diese kleinen Handlungen können den Geist negativ beeinflussen.

Der Geist besteht aus Wünschen, wie Baba immer wieder betonte. Wenn wir darüber meditieren, wie es ist, keinen Geist zu haben, wird klar, dass wir die Wünsche loslassen oder zumindest reduzieren müssen, um uns dem Zustand des Nicht-Geistes zu nähern. Wenn der Geist aus Wünschen besteht und die Wiedergeburt aufgrund dieser Wünsche erfolgt, dann können wir daraus schließen, dass wir den Kreislauf der Wiedergeburt einschränken oder gar stoppen können, indem wir die Aktivität des Geistes einschränken und die Wünsche begrenzen. Gib das Verlangen auf – und du wirst vom Verlangen aufgegeben.

„Wie kann das sich ständig verändernde Material der vergänglichen Welt ewiges Glück bringen? ‚Aham yat tat na' – das ist das Hauptprinzip der Weisheit, das die ursprüngliche Grundlage für diese Welt bildet. Das Prinzip des ewigen Brahman basiert nicht auf der Form. Das Wort ‚Aham' hat nach den Veden die Bedeutung von ‚*Atma*'. Der Satz ‚*Yat tat na*' bedeutet ‚das bin nicht ich'. Das ‚Ich' bezieht sich hier auf den vergänglichen, flüchtigen Körper. Der Mensch sieht die verschiedenen materiellen Objekte in der Welt und hält sie für wahr und dauerhaft. Das ist ein Irrtum. Die Vision, die die unbeständigen Objekte sieht und sie als vergänglich und flüchtig betrachtet, sieht auch den Körper. Daher sind auch der Körper und die Form, die die Illusion der Vision sind, vergänglich. Es ist der Fehler des Menschen, den vergänglichen Körper als dauerhaft zu betrachten und das zu glauben." (Sathya Sai Baba, 4. Februar 2003)

Sobald man die Realität durchdringt und erkennt, dass es nichts gibt, was man an dieser Welt des Verfalls lieben könnte, wird es einfacher, Loslösung zu praktizieren. Alles ist vergänglich in dieser Welt; wäre es da nicht weise, sich auf das Nicht-Vergängliche zu konzentrieren, das der Atman ist? Losgelöstheit bedeutet nicht, dass wir uns nicht mit unseren sozialen und persönlichen Pflichten befassen. Nur wenn wir nicht mit dem identifiziert sind, was stirbt – also dem Körper – können wir zu dem erwachen, was unsterblich ist. In der Praxis kommt dieses Verständnis nicht in unserer Jugend; und wenn es überhaupt geschieht, geschieht es in unseren reiferen Jahren. Der im Hindu-Epos *Mahābhārata* beschriebene Krieg von Kurukshetra, der zwischen zwei Gruppen von Vettern eines indischen Königreichs ausgefochten wurde, spielt sich auf einer subtilen Ebene zwischen den guten und schlechten Eigenschaften, den weisen und unweisen Aspekten in uns selbst ab. Wie ihre Armeen sind auch diese Qualitäten zahlreich. Auf die Frage, wann dieser innere Krieg enden wird, antwortete Baba: „Wenn sowohl die guten als auch die schlechten Eigenschaften verschwinden und der Mensch qualitätslos wird, dann wird er Frieden haben."

In der Lehre des Vedanta geht es um die Frage „Wer bin ich?". Ihr Ziel ist es, zu erkennen, dass der Atman real ist. Verschiedene Sādhanas müssen ausgeübt werden, wenn wir tiefer in diese Untersuchung einsteigen. Wenn wir weltliche Ziele höher bewerten als die Erkenntnis des Atman, bleiben wir wahrscheinlich an den Ergebnissen dieser Ziele, die uns entweder erfreuen oder deprimieren, hängen (oder sind ihnen ausgeliefert). Im Allgemeinen gilt: Je erfolgreicher man in weltlichen Dingen ist, desto weniger kann man sich vom Materialismus lösen und der Selbst-erforschung nachgehen. Das heißt nicht, dass man sich weltlichen und materiellen Zielen verweigern sollte; das ist in der heutigen Gesellschaft nicht möglich. Aber es ist wichtig, Prioritäten zu setzen und zu erkennen, welche Entscheidungen man treffen muss. Spirituelle und religiöse Lehren schaffen eine friedliche Verbindung zwischen den höheren Welten und dem materiellen Bereich. Je früher im Leben wir spirituelle Praktiken integrieren können, desto besser.

Zu den Sādhanas, die ich praktiziere, gehören Selbsterinnerung, Nicht-Anhaftung, Selbsterforschung, So-Ham, die aus dem Janana-Yoga, dem Weg des Wissens, der Introspektion und des Studiums, und dem Raja-Yoga, den praktischen Methoden zur Kontrolle der psychischen Prozesse, stammen.

Eine weitere meditative Übung ist das „Ich bin" oder „Ich bin Atman". Diese oft zitierte Phrase wird am besten praktiziert, nachdem ein tieferes Verständnis durch Disziplin und Erforschung erreicht worden ist. Andernfalls kann er zu einem hohlen Echo des Egos werden, wenn keine grundlegende Assimilation und kein Verständnis der Selbsterforschung erfolgt.

Ich finde auch die von Sai Baba gelehrte „So-Ham-Praxis" hilfreich, um mich zu mir selbst zu bringen. „So" bezieht sich auf die Einatmung, wenn man „Ich bin" fühlt, und „Ham" bezieht sich auf „Gott" in der Ausatmung.

Gurdjieff sagte, man solle sich immer und überall an sich selbst erinnern. Wir können auch sagen, dass wir uns immer und überall an den Atman erinnern sollen.

Obwohl Gebete oder die Verehrung des Heiligen in den Texten selten als Methode zur Verbindung mit dem Atman empfohlen werden, ist *Bhakti*-Yoga wichtig. Tatsächlich befindet man sich, sobald man die Suche nach dem Atman beginnt, bereits auf dem Weg der Verehrung und Wertschätzung des Heiligen, denn ohne sie wird die Suche bedeutungslos.

Ich würde sagen, dass es unmöglich ist, das Unvergängliche im vergänglichen Körper ohne die Gnade eines Meisters, der der Vermittler zum Göttlichen ist, zu erkennen. In der Tat hat Baba gesagt: „Die göttliche Vision ist das Ergebnis von Übung und Gottes Gnade."

Und noch symbolischer beschreibt Er dies so: „Zuneigung (zum Göttlichen) ist wie eine Blume; *Bhakti* ist die Frucht und wenn sie reif ist, ist sie *Jnana*; Entsagung ist der süße Saft der letzten Stufe. Ohne das eine können wir das nächste nicht haben."

Zweifellos ist das süße Amrit, das unaufhörlich und ohne jede Anstrengung in mir fließt, der Atman. Shakti, das Universelle Bewusstsein, durchdringt die Maschinerie im Inneren und offenbart seine unsterbliche Gegenwart, den Geist, der sich in der Einheit auflöst. Ich fahre mit meinen verschiedenen Sādhanas fort, weil ich in einer Welt lebe und arbeite, die den Geist beeinflusst und ihn zum Schwanken bringt. Auch wenn ich mich manchmal an den Geschehnissen um mich herum erfreue und mich darin vertiefe – Sādhana ist der notwendige regelmäßige Hausputz.

„Es ist absolut notwendig, dass jeder dieses eine Höchste hinter der ganzen Schöpfung erkennt. Nur dann wird man in der Lage sein, Gleichgesinntheit zu entwickeln und den göttlichen Geist der Gleichheit von allem zu erreichen. Wir brauchen überhaupt nicht an der Möglichkeit zu zweifeln, diese Einheit in einer mannigfaltigen Welt wie der unseren zu verwirklichen. Da unsere Illusionen eng mit unseren Wünschen verknüpft sind, wird uns die Vielfalt als real gegeben. So entgeht uns diese Einheit." (Sathya Sai Baba, 25. Mai 1973)

Möge das Licht des Atman den Weg des Lesers leiten!

Das dritte Interview

Lass uns in das Land gehen, in dem der Gast lebt!
Dort füllt sich der Wasserkrug mit Wasser, obwohl es
kein Seil gibt, um ihn herunterzulassen. Dort ist der
Himmel immer blau, und doch fällt Regen auf die Erde.
Hast du einen Körper? Sitze nicht auf der Veranda!
Geh hinaus und laufe im Regen! (Kabir)

Nie wieder auf dieser Welt habe ich eine Schönheit
wie die Deine gesehen. Mira sagt: Mein Herr, wann
werden wir uns treffen? Groß wird die Freude über
dieses Treffen sein. (Mirabai)

Mein drittes und letztes Interview mit dem Avatar fand am Dienstag, dem 14. Dezember 1999, um 14.30 Uhr statt, und damit war meine Interaktion mit Ihm in der physischen Welt auf die schönste und erfüllendste Weise abgeschlossen. Ich hatte vereinbart, mich nach meiner Ankunft in Indien einer Gruppe von Devotees aus Santa Cruz, Kalifornien, anzuschließen. Wie immer zog ich es vor, allein zu reisen.

Es war kurz vor Weihnachten, das jedes Jahr auch in Prashanti Nilayam gefeiert wird, was die Vorfreude auf die Nähe zu Ihm noch steigerte. Die Weihnachtsvorbereitungen der westlichen Devotees waren in vollem Gange, sie schmückten das Mandir mit Licht und buntem Schmuck und probten die Musikprogramme und Spiele, die während dieser Zeit aufgeführt wurden. Ob Christ oder nicht, wir waren alle Mitglieder einer Sai-Familie, die zusammenkam, um sich in der Herrlichkeit der Höchsten Mutter in dieser funkelnden Atmosphäre zu sonnen. Meine Tage verbrachte ich damit, im Chor zu üben, zu Darshans *zu* gehen und andere Devotees und ihre Geschichten kennen zu lernen.

Ich lernte einige Devotees aus den Städten in der Nähe von San Francisco kennen, die im gleichen Alter wie ich waren. Wir fühlten uns verbunden, und ich beschloss, mich ihrer Gruppe anzuschließen. Eines Tages sah ich einen indischen Jungen am Tor des Aschrams stehen, der ein Bild von Baba zum Verkauf hochhielt. Auf dem Bild trug Baba ein Kopftuch, lächelte Sein liebliches Lächeln und sah feminin und mütter-lich aus. Ich bewahrte dieses Bild zu Hause auf. Baba war mir kurz vor meiner Reise im Traum erschienen, in dem Er so aussah, wie auf diesem Foto. Aus irgendeinem Grund sah ich das Foto am Tor als ein Zeichen dafür an, dass uns ein Interview gewährt werden könnte – obwohl die schiere Anzahl der Menschen, die zu Seiner Geburtstags-feier gekommen und geblieben waren, und noch mehr, die zu Weihnachten eintrafen, es unwahrscheinlich machten, dass wir ein Interview bekommen würden. Tatsächlich erwies sich meine Deutung dieses Bildes als richtig, und unsere Gruppe erhielt am nächsten Tag ein Interview.

Und so gingen wir auf die Veranda, saßen dort mit der Gruppe und waren sehr aufgeregt. Ein französisches Ehepaar, das eines unserer Gruppenmitglieder kannte, hatte sich ebenfalls zu uns auf das Podium gesellt. Als wir Platz genommen hatten, erzählte eine der Frauen aus der Gruppe, dass Baba ihren Freund beim Darshan gefragt hatte, wie viele in der Gruppe seien, und er hätte „sieben" geantwortet. Ich zählte nach, aber wir waren zu acht auf dem Podium. Der Mann war nicht glücklich darüber, dass ich mich der Gruppe angeschlossen hatte, nachdem sie sich gebildet hatte, und ließ mich außen vor, ob absichtlich oder nicht. Ich machte mir Sorgen, dass Baba mich zurückschicken würde. Zweifel an Seiner Liebe zu mir lauerten immer noch unter der Oberfläche.

In dem Augenblick, als Er Seinen Darshan beendet hatte, kam Baba auf die Veranda. Als Er vorbeiging, sagte Er zu dem Mann: „Acht" und ging weiter! Ich dachte, Er müsse sehr schnell gezählt haben, denn Er sprach mit verschiedenen Devotees, ohne in unsere Richtung zu schauen, bevor Er zu dem Mann in unserer Gruppe sprach. Ich vergaß, dass Er nicht zu zählen brauchte! Er ist allwissend. Dann ging Er in den Raum, um die beim Darshan gesammelten Bittbriefe abzulegen und den Raum für das Gespräch vorzubereiten. Wie schon zuvor, als ich

Seiner physischen Gestalt nahekam, war ich von Seiner überwältigenden Energie, Seiner kraftvollen Präsenz und Seiner ätherischen Schönheit ergriffen.

Wir saßen auf dem kühlen Boden des kleinen Raumes, eine Atempause von der heißen Nachmittagsluft draußen. Die vier Frauen saßen auf der linken Seite Seines Stuhls und die Männer auf der anderen Seite. Es war ungewöhnlich, dass nur unsere Gruppe bei Ihm war. Normalerweise sind andere ausgewählte Personen anwesend, vor allem indische Devotees. Mein Blick war jetzt schärfer, und ich schenkte Ihm meine volle Aufmerksamkeit. Als wir saßen und Er immer noch stand, fragte Er mich: „Woher kommst du?"

Maryam: „Ich bin im Iran geboren, aber ich lebe jetzt ..." Ich hatte noch nicht zu Ende gesprochen, als Er buchstabierte: „U-S-A." Es schien eher eine Bestätigung von etwas zu sein, als dass Er meine Antwort für mich beendete, eine Antwort, die Er natürlich kannte. Später fragte ich mich, ob es eine Antwort darauf war, dass ich Ihn innerlich fragte, ob ich die USA verlassen und in Prashanti in Seiner Nähe leben sollte. Vielleicht war es eine Bestätigung, dass ich meine Aufgabe in den USA zu Ende bringen sollte.

Dann brachte Er Vibhuti hervor, die Er an die Frauen verteilte. Ein Zweifel kam auf, dass Er mir nicht etwas davon geben würde! Sind diese dunklen Gedanken aus der Versenkung aufgetaucht und haben sich in der Gegenwart des Lichts noch vehementer zu Wort gemeldet?

Er setzte sich auf Seinen Stuhl und begann mit den Männern und fragte einen nach seinem Beruf. Der junge Mann antwortete, dass er ein Computerprogrammierer sei. Baba fragte ihn, wie lange er schon in diesem Beruf tätig sei. Der Mann sagte, seit fünfzehn Jahren. Baba sagte sofort: „Nicht fünfzehn, sondern elf Jahre."

Er fragte den nächsten Mann, der antwortete, er sei Musiker und mache Körperarbeit. Dann ging Er weiter zum nächsten, einem weiteren jungen Mann mit langen Haaren, der sagte, er sei Buchhalter und fügte hinzu, er wolle seine Führung. Und der letzte Mann in der Gruppe antwortete, er sei Landwirt.

Baba sagte zu ihm: „Verrückter Affenverstand. Verrückter, verrückter Affenverstand!" Der Ausdruck „monkey mind" ist eine in Indien oft zitierte Redewendung, die ursprünglich aus indischen spirituellen Texten stammt und den ruhelosen Geist und seine ängstlichen Krämpfe mit einem verrückten Affen vergleicht.

Zu dem jungen Mann, der um Seine Führung bat, sagte er: „Was willst du?" Ich hatte meinen Kopf gesenkt, und obwohl ich nicht danach gefragt wurde, dachte ich spontan: „Ich will Gott."

Der Mann antwortete: „Selbstverwirklichung." Baba: „Was ist das?"

„Gott-Verwirklichung", sagte der junge Mann.

Maryam: „Aber wie können wir Gott erkennen? Wie, Baba, wie?"

Baba, wie ein zufriedener Lehrer, der den Übereifer seines Schülers verstanden hat, neigte leicht den Kopf und sprach über die Göttlichkeit des Menschen. Er wiederholte Seinen bekannten Ausspruch, dass es viele Glühbirnen gebe, aber nur einen Strom. Eine Analogie für den „Strom" Gottes, der jede „Glühbirne" bzw. jede Person entsprechend ihrer Kapazität erleuchtet.

Dann hob Er Seine rechte Hand, zeigte uns Seine Handfläche und fragte mich: „Was ist das?"

Ich sagte: „Eine Hand."

Er schüttelte den Kopf. Der langhaarige Mann, der um Selbstverwirklichung gebeten hatte, antwortete schnell: „Sie enthält alles."

Baba war zufrieden, nickte mit dem Kopf und begann, Seine rechte Hand zu drehen. Innerhalb von Sekunden materialisierte sich ein wunderschöner einsteiniger Diamantring. Er bat den Mann, näher zu kommen und den Ring an seine Hand zu stecken. Baba zeigte mir die Hand des Mannes, während Er den Ring hielt und sagte zu mir: „Er passt perfekt, er passt perfekt."

Ich fragte: „Baba, wie hast Du das gemacht?" Er sagte nur: „Gedankenkontrolle."

Maryam: „Und auch die Reinheit des Geistes?" Baba: „Ja."

Er begann, vor der Gruppe über Spiritualität zu sprechen. Plötzlich und sanft wandte Er sich an mich und sagte: „Ihr fragt, wo Gott ist? Was ist Gott? Wie kann ich Gott finden?" Ich war fassungslos! Das waren genau die Worte, die ich manchmal zu Seinem Bild in meiner Wohnung in San Francisco sagte, dem Bild von Ihm mit dem Schal, das am Eingangstor verkauft wurde. Und Er sprach sie so aus, wie ich sie sagte, und ahmte sogar fast meinen Akzent nach!

Dann fragte Er mich: „Wo ist Wind?" Maryam: „Überall."

Baba: „Woher weißt du das?" Maryam: „Ich fühle es."

Baba nickte mit dem Kopf und sagte: „Das Gleiche mit Gott."

Eine der Frauen in der Gruppe begann, mit Baba über Gott zu sprechen und sprach von der Unendlichkeit Gottes, als würde sie Ihn belehren wollen.

Baba drehte sich zu mir und sagte: „Sie hat einen verrückten Affenverstand!" Wir lachten alle, aber mir wurde klar, warum Er diese Bemerkung machte. Keine Äußerung des Avatars ist ohne Grund. Ein paar Tage zuvor hatte diese Frau beim Darshan einen negativen Gedanken über Baba geäußert, und ich wies sie darauf hin. Natürlich hörte und wusste Er alles, egal wie weit entfernt es auch war.

Einer der Männer bat Baba, ihm bei seinem Hautproblem zu helfen. Baba sagte, dass dies auf seine Essgewohnheiten zurückzuführen sei. Er sagte ihm auch, er solle nicht das Geld seiner Mutter nehmen.

Baba fragte mich dann: „Wo ist dein Mann?" und behielt Seinen Blick auf mich gerichtet.

Wie beim zweiten Gespräch wollte ich dieses Thema schnell hinter mich bringen und sagte: „Ich bin nicht verheiratet." Er sagte liebevoll: „Der Ehemann kommt. Mach keine Freundschaft. Freundschaft ist nicht gut. Sag nur hallo und tschüss, sonst weint die Dame."

Seine Verwendung des Wortes „Freundschaft" wird von vielen so verstanden, dass damit sexuelle Beziehungen gemeint sind.

Maryam: „Baba, im Westen haben die Leute Sex vor der Ehe." Das heißt, wenn ich heiraten sollte, gibt es eine sexuelle Beziehung schon vor der Ehe.

Baba: „Ost oder West, es herrschen derselbe Geist, dieselben Verhaltensweisen und Konzepte."

Maryam: „Ich mache mir Sorgen, dass die Energie und die Zeit, die ich Gott widmen möchte, von meinem Mann in Anspruch genommen wird."

Baba: „Nein, in der Ehe haben sie gemeinsam Verantwortung."

Dann hielt Er inne, rollte die Augen nach oben, hob leicht den Kopf, als ob Er auf etwas für uns Unsichtbares schauen würde, und begann in die Luft zu schreiben. Er schrieb mit Seinem rechten Zeigefinger. Dann sah Er mich an und lächelte.

Diese Geste des „in der Luft Schreibens" wird von anderen als Segen von Baba interpretiert. Von dort, wo ich saß, sah Sein Ausdruck so schön aus, als Er in die Luft schaute.

Baba sprach, mir zugewandt: „Ich nehme nicht Tee, Kaffee, Brot oder Kokosnuss zu mir. Ich esse nur *Ragi* (Fingerhirse, ein Grundnahrungsmittel im ländlichen Südindien) mit Wasser." Er fuhr fort, dass Männer in Seinem Alter schwach sind, und mimte eine Buckelhaltung. Er sagte, dass Sein Gewicht seit fünfundsechzig Jahren mit 108 Pfund gleichgeblieben sei.

Baba: „Ich bin stark, ich laufe jeden Tag umher (in Bezug auf Seine Darshans). Ich lese sogar im Badezimmer noch Briefe. Kein Rost, kein Staub." Das war die schönste Selbstauskunft unseres Avatars, als ob Er mit einem Freund sprechen würde.

Baba zu Maryam: „Du warst vor fünf Jahren noch stärker." Ich war erstaunt über diese Aussage, denn nur wenige Tage zuvor hatte ich auf dem Weg zum Aschram mein Energieniveau mit dem von vor fünf Jahren verglichen und mir gedacht, dass ich nicht die gleiche Ausdauer hätte. Der Geist ist tatsächlich in uns und um uns herum.

Maryam: „Liegt es daran, dass mein Hormonspiegel gesunken ist?"

Er neigte den Kopf, um zu zeigen, dass es nicht so wichtig sei, und sagte: „Es ist psychologisch."

Er wandte sich an die Männer und sprach über spirituelle Ideen, an die ich mich leider nicht erinnern kann, aber es war nur kurz. Ich hatte den Kopf gesenkt und hörte Baba sagen: „Sir, Sir". Die Frauen stießen mich an, aufzublicken. Ich schien bei diesem Gespräch Sein Hauptaugenmerk zu sein. Er wusste sicher, dass es unser letztes war.

Als Er mich ansah, zeigte Er auf eines der Taschentücher, die gewöhnlich auf der Armlehne Seines Stuhls liegen, und erklärte, dass der Verstand aus einem Bündel von Wünschen besteht, so wie das Tuch aus Kettfäden und Fäden bestehe, die, wenn man sie herauszieht, nichts mehr übriglassen; wenn wir die Wünsche entfernen, bleibt auch kein „mind" mehr übrig.

Er sah mich an und sprach dann über den menschlichen Körper, der aus Schlamm besteht: „Mutter, Vater, Kind – Schlamm."

Ich wollte sichergehen, dass das Wort wirklich „Schlamm" (engl. „mud") gewesen ist, also habe ich es buchstabiert: „Baba, M-U-D?" Und Er nickte mit dem Kopf.

Ich war verwirrt und fragte mich, warum Er über diesen Hinweis auf den Körper und seine Bedeutung sprach und warum Er mich ansprach. Im Koran steht geschrieben, dass der Mensch aus Lehm gemacht ist, und vielleicht wollte Er das bestätigen. In Genesis 2:7 heißt es: „Und Gott der Herr formte den Menschen aus dem Staub der Erde und blies ihm den Odem des Lebens in die Nase; und der Mensch wurde eine lebendige Seele."

Dann fragte Er uns, wie viele Atemzüge wir an einem Tag machen. Baba zum Computerprogrammierer: „Computer?"

Der Mann sagte, dass es im Durchschnitt 21.600 seien. Baba wiederholte diese Zahl. Dann lehrte Baba uns die „So-Ham-Übung". Er demonstrierte diese meditative Übung „Ich bin das", um uns daran zu erinnern, wer wir wirklich sind, wenn wir ein- und ausatmen. Er schaute mich an und demonstrierte: „Soooo" und Einatmen und „Haaaam" und Ausatmen.

Baba zu Maryam: *„Japa* (Wiederholung eines Mantras), Meditation nicht wirklich notwendig. Die Gegenwart ist der Samen, Vergangenheit und Zukunft sind der Baum. Sei in der Gegenwart, folge dem Gewissen."* Diese Aussage interpretierte ich als eine Bestätigung meiner Praxis der Methode des *Vierten Weges*, in der Gegenwart zu sein.

Er sagte uns, dass wir unsere Aufmerksamkeit nach innen richten und nicht nach außen lenken sollten. Es war, als ob Er aussprach, was mir durch den Kopf ging; ich hatte erst neulich über genau diesen Gedanken in meinem Tagebuch geschrieben! Als Er weitersprach, hörte ich, wie Er davon sprach, „in einen Spiegel zu schauen", aber ich verlor den Rest Seiner Worte völlig aus den Augen. Ich war so erstaunt, als ich diesen Satz hörte, denn manchmal schaue ich zu Hause in einen Spiegel und frage mich: „Wer schaut durch diese Augen?"

Das war eine der Methoden der Selbsterforschung, die ich mir ausgedacht hatte. Wieder einmal wiederholte und bestätigte Er Seine Anwesenheit bei mir. Bis dahin hatte ich nie gelesen oder gehört, dass Er über das Schauen in einen Spiegel sprach, weder in Reden noch in Berichten von Interviews. Leider habe ich diesen Abschnitt des Interviews verloren.

Baba: „Du bist drei Menschen: der, für den du dich hältst, der, für den andere dich halten und der, der du wirklich bist."

Baba sagte der Gruppe, dass dieses Gespräch grundlegend sei und dass Er uns später einzeln sehen würde. Devotees haben berichtet, dass Er manchmal bei Interviews sagte, Er würden sie später noch sehen. Die zukünftigen Begegnungen könnten in jeder Form stattfinden, Besuche, Träume oder ein physisches Interview.

Maryam: „Baba, wann wirst Du uns wiedersehen?" Baba: „Wenn Weihnachten vorbei ist."

Maryam: „Aber ich reise am 26. ab." Baba: „Am 25.?"

Maryam: „Nein, am 26."

Baba war eine Weile nachdenklich und nickte dann mit dem Kopf, um Zustimmung zu signalisieren. Es war unter den Devotees, die häufig Kontakt mit Ihm hatten, üblich, Baba um Erlaubnis zu bitten, bevor sie Indien verließen. Es gibt viele Geschichten von Devotees, die von Ihm angewiesen wurden, nicht zu dem Zeitpunkt abzureisen, an dem sie es vorhatten. Wenn sie sich nicht daranhielten, kam es zu Unfällen und Missgeschicken. Es gibt zwei dokumentierte Fälle von Flugzeugentführungen, bei denen die Betroffenen jedes Mal von Baba gerettet wurden. In diesem Augenblick erinnerte ich mich aber nicht an diese Berichte, und Er schien das zu verstehen.

Links von Seinem Stuhl stand ein einfacher, hölzerner kleiner Tisch mit einer sechseckigen Platte und einer Schachtel darauf, die Briefe von Anhängern enthielt. Einige Briefe lagen auf dem Tisch. Er sprach weiter über spirituelle Angelegenheiten, dann schob Er einige der Briefe beiseite und sagte, während Er mich ansprach: „Aktion, Reaktion, Antwort." Ich hatte gehört, wie Er diesen Satz in Reden verwendet hatte. Ich interpretierte dies so, dass das, was ich erlebe, das Ergebnis vergangener Handlungen ist. So einfach erklärt, ohne Worte oder Zeit zu verschwenden.

Mit der französischen Frau sprach Er darüber, glücklich zu sein. Sie bat Ihn um bessere Gesundheit, ohne ein bestimmtes Problem zu nennen, und Er sagte: „Der Rücken ist nicht gut."

Er fuhr fort, ihr zu sagen: „Suchst du immer noch einen Ehemann? Ich komme schon so viele Jahre hierher und bin immer noch dieselbe."

Später erfuhr ich, dass sie und ihr Mann schon seit fünfzehn Jahren zu Ihm kamen und Er sich unter Tausenden von Anhängern an sie erinnerte!

Maryam: „Werde ich in diesem Leben Selbstverwirklichung erlangen?" Im Nachhinein betrachtet ist der Begriff „Selbstverwirklichung" nicht einer, den ich normalerweise verwende; ich benutzte den Ausdruck aus Bequemlichkeit für das Gespräch, die tiefere Absicht meiner Frage war, nicht wiedergeboren werden zu müssen.

Baba: „Selbstverwirklichung ist sehr einfach (schnippt mit den Fingern), in einem einzigen Augenblick."

Er fügte hinzu: „Liebe, Liebe, Liebe". Und riet mir zu sagen: „Ich bin Gott, ich bin Gott."

Maryam: „Bedeutet Deine Gnade mehr Leid?"

Baba: „Leiden ist Einbildung." Seine Antworten sind spezifisch für die Person, die die Frage stellt.

Baba: „Was machst du beruflich?" Maryam: „Ich bin Therapeutin, Beraterin."

Baba: „Ich weiß, kleine Arbeit hier, kleine Arbeit dort."

In dem Traum, in dem Er als die Frau mit dem Kopftuch erschien, sagte Er: „Du sorgst dich, sorgst dich um deinen Job."

Er hielt inne, schaute zur Decke und schrieb leise in die Luft, was bedeutete, dass Er meinen beruflichen Erfolg segnete. Ich genoss es so sehr, Seinen schönen Ausdruck und Seine Geste zum zweiten Mal zu sehen. Wenn jemand wirklich schön ist, ist es jedes Mal aufs Neue faszinierend, Ihn zu sehen, als würde man Ihn zum ersten Mal sehen; so war Baba in meinen Augen und in den Augen vieler anderer. Einige Monate später begann ich mein Psychologie-Doktorstudium, das mein Einkommen erhöhte und mir berufliche Zufriedenheit brachte.

Er war entspannt und schwieg einen Moment lang.

Maryam: „Baba, wenn Gott in uns ist, warum müssen wir Gott als Freund betrachten oder zu Ihm beten?"

Baba schaute nach vorne und sagte leise, wie zu sich Selbst: „Gott betet zu Gott." Dann sagte Er etwas über Gott, aber leider weiß ich nicht mehr, was es war (6).

Maryam: „Ist das alles ein göttliches Spiel (gemeint ist das Leben auf der Erde)?"

Baba: „Nicht Spiel. Spiel ist Geschäft; es ist ein Schauspiel."

Zu diesem Zeitpunkt begann die Uhr an der Wand gegenüber von uns, die zu jeder Stunde ein anderes Musikinstrument spielte, drei Uhr zu schlagen. Ich schaute auf die Uhr und versuchte, mir jedes Instrument einzuprägen, denn es war Seine Uhr. Die Zwölf war ein

Harmonium, daneben war eine Klarinette. Dann schaute ich Baba an und sah, wie Er Seinen Finger zum Klang des Glockenschlags der Uhr bewegte, während Er mich ansah, als ob Er ein Kind unterhalten würde. Wir lächelten uns beide an; dies war ein weiterer Augenblick, in dem ich völlig präsent und glücklich mit dem Avatar war, und der sich in mein Gedächtnis eingebrannt hat.

Ich fühlte mich wohler mit Seiner Aufmerksamkeit und damit, wie Er sich mir zur Verfügung stellte.

Maryam: „Hat das Wesen Hanuman wirklich existiert?"

Baba: „Hanuman war ein Mensch-Affe. Er war der Anführer der Menschheit. Er war der gute Geist von Rama. Jedes Haar an Seinem Körper sagte ‚Rama, Rama'." Und Er mimte das Berühren der Haare auf der Rückseite Seines Handgelenks. Baba sagte dann noch mehr über den guten und den schlechten Geist. Ich habe mir das nicht gemerkt, obwohl ich damals dachte, ich hätte Seine Worte verstanden und würde mich daran erinnern. Für mich war es wichtig zu hören, dass Hanuman die Verkörperung des guten Geistes des Rama-Avatars war.

Maryam: „Baba, bist Du der allmächtige Gott?" Baba, der ganz entspannt dreinschaute, sagte: „Ja."

Maryam bewegt ihre Hand in einem großen Kreis: „Der Gott, der das Universum und den Kosmos erschaffen hat?"

Baba: „Ja." Er sah mich weiter an.

Ich sah mir Sein Gesicht genau an und bemerkte Seine schönen, hypnotischen Augen, Seine vollen Lippen und Seine strahlende Haut. Sein Körper war völlig entspannt, als Er mir in die Augen sah.

Maryam: „Dann sollte ich Deine Füße küssen!"

Baba nickte mit dem Kopf und machte eine Bewegung in Richtung Seiner Füße, als wollte Er sagen: „Mach weiter". Ich habe dieses letzte kleine Geplänkel zwischen uns sehr genossen!

Dann stand Baba auf und signalisierte das Ende des Gesprächs. Ich stand mit gefalteten Händen vor Ihm und versuchte, mich an das

Wort für das Berühren der Füße einer heiligen Person zu erinnern, das oft auch das Küssen der Füße beinhaltet, *Padnamaskar*.

Als ich fragte „*Padnamaskar* bitte?" erlaubte Er es. Ich küsste die kleinen weichen Füße.

Maryam: „Baba, würdest Du mich Dich umarmen lassen?" Baba schüttelte sanft den Kopf und bedeutete mir ein Nein, streckte aber Seine rechte Hand nach mir aus, die ich einen kurzen Moment lang hielt und küsste. Seine Haut hatte eine goldene Farbe und wirkte strahlend; Seine Gestalt war so schlank und doch kraftvoll. Der Rest der Gruppe begann nun sofort zu reden, bat um *Padnamaskar* und äußerte in letzter Minute noch persönliche Wünsche, einige riefen „Ich liebe Dich." Er tippte allen außer mir auf den Kopf. Der Raum wurde für eine Weile laut, und Baba legte sanft Seinen Zeigefinger auf Seine Lippen, damit wir wieder ruhig wurden. Er öffnete die Tür und ließ uns hinaus. Ich legte meine gefalteten Hände auf meine Stirn und flüsterte „Danke", woraufhin Er mit dem Kopf nickte.

Später versammelte sich die Gruppe unter einem großen, schönen Baum in der Nähe der Unterkunftsgebäude, um das Interview zu verarbeiten und Notizen zu vergleichen. Einige sagten, es sei „Maryams Interview" gewesen. Ein paar der Männer äußerten subtilen Neid, was verständlich war, aber ich war zu sehr in Ekstase versunken, um darauf zu achten. So endete eine höchst erfreuliche Stunde mit dem Avatar, erfüllt von Liebe, Spaß und der Bestätigung Seiner Allwissenheit und Allgegenwart.

„Es gibt eine direkte Verbindung zwischen dir und mir. Niemand kann diese persönliche, intime Verbindung unterbrechen. Du kannst überall hingehen, aber Bhagwan ist bei dir. Schätze den Gedanken, dass Swami bei dir ist. Dein innewohnendes Selbst folgt dir, wo immer du bist. Ich bin du und du bist Mein." (Sathya Sai Baba)

Erfahrungen

Es gab eine Tür, zu der ich keinen Schlüssel fand, es gab einen Schleier, hinter den ich nicht sehen konnte: manchmal schien es ein kleines Gespräch zwischen mir und Dir zu geben – aber nichts mehr von Dir und mir.
(Omar Khayyam)

Die Rätsel Gottes sind befriedigender als die Lösungen der Menschen. (G. K. Chesterton)

Kein Buch über Sathya Sai Baba ist vollständig, ohne persönliche Berichte über die wunderbaren *Leelas* (Spiele) des Avatars, die natürliche Manifestationen Seines Wesens waren. Ich wurde mit vielen wundersamen Ereignissen gesegnet, deren Höhepunkt das Entstehen von Amrit in mir war.

In diesem Kapitel erzähle ich von einigen verblüffenden Wundern, von denen ich einige als bedeutend erachte. Aber wie kann man überhaupt zwischen kleineren und größeren Wundern unterscheiden, da doch ein Wunder schon an sich ein großes Geschehnis ist? Und wie glücklich kann man sich schätzen, wenn man die Wahl zwischen diesen kostbaren Gaben, die einem geschenkt wurden, hat!

In diesem Leben haben sich Sein Erscheinen und Seine Interaktionen mit mir über einen Zeitraum von glorreichen sechzehn Jahren erstreckt. Man kann sich kaum vorstellen, welche fantastischen Erfahrungen diejenigen gemacht haben müssen, die mit Ihm aufgewachsen sind und bis zu Seinem physischen Weggang ständig um Ihn herum waren.

Ich habe die Erklärungen zu diesen Ereignissen auf ein Minimum reduziert und überlasse den Lesern ihre eigene Interpretation der Bedeutung dieser Ereignisse. Ich hoffe, dass die folgenden Erzählungen dem Leser Freude und Ehrfurcht bereiten, so wie sie es bei mir getan haben.

Bevor ich Ihn kannte

Ich hatte erwähnt, dass im Juni 1993 ein Attentat auf Sai Baba verübt wurde. Zu dieser Zeit wusste ich nichts von Ihm. Ich erwähnte auch, dass Baba am Tag des Attentats in Indien einem Devotee, einem Herrn Nayar, in London in Seinem Astralkörper erschien und drei Tage lang bei ihm und seiner Frau blieb.

Während meines ersten Interviews, als wir in den kleineren Nebenraum gingen und Baba schweigend auf Seinem Stuhl saß, ging mir durch den Kopf, dass Er die „Präsenz" war, die ich im Juni 1993 in meinem Auto spürte.

Das ist passiert: Ich war gerade, nachdem ich mich von einer kleinen Operation erholt hatte, nach einem längeren Aufenthalt bei meiner Familie in London in die USA zurückgekehrt. Ich wohnte vorübergehend bei einem Freund, einem Mitglied der Gruppe des *Vierten Weges*, der in der Sierra Nevada in Nordkalifornien lebte. Es war eine unsichere Zeit in meinem Leben. Ich war unentschlossen, ob ich meine Arbeit und mein Studium in den USA fortsetzen oder zurück nach England ziehen sollte. In jener Nacht im Juni 1993 war ich auf dem Heimweg von einem Besuch bei einem anderen Freund, der in der Nähe wohnte. Als ich die kurvenreiche, dunkle Straße entlangfuhr, flankiert von hohen Kiefern und Mammutbäumen, wurde ich mir auf einmal der Anwesenheit von „jemandem" in meinem Auto bewusst. Seine Anwesenheit war so spürbar, dass ich erkennen konnte, wo „er" saß, nämlich hinter dem Beifahrersitz. Ich war alarmiert und fühlte mich ein wenig verängstigt. Es gab nicht viel, was ich tun konnte, um dieses „Wesen" aus meinem Auto zu bekommen. Ich schaltete das Licht über meinem Kopf ein und drehte die Musik im Radio auf. Die mysteriöse Präsenz blieb weiter da und „schaute" immer noch schweigend auf meinen Hinterkopf.

Als ich mich etwas beruhigt hatte, untersuchte ich die Situation mit Hilfe meiner Intuition, um was es sich bei dieser intensiven und ruhigen Präsenz handeln könnte. Ich spürte drei Dinge über „sie": dass sie männlich war, einen dunklen Teint hatte und nicht bösartig war. Das „Wesen" blieb während der fünfzehnminütigen Fahrt im Auto, bis ich mein Ziel erreichte. Es war in der ersten Juniwoche, aber ich habe mir das Datum nicht notiert. Im Interviewraum, als unsere Gruppe vom Hauptraum in den kleineren Innenraum umzog, weckte die stille und konzentrierte Art und Weise, wie Er in Seinem Stuhl saß, meine Erinnerung an jene Nacht wieder auf. In einem Augenblick und ohne jeden Zweifel wusste ich, dass Er die Anwesenheit war, die ich drei Jahre zuvor in meinem Auto gespürt hatte.

Im Zusammenhang mit dem Erscheinen von Baba bei zukünftigen Anhängern gibt es eine bekannte Geschichte eines wohlhabenden Anhängers, der zum Zeitpunkt dieses Vorfalls Baba noch nicht kannte. Dieser Mann erzählte, dass er eines Nachts unter Alkoholeinfluss mit seinem Auto auf dem Sunset Boulevard in Los Angeles fuhr und die Kontrolle über sein Auto verlor. Als sein Auto in eine Schlucht stürzte, erschien auf dem Beifahrersitz ein Mann, von dem er später erfuhr, dass es sich um Sai Baba gehandelt hat, der in aller Ruhe Seinen Arm um den Oberkörper des Mannes legte und ihn zurückhielt. Der betrunkene Mann kam unverletzt aus dem Wrack heraus. Er erzählte, dass er viele Jahre lang nach seinem Retter suchte, bis er Sein Bild in einer Hotellobby in Indien sah.

Dieser Mann berichtete auch von einem anderen Vorfall, bei dem Baba ihm das Leben rettete, noch bevor er ein Devotee war. Er hatte in einem Hotelzimmer eine Überdosis Drogen zu sich genommen. Er sah sich selbst über seinem bewusstlosen Körper schweben. Von oberhalb seines Körpers sah er, wie Baba durch die Wand in den Raum eindrang, die Zunge zurückzog, an der er erstickt war, und so sein Leben rettete. Jahre später, während eines Interviews, erzählte der Mann den anderen Anwesenden, dass Baba ihm zweimal das Leben gerettet hatte, und Baba fügte hinzu: „Und noch mehrere Male, von denen du nicht einmal weißt!" Seine Barmherzigkeit war grenzenlos.

Träume von Baba

Ich lese gerne Erzählungen von Baba-Träumen der Devotees. Er hatte gesagt, dass Träume von Ihm Besuche sind und nur auftreten, wenn Er es will. Auf die Frage eines Schülers, wie er sicher sein könne, dass es sich nicht nur um einen vom Verstand geschaffenen Traum handele, antwortete Baba, dass sie drei Eigenschaften hätten. Erstens spricht Er in den Heimsuchungsträumen genauso wie im Wachzustand, zweitens sind sie klar, und der Träumende erinnert sich an sie. Und drittens, wenn der Träumende die Bedeutung des Traums nicht gleich versteht, wird er sie mit der Zeit verstehen. Die Wahrheit ist, dass Er aus einem anderen Reich in unser Traumleben gereist ist, um uns aufzuwecken.

Im Laufe der Jahre hatte ich zahlreiche Träume oder Besuche von Baba im Traumzustand, die ich in meinen Tagebüchern festhielt. Einige von ihnen habe ich schon in anderen Kapiteln beschrieben. Hier sind einige weitere bemerkenswerte Träume:

Ein bedeutender Traum, der sich Jahre später erfüllte, wenn auch mit einer Wendung, hatte mit Seinem körperlichen Ableben zu tun. Im Juni 1999, zwölf Jahre vor Seinem Weggang im Jahr 2011, hatte ich einen Traum, der Sein Verlassen des Körpers voraussagte. In diesem Traum befand ich mich in einem Raum mit Baba, der dort stand, fröhlich aussah und liebevoll lächelte. Meine verstorbene Großmutter (die Baba zu Lebzeiten nicht kannte) war ebenfalls anwesend. Baba und ich unterhielten uns. Ich fragte Ihn sehr deutlich: „Baba, wie viel Zeit habe ich noch auf dieser Erde?"

Er hielt kurz inne und antwortete lächelnd und lässig auf Farsi (vielleicht weil meine Großmutter dabei war): „Noch zwölf Jahre." In dem Traum tadelte mich meine stets beschützende Großmutter dafür, dass ich mich mit solch morbide Dinge aus der Fassung bringe würde. In meinem Tagebuch notierte ich, dass ich eher mit einem Gefühl der Freude als der Sorge aufwachte.

Man liest Geschichten von fortgeschrittenen Yogis, die den Zeitpunkt ihres Todes kennen. Vielleicht wurde ihnen diese Information von einer numinosen Quelle gegeben. In dem Traum sagte Er mir auch, dass ich zu Weihnachten nach Indien kommen würde. Obwohl ich nicht vorhatte, Indien zu besuchen, erfüllten sich Seine Worte und ich reiste an Weihnachten nach Indien. Ich hatte den Traum vergessen, bis ich einen Monat vor Weihnachten „beschloss", Indien zu besuchen. Auf dieser Reise hatte ich mein drittes und letztes Interview.

Ich erinnerte mich oft an diesen „Todes"-Traum und dachte darüber nach, wie ich sterben könnte. Da ich noch jung war, konnte mein Tod entweder durch einen Unfall oder eine schwere Krankheit eintreten. Doch überraschenderweise löste das keine Sorge oder Aufregung aus. Es stellte sich heraus, dass nicht ich, sondern unser geliebter Sai zwölf Jahre später Seinen Körper verließ.

Nach Seinem Weggang fanden die Kritiker einen weiteren Grund, Ihn der „Fälschung" und des „Betrugs" zu beschuldigen, da Er gesagt hatte, dass Er Seinen Körper im Alter von sechsundneunzig und nicht von fünfundachtzig Jahren verlassen würde. Einige erklärten, das Jahr sei nach einem anderen hinduistischen Kalendersystem berechnet worden. Er war unser geliebter „Hochstapler", der um das Chaos in den Monaten vor Seinem vorausgesagten Abgang wusste.

Szenen des Wehklagens und der Bitte, dass Er uns doch nicht verlassen solle, wenn das Datum näher rückt, sind gar nicht so schwer heraufzubeschwören! Der begrenzte menschliche Verstand versucht, das unermessliches Phänomen, das Er verkörperte, in menschliche Logik und Erwartungen einzupassen. Es besteht kein Zweifel daran, dass Er den Zeitpunkt Seines Weggehens kannte und bestimmte.

Die esoterische Bedeutung dieses Traums ist die, dass Er und ich eins sind.

Später habe ich gelesen, dass Er den Menschen in Seiner Umgebung Andeutungen über Sein Ableben machte. So sagte Er z. B. 2010 im Alter von vierundachtzig Jahren einigen Seiner Schüler, dass Er „jetzt fünfundneunzig" Jahre alt sei, ein Jahr vor dem Alter, von dem Er gesagt hatte, dass Er uns verlassen würde; und tatsächlich verließ Er uns ein Jahr später. Ich bin immer noch erstaunt und demütig, dass der Avatar mich in dieses höchst persönliche Detail eingeweiht hat. Genauso wie ich immer noch erstaunt bin über Sein Erscheinen in meinem Auto, als gerade ein Anschlag auf Ihn verübt wurde. Ich, eine unbedeutende Person in dieser Welt, wurde vom Avatar wie eine Vertraute behandelt!

Natürlich wünschte ich mir, dass ich meine Zeit auf dieser Erde beenden würde und nicht er. Als ich nach Seinem Tod meine Tagebücher durchging, stieß ich auf diesen Eintrag vom 26. November 2009, in dem Er erneut auf Seinen Tod anspielte. Damals verstand ich nicht, was dieser Traum zu bedeuten hatte. Ich schrieb:

„Ich hatte heute früh einen Traum von Baba. Er sagte mir in aller Ruhe, dass mein „Visum in anderthalb Jahren ablaufe." Dann bat Er mich, mich neben Ihn zu setzen und schenkte mir viel Aufmerksamkeit. Ich erinnere mich nicht mehr daran, was Er sagte, und auch nicht an den Rest des Traums. Als ich aufwachte, überprüfte ich meinen Reisepass; mein indisches Visum war noch ein Jahr gültig, bis Dezember 2010." Er verließ Seinen Körper eineinhalb Jahre nach dem Traum, am 24. April 2011. In der Tat, Er und ich sind eins!

Der folgende Traum versetzte mich an einen unglaublichen Ort, an dem die Grenze zwischen Traumzustand und *Samādhi* verwischt war. Aus meinem Tagebuch, datiert vom 5. Februar 2006:

„Heute früh hatte ich einen fantastischen Traum von Baba. Ich befinde mich in einem Zimmer und sehe Baba auf mich zukommen. Er ist weiß gekleidet, so wie an Weihnachten und Geburtstagen, und sieht jugendlich aus. Ich halte ein großes Buch in der Hand mit wunderschönen farbigen Zeichnungen von alten europäischen Schlössern. Ich habe das Gefühl, oder besser gesagt, ich weiß, dass die Geschichten, die in diesem Buch stehen, sich auf das Leben beziehen, das ich in der Vergangenheit geführt habe.

Als Er vor mir stand, neigte Er langsam den Kopf, Sein Haar strahlte wie in Seiner Jugend, buschig und voll. Ich küsste Sein Haar. Dieser Akt versetzt mich in einen Zustand, den man am besten als Auflösung bezeichnen kann; ich löste mich in eine Weite auf, in ein riesiges Bewusstsein. Ich reise durch den Weltraum, schnell vorbei an Planeten und Weltraumfelsen, während ich Seinen Namen rufe. Mein ganzer Körper pulsiert und, bewegt sich in himmlischem Rhythmus, während ich durch den Raum sause. Als ich aufwachte, war mein Körper immer noch in Bewegung und pulsierte, und es dauerte einige Zeit, bis er sich beruhigte. Was für eine erstaunliche Erfahrung! Ein unglaubliches Gefühl der Euphorie. OM Sai Ram."

Ich hatte oft gehört, dass Devotees davon sprachen, mit Baba „verschmelzen" zu wollen. Ich wollte die tiefere Bedeutung dieses Ausdrucks verstehen. Beziehen sie sich auf die Zeit nach dem Tod oder auf ihre Lebzeiten, und warum wünscht man sich das? Vielleicht handelt es sich um ein traditionelles spirituelles Konzept aus Indien, das einige nur gelernt haben und jetzt wiederholen. Durch den folgenden Traum konnte ich die Bedeutung der Verschmelzung besser verstehen. In diesem Traum befand ich mich an einem mir unbekannten Ort. Ich sah Baba in einiger Entfernung als Frau mit langen schwarzen Haaren. Er hatte das Auftreten einer Göttin. Ich rief Seinen Namen. Als Er auf mich zuging, veränderte sich Seine Gestalt in die vertraute. Plötzlich wurde ich zu einer Flamme aus Licht, und als Er stehen blieb, verschmolz ich als diese Flamme mit Ihm. Dies war ein höchst rätselhafter und wunderbarer Traum.

Der folgende geheimnisvolle Traum ereignete sich, als ich 1998 in Indien war, ein paar Tage nach dem zweiten Interview. Ich fühlte mich niedergeschlagen und hatte Momente, in denen ich mich von Ihm verlassen fühlte. Manchmal war ich frustriert, weil ich das Gefühl hatte, „keinen geistigen Fortschritt" zu machen, und fragte mich: „Was soll das alles?" Vielleicht war ich mit dem Interview nicht zufrieden, erwartete mehr Interaktion oder erwartete eine außergewöhnliche Erfahrung, wie beim ersten Interview. Ich war von Seiner Aufmerksamkeit verwöhnt worden, und weniger Aufmerksamkeit tat mir nicht gut! Da hatte ich einen Traum, der meine Zweifel zerstreute.

Der Traum: „Ich befand mich in einem Raum, der mir nicht bekannt vorkam, aber ich hatte das Gefühl, in Indien zu sein. Baba stand an einer Tür, die zu einem inneren Raum führte, und sah mich an. Er reichte mir eine große alte Silbermünze. Sie sah aus wie eine dieser alten, unebenen Silbermünzen mit einem eingeprägten Bild darauf. Ohne etwas zu sagen, wies Er mich in den inneren Raum, indem Er mir zeigte, dass ich hineingehen sollte. Der Traum endete hier, und ich wachte kurz auf, schlief aber bald wieder ein.

Der Traum ging dann weiter; diesmal wies Er mich wieder in diesen Raum und gab mir eine weitere Münze, die der ersten Münze glich. Ich stand im Inneren des Raumes, der bis auf einen langen schmalen Tisch, mit einem weißen Laken bedeckt, kahl war. Ich wachte auf und stellte fest, dass dieser Raum eine Art Operationssaal zu sein schien.

Ich schlief wieder ein, und zum dritten Mal stand ich Ihm gegenüber, aber diesmal reichte Er mir keine Münze. Stattdessen zeigte Er mir ein Knäuel, etwa so groß wie die großen Münzen, das aussah, als ob sich darin lebende Würmer wälzten!"

Als ich aufwachte, verstand ich, dass Er an meinem Geist „arbeitete" und die Zweifel und negativen Gedanken beseitigte. Die Psyche musste gereinigt werden, was ich nicht selbst tun konnte. Welch eine Gnade, einzugreifen und dieses Gefäß zu reinigen, damit das Amrit weiterwirken kann. Die Bedeutung der Drei, auf die ich bereits hingewiesen habe, ist in diesen Träumen präsent.

Es gibt Geschichten von alten Devotees aus früheren Jahren, die von Baba operiert wurden. Sie erzählen, dass Er sie tatsächlich „operierte", wenn Er die Notwendigkeit sah oder wenn keine medizinische Hilfe verfügbar war. Sie berichten, dass Er einfache Operationen ohne Narkose durchführte, indem Er nur die heilige Asche, die Er materialisiert hatte, auftrug, woraufhin die Gesundheit wiederhergestellt war. Es wurde berichtet, dass der „Patient" keine Schmerzen erlitt und dass keine Blutungen oder Spuren hinterlassen wurden. In einigen Berichten heißt es, dass Er manchmal sogar eine kleine *Trishūla* (eine dreizackige Waffe, die mit Lord Shiva und Durga assoziiert wird) als Sein Schneideinstrument benutzte! Oh, unser göttlicher Arzt, der schneidende Shiva, es gibt niemanden wie Dich!

Lord Krishna Erlebnisse

Lord Krishna, ein Avatar von Vishnu, soll vor etwa fünftausend Jahren gelebt haben. Baba gab die genaue Zahl mit 5340 Jahren an. Der vorherige Avatar von Vishnu, Lord Rama, lebte laut Sai Baba vor etwa zehntausend Jahren. In dem Buch *Sai Vani, Avatar on Avatar Purushas*, wird Sai Baba zitiert:

„Krishna wurde am 20. Juli, 3228 Jahre vor Christi Geburt, geboren. Es war das Jahr *Srimuka*, der Monat *Sravana* (der fünfte Monat des Hindu-Jahres, der Ende Juli beginnt und in der dritten Augustwoche endet), der Vierzehn-Tage-Zeitraum *Bahula* und der Tag *Ashtami* (der achte Tag des Hindu-Mondkalenders). Der Stern war *Rohinī* und die Uhrzeit war 3 Uhr morgens. Wenn wir von heute an, dem Tag, an dem Krishna Seinen sterblichen Körper aufgab, rückwärts zählen, kommen wir auf 5078 Jahre. Der Zeitpunkt, an dem Krishna Seinen Körper aufgab, ist der Tag, an dem das Kali-Zeitalter begann. Dieser Tag wird auch *Yugādi* (der Neujahrstag) genannt. Da Krishna an *Ashtami* geboren wurde, war Er vom Moment Seiner Geburt an Schwierig-keiten ausgesetzt. Andererseits wird derjenige, der den Namen des Herrn hochhält, von der Knechtschaft befreit."

Die Ansprache wurde 1976 gehalten, also war Krishna 126 Jahre alt, als Er den Körper verließ (3228 v. Chr. = Krishnas Geburtsjahr + 1976 = Tag der Ansprache, abzüglich 5078 Jahre, die Swami genannt hat = 126 Jahre). Krishna war zur Zeit des Mahabharata-Krieges vierundachtzig Jahre alt.

Die erstaunlichste Vision von Lord Krishna, mit der ich gesegnet wurde, hatte ich 2008, als ich in Indien in Puttaparthi war. Ich wohnte im Ayurveda-Zentrum, ein paar Kilometer vom Aschram entfernt. Zu dieser Zeit gab Baba Darshans, manchmal in Seinem Rollstuhl und manchmal in einem speziellen kleinen Auto. Trotz zunehmender körperlicher Gebrechlichkeit hörte Er nie auf zu arbeiten.

Eines Nachmittags, nach dem Darshan, kehrte ich in mein Zimmer zurück und setzte mich auf das Bett, lehnte mich entspannt an die Wand und hatte keinen bestimmten Gedanken im Kopf.

Als ich mich ein paar Minuten mit geschlossenen Augen ausruhte, ragte plötzlich ein Arm aus meiner Stirn hervor!

Es war ein kräftiger und muskulöser Arm, dessen Hautfarbe am besten mit einem tiefen Blaugrau beschrieben werden kann. Das instinktive Gehirn, das den Ich-Körper schützt, wurde sofort ängstlich und dachte schnell, dass eine dämonische Gestalt zu mir gekommen war. Ich erinnere mich an den Gedanken, der mir durch den Kopf schoss: „An was für einen Ort bin ich gekommen, um mich fremden Wesenheiten auszusetzen?"

Der Schutzmechanismus tut seine Arbeit und springt in Aktion, ohne Rücksicht auf die Möglichkeit höherer Bewusstseinszustände oder den liebevollen Schutz von Baba. Im Bruchteil einer Sekunde verwandelte sich dieser Arm in seine volle Form, und ein Wesen, das mit seiner blaugrauen Färbung so großartig und furchterregend war, stand vor mir in dem Bereich zwischen dem Bett, auf dem ich saß, und der Tür, die einige Meter entfernt war. Der tiefste Teil von mir erkannte sofort Krishna, und meine Ängste verschwanden. Dies war nicht der Krishna, den wir normalerweise auf Bildern sehen; Er sah eher muskulös, ehrfurchtgebietend und mächtig aus, aber dennoch liebevoll und lächelnd.

Dann, nach ein paar Sekunden, in denen ich Seinen Darshan in dieser unglaublichen Form hatte, veränderte sich Seine Gestalt zu der besser erkennbaren von Krishna, einem jungen Mann von kleinerer Statur, in einem gelben *Dhoti*, umgeben von einer Art jenseitigem Licht, während Er mich weiterhin anlächelte. Meine Gefühle änderten sich schnell in Anbetung und Glückseligkeit; wie hypnotisiert und unbeweglich schaute ich auf diese Vision Gottes, wie betrunken. Die rasche Abfolge der Ereignisse hatte sich außerhalb unseres gewöhnlichen Zeitgefühls abgespielt.

Ich muss in eine Ohnmacht gefallen sein. Ich erinnere mich, dass es dunkel und Nacht war, als ich mich aus dem Bett erhob. Ich fühlte weder Freude noch Hochgefühl, ich war einfach nur leer und glückselig. Ich wollte nicht einmal mit Baba oder Krishna „reden". Es war ein vollkommener Zustand des Seins, des Wissens und der Glückseligkeit. Ich kann sagen, dass ich in einen Zustand von

Nirvikalpa Samādhi versetzt wurde, der ein Zustand des absoluten Nichts ist, die höchste Form von *Samādhi*; ein Zustand des Geistes ohne jegliches Ziel, jedoch mit wachem Bewusstsein – ein Tor zu einer neuen Erfahrung des Lebens.

Nur der Beobachter blieb übrig, um die Vision zu empfangen; alles andere verschwand. Ich verlor vollständig das Bewusstsein des Selbst. Es gab eine vollständige Auslöschung des Selbst, nur Leere, Licht. Gedanken, Ängste oder sogar die Erinnerung an Ihn verschwanden, eine Art Tod des Selbst. Das beobachtende „Ich" blieb durch die Gnade intakt, um sich an diese wunderbare Vision erinnern zu können, sie zu schätzen und zu teilen. Diese Vision offenbarte mir, dass das Göttliche in mir ist und dass der Körper ein Gefäß, ein Instrument oder sogar ein Spielplatz der höheren Kräfte ist. Ich kann jetzt sagen, dass wir Instrumente sind, die von diesen Kräften motiviert und bewegt werden; von diesem Standpunkt aus betrachtet, sind wir wirklich nicht die Besitzer unserer Körper.

Kabir sagt, Freund, höre zu,
der Gast, den ich liebe, ist in mir,
der Gast ist in dir und auch in mir.
Du weißt, dass der Keim im Samen versteckt ist.
Krishna tritt buchstäblich aus meinem Körper heraus!

Swami, ohne Dich hätte ich solche Visionen nicht gehabt. Ist es wahr, wie man sagt, dass Du derselbe Krishna bist, der zurückgekommen ist, um bei denen zu sein, die Deine Gefährten waren? Du bist sicherlich genauso schelmisch, wie es Krishna anscheinend war. Sicherlich haben wir ein Band, das in der Zeit zurückreicht. Warum erinnere ich mich nicht an die Zeit, die ich mit Dir in der Vergangenheit verbracht habe? Warum hat es mich nicht einmal interessiert, wer Krishna war, bis Du in mein Leben getreten bist?

Das Göttliche hat mich in wenigen Jahren mit einer Diät der Glückseligkeit versorgt. Was habe ich getan, um diese Gnade zu verdienen? Krishna hatte gesagt, dass die höchsten Yogis sich nach Seiner Vision sehnen, sie aber nicht erhalten. Was hat mich solcher Visionen würdig gemacht? Ich staune immer noch über dieses Ereignis. Ich, als Maryam, bin eine Hülle, die von dem einen *Paramātman* belebt wird, der in dieser Hülle wohnt und nach Belieben und zur Freude des *Jīva* (der individuellen Seele) aus ihr heraustreten kann!

Kapitel 15, Vers 14 der Bhagavad Gita, das von Sai-Anhängern als Essensgebet rezitiert wird, besagt wortwörtlich, dass es Krishna ist, der dem Körper innewohnt, dem die Nahrung dargebracht wird und der die Nahrung verdaut. (7)

Darshan-Erfahrungen

Prashanti Nilayam, der Wohnsitz des höchsten Friedens, Sein Aschram, ist eine Oase der spirituellen Energie. Jede scheinbar alte und verfallene staubige Ecke, jeder Ziegelstein und jedes Element des Aschrams ist von Licht und Strahlung durchdrungen und bringt mir bis zum heutigen Tag Frieden und Freude. Der Klang des *Omkāra* (8) (das heilige OM) und *Suprabhāta* (Hymnen oder Verse, die am frühen Morgen rezitiert werden, um die Gottheit zu wecken; wörtlich bedeutet dies eine verheißungsvolle Morgendämmerung), das heilige Singen der Veden, die Darshan-Musik und die Bhajans, die über die Lautsprecher übertragen werden, waren alles Elemente einer himmlischen Erfahrung.

Trotz des Fehlens der meisten Annehmlichkeiten, an die man im Westen gewöhnt ist, und der Fremdheit des Ortes, besonders in meinen früheren Tagen dort, war das tägliche Leben immer glücklich, es fehlte an nichts. Für viele der Devotees ist das unser wahres Zuhause. Baba hatte gesagt, dass der Boden von Prashanti Nilayam heilend ist; jeder, der seinen Fuß dorthin setzte, erhielt Heilung für die Seele.

Darshans waren keine gewöhnliche Routine, bei der man einfach nur dasitzt und darauf wartet, dass der Guru vorbeikommt. Jede Person erhielt etwas Einzigartiges, wenn Sein Wille den Bedürfnissen des Einzelnen entsprach.

Babas bloße Anwesenheit war ein Katalysator für mein Sādhana. Sie gab mir im Allgemeinen Energie und steigerte meine Motivation, die innere Arbeit zu tun, und erinnerte mich an die notwendige Selbstdisziplin. Das sich entwickelnde Selbst wurde durch die Anwesenheit des Meisters aufgeladen. Ich bemerkte, dass die Ausrichtung des Bewusstseins auf „Ich bin nicht der Verstand oder der Körper", besonders in Zeiten, in denen es mir nicht gut ging, die Krankheitssymptome merkwürdigerweise reduzierte oder beseitigte, solange ich den Gedanken aufrechterhalten konnte.

Als ich mit den Ablenkungen der Umgebung und meinen Gewohnheitsmustern kämpfte, konnte ich sehen, wie viel Energie es braucht, um solche Bemühungen zu initiieren und aufrechtzuerhalten. Ich wurde müde und wollte aufgeben, aber die Energie, die die Umgebung durchdrang, half mir ungemein, nicht aufzugeben. Das Fleisch ist in der Tat schwach.

Als ich den Bhajans, die die Halle erfüllten, lauschte, wurde mir klar, dass das hingebungsvolle Singen, zu dem Baba ermutigte – Lieder zur Verehrung des Göttlichen, sei es für Ganesha oder Lord Shiva oder eine andere Gottheit – in Wirklichkeit für das Selbst gesungen werden und nicht für ein Bild einer Gottheit außerhalb von uns. Sie sind musikalische Huldigung und Verehrung des eigenen Atman, der das Göttliche selbst ist. Als ich dem fesselnden Klang der vedischen Gebete lauschte, die durch die Halle klangen, verstand ich, dass sie wirklich für den Gott im Inneren bestimmt sind. Ein anderes Mal, während ich bestimmte Bhajans sang, geriet ich in ein *bhāva* (spirituelles Gefühl) oder in einen Zustand, in dem ich verstand, dass die Schöpfung tatsächlich ein Akt der Liebe Gottes ist.

Ich konnte solche Offenbarungen nur haben, wenn ich in Indien in Seiner Nähe war, und nur selten, wenn ich zu Hause Bhajans sang. Außerhalb dieser Umgebung hätte ich mir eher erlaubt, mich abzulenken und den richtigen Einsatz meiner begrenzten Energie nicht zu schätzen. In Seiner Gegenwart war ich mir der Tatsache, dass ich schlief, viel bewusster.

Gewöhnlich verließen nach jedem Darshan einige Devotees den Ort, um ihren täglichen Aufgaben nachzugehen. Einige andere blieben in einem mehr oder weniger leeren Mandir und meditierten. Ich genoss diese Zeit nach dem Darshan, die durch die Frische der frühen Morgenstunden noch verstärkt wurde.

Die Sonne, die durch das Dach schien, das fröhliche Zwitschern der Vögel, das Echo der vedischen Gesänge im ganzen Mandir und Babas Anwesenheit im Interviewraum – all das trug dazu bei, die Glückseligkeit nach dem Darshan zu steigern. Eine tägliche Dosis heiliger Nahrung, die durch nichts auf der Welt übertroffen werden konnte. Ich suchte mir einen Platz direkt gegenüber dem Interviewraum, las oder führte innere Gespräche mit Ihm, denn ich wusste, dass Er mich hören konnte.

Hier habe ich einige erstaunliche Erfahrungen ausgewählt, die ich im Aschram und im Mandir gemacht habe:

Öffnung des Herzens

An einem Morgen nach dem Darshan blieb ich in der Halle, wie immer gegenüber Seinem Interview-Raum sitzend. Ich las eines der Bücher von Ihm aus der *Vahini*-Reihe (Sai Babas Erklärungen alter Hindu-Schriften).

Während ich las, sah ich einen kleinen, zierlichen Fuß in meinem Brustbereich auftauchen. Ich achtete nicht darauf, da Bilder auftauchen, wenn man anderen Aufgaben nachgeht. Ich dachte beiläufig, dass es Babas Fuß sein könnte, und las weiter. Dieses Bild blieb und wurde immer lebendiger, und ich begann, auf meinen Brustbereich zu schauen. Ich achtete nun sowohl auf das Buch als auch auf Seinen Fuß, der auf meiner Brust lag. Nun begann der Fuß langsam mit seinen Zehen meinen Herzbereich zu öffnen, indem er seine Seiten auseinander drückte, als ob er eine Blume oder die Klappen einer geschlossenen Schachtel öffnen würde!

Ich war fassungslos; dies geschah nicht in unserer gewohnten Realität, aber es war auch sehr real! Ich starrte weiter auf die Zehen und schob sie weg. Die leichte Angst, die sich einstellte, wich der Freude, Seinem Wirken an mir zuzusehen und zu vertrauen, während es etwa eine Minute lang so weiterging. Was für eine kreative und spielerische Art, mein Herz zu öffnen! Das Kennzeichen wunderbarer Ereignisse, die von Ihm initiiert werden, ist das Erleben von nichtphysischen, wortlosen Zuständen, die gleichzeitig mit der gewöhnlichen, alltäglichen Realität auftreten

1999, während eines morgendlichen Darshans, wurde mir die Erfahrung von Gott als Liebe zuteil. An diesem Tag befand sich Baba auf der Männerseite, ging umher und unterhielt sich mit den Devotees. Plötzlich begann das Amrit reichlich in meinen Mund zu fließen, so sehr, dass ich es sogar auf meinen Lippen schmecken konnte.

Als ich Ihn sah, wie Er umherging, geriet ich langsam in einen Zustand, der sich am besten mit Liebe und Mitgefühl beschreiben lässt. Worte reichen nicht aus, um die Pracht dieser Erfahrung vollständig zu beschreiben. Es war kein imaginärer Wunschgedanke, der von meinem Verstand konstruiert wurde, sondern ich wurde getragen und löste mich in dieser Liebe auf. Ihre Qualitäten kann ich als höchsten Frieden, Leichtigkeit und No-Mind beschreiben. Ich wusste und verstand, dass Gott Liebe ist; ich erlebte, wie Kraft und Mitgefühl mich verschlangen, oder besser gesagt, ich war in ihnen. Das Bewusstsein war nicht mehr durch das Endliche begrenzt, fühlte und dachte über die materielle Ebene hinaus und sah das Einssein von allem. Gleichzeitig nahm ich eine rosa Farbe und hellviolette Töne in Wirbeln wahr, die sich ausdehnten und von Ihm in der Ferne ausgingen und die Szene verklärten. Er nahm vielleicht Briefe von Anhängern entgegen oder sprach mit Menschen, aber Er arbeitete auch multidimensional.

Wie schnell und unerwartet wird man durch die Gnade von einem gewöhnlichen Zustand in einen wortlosen Zustand versetzt! Rückblickend erkenne ich, dass es ein Moment war, in dem ich erfahren durfte, was Sein wahres Wesen bot. Eine Sache, der ich mir bei Ihm sicher war, war die, dass Er immer dazu beitrug, die aufrichtigen Fragen und Bestrebungen des Aspiranten zu beantworten. Solche Geschenke werden gegeben, um die Flamme des Suchens am Brennen zu halten.

Die folgende Erfahrung war die einzige außergewöhnliche, die ich nicht fortsetzen wollte. Eines Tages, während eines Besuchs im Jahr 2006, ging ich an der niedrigen Mauer entlang, über die man einen Blick auf das Mandir hat, und die eine gewisse Abtrennung vom

Inneren des Aschrams ist. Als ich weiterging, hatte ich plötzlich das Gefühl, als ob mein Kopf – nicht der physische Kopf, sondern etwas, das ich als Kopf eines Energiekörpers bezeichnen würde – offen wäre. Mein Kopf wurde in Licht getaucht, ein weiches weißes Licht mit blauen Rändern.

Ich befand mich zwischen zwei Welten und nahm sowohl einen außeralltäglichen Zustand wahr, der hell und lebendig war, als auch die physische Welt um mich herum, die dumpf und verschwommen war. Nur das Licht in meinem Kopf und um mich herum war real; das Tageslicht war damit nicht zu vergleichen. Überall um mich herum wurden die Menschenmenge und das geschäftige Treiben düster und verblassten, während ich weiterging. Ich wollte jedoch nicht, dass diese außergewöhnliche Erfahrung weitergeht. Der Ego-Verstand wehrte sich dagegen.

Ich hatte das Gefühl, ein unbekanntes Gebiet betreten zu haben und fühlte mich unwohl, eher ängstlich. Es war die „Maschine", die sich unwohl fühlte. Der Schutzmechanismus des Körpers oder des instinktiven Gehirns konnte mit dieser großartigen Erfahrung nicht umgehen und sie nicht zulassen, da ihre Existenz bedroht war. Es war ein todesähnlicher Zustand, eine Auslöschung des Geist-Körpers, der durch ein strahlendes Licht ersetzt wurde. Es dauerte an, und ich versuchte, es abzuschütteln und mich zu erden. Ich verließ den Aschram, immer noch nicht ganz in der Realität angekommen. Ich lenkte mich ab, indem ich umherging und mir Schaufenster ansah, bis das Gefühl der Öffnung und die Intensität der Erfahrung nachließen.

Am nächsten Tag geschah es wieder an der gleichen Stelle, als ich an der Mauer vorbeiging, aber weniger intensiv.

Auch das habe ich nicht begrüßt, und es verblasste wieder. Ich war nicht bereit für ein solch phänomenales Ereignis, obwohl ich fasziniert war. Ich notierte diese Erfahrung in meinem Tagebuch, zusammen mit einer Zeichnung, die die Öffnung des Kopfes zeigte, denn nur so konnte ich sie verarbeiten. Wir sind oft nicht in der Lage, bestimmte bewusste Momente und ihre Realität, wenn sie sich uns zeigen, richtig aufzunehmen, weil sie uns fremd sind.

Er gab mir den Nektar der Unsterblichkeit, Er öffnete mein Herz, Er öffnete meinen Kopf. Gegrüßt sei Lord Sai Shiva!

Im November 2010 verspürte ich einen plötzlichen Drang, Baba zu sehen. Ich traf in letzter Minute Vorkehrungen und war überrascht, dass mir auf meiner Arbeitsstelle kurzfristig ein dreiwöchiger Urlaub genehmigt wurde. Bis dahin hatte ich es nach meinem ersten Besuch vermieden, zu Seinen November-Geburtstagen in den Aschram zu reisen, weil ich mich an die riesigen Menschenmengen erinnerte, die aus allen Enden der Welt kamen und bis Dezember blieben. Dies war der letzte November in Seinem physischen Leben. Im Nachhinein schien es, als hätte Er gewollt, dass ich diese letzten Darshans vor Seinem Ableben hatte. Das Meer von Besuchern, das täglich zunahm, war phänomenal, und ich blieb die meiste Zeit in meinem Zimmer. Zu dieser Zeit kam Er zu Darshans nur noch in einem kleinen weißen Auto.

Obwohl Er immer weniger in der Lage war, bei den Darshans im Mandir zu gehen, gab Er den Darshans für Seine Devotees den Vorrang vor der Selbstfürsorge. Das entsprach Seinen jüngeren Tagen, als Er sagte: „Meine Devotees warten auf mich" und „Dieser Körper ist für den Dienst an Meinen Devotees." Beständigkeit ist ein Merkmal von erwachten Menschen, ganz zu schweigen von Avataren.

Es gab keine Möglichkeit mehr, Interviews zu erhalten, aber ich erkannte, dass Er immer noch kommunizieren und die Gebete der Devotees beantworten würde. Während dieses Besuchs dachte ich eines Tages, als ich mich auf den Darshan am Nachmittag vorbereitete: „Baba, überrasche mich heute!" Ich saß in der ersten Reihe. Er kam mit dem Auto zum Nachmittags-Darshan, schaute die meiste Zeit geradeaus und fuhr langsam an uns vorbei. Nach dem Darshan kehrte ich in mein Zimmer zurück und setzte mich auf mein Bett.

Bald, ohne irgendwelche besonderen Gedanken über den Tag oder den Darshan, trat ich in einen Zustand völliger Glückseligkeit ein, was ich am besten als glückselige Leere beschreiben kann. Er schien eine ganze Weile anzuhalten. Vielleicht könnte man es den Zustand der *sunya* (Leere) nennen, obwohl diese Worte nützlich sind, um zwischen verschiedenen veränderten Zuständen zu unterscheiden, sind diese letztlich wortlos.

Ich hatte das Gefühl für mich selbst völlig verloren, bis mir ein Gedanke des beobachtenden „Ich" kam: „Das ist *Samādhi* (Versenkung in die letztendliche Realität; tiefe Meditation)." Sobald das Ich-Ich den Zustand erkannte, kam ich aus ihm heraus, wenn auch langsam.

Selbst nach Seinem physischen Ableben war die wunscherfüllende Energie allgegenwärtig. Auf einer Reise im Februar 2014, etwa drei Jahre nach Seinem *mahāsamādhi* (dem absichtlichen Verlassen des Körpers durch ein göttliches oder bewusstes Wesen), ging ich zu einem neu errichteten Geldautomaten innerhalb des Aschrams, um etwas Geld abzuheben. Es handelt sich um einen geschmackvoll eingerichteten großen Raum mit glänzendem weißem Marmorboden und Glasfenstern in der Nähe der Erfrischungsstände. Während ich an Seiner Residenz vorbeiging und sehnsüchtig auf Seinen Balkon blickte, erinnerte ich mich an die Zeiten, in denen Er dort in Seinem Zimmer war. Innerlich sprach ich mit Ihm: „Baba, ich wünschte mir, wenn Du noch hier wärst, dass ich neben Deinem Stuhl sitzen und für Dich Bhajans singen könnte."

Als ich mich dem Geldautomaten näherte, sah ich mehrere ältere männliche Devotees, einige von ihnen Verwalter und Manager des Aschrams, die sich zur Einweihung des neuen Geldautomatenraums versammelt hatten. Sie zerbrachen Kokosnüsse, ein traditionelles Ritual in Indien zu Beginn eines Projekts als Opfergabe an das Göttliche und für den Erfolg. Im Inneren des Raumes saßen die Menschen in geordneter Weise zusammen, mit einem Stuhl für Baba, der Seinem roten Holzstuhl ähnelte und in der Ecke des Raumes stand.

Einer der Männer bestand darauf, dass ich mit reinkomme und an den Bhajans teilnehme, denn er sagte, ich sei der erste ATM-Kunde und zeigte auf einen Platz direkt neben Seinem Stuhl! Diese Art von Eifer war ungewöhnlich für einen Aschram-Beamten und auch für eine Ausländerin. Da saß ich nun zwischen diesen Männern, als einziger Ausländer und einzige Frau, sang aus vollem Herzen für Baba und klatschte freudig und war erstaunt, wie schnell sich mein Wunsch erfüllte. Wenn Er mich vom anderen Ende der Welt hören konnte, wenn Er in Seinem Körper war, erschien es mir logisch, dass Er mich von überallher hören konnte, wenn Er nicht in einem Körper war. Ich lächelte den ganzen Rückweg von der Bank!

Der Nāga (Himmlische Schlange)

Eine der außergewöhnlichsten, geheimnisvollsten und unerklärlichsten Visionen, die ich je hatte und von der ich nirgendwo gehört oder gelesen habe, war die Vision eines Nāga (Himmlische Schlange; in Nordindien Nāg, in Südindien Nāga). Dies geschah in London, als ich meine Mutter besuchte, einige Monate nach meinem ersten Interview 1996.

Als ich in dieser Nacht aus dem Tiefschlaf erwachte, noch fast im Halbschlaf, wurde ich mir der Anwesenheit einer riesigen Schlange bewusst, die sehr nahe an der linken Seite meines Bettes stand. Ich stieß einen kurzen Schrei aus, als ich mir ihrer unleugbaren Anwesenheit bewusstwurde. Meine inneren Gedanken vermittelten mir schnell, dass es sich um ein himmlisches Wesen, und nicht um eine riesige Schlange handelte, und dass es mich zu bewachen und zu beschützen schien. Ich wollte aufschauen, aber ich war zu ängstlich und schaute nur aus den Augenwinkeln. Ich schien mich jetzt in einer anderen Dimension der Existenz oder des Bewusstseins zu befinden als in unserer normalen Realität.

In diesem Zustand lagen die Dimensionen außerhalb unserer dreidimensionalen Ebene. Ich konnte ohne Zweifel sagen, dass dieses Wesen so riesig war, dass es, wenn es sich in unserer gewöhnlichen Existenzebene manifestiert hätte, das Dach und darüber hinaus durchbrochen hätte.

Normalerweise traten die astralen Erlebnisse, die ich hatte, im Traumzustand auf. Diesmal war ich nicht nur wach, sondern befand mich auch in einer anderen Dimension, als ob sich in diesem Moment verschiedene Existenzebenen überkreuzt hätten. Wenn ich zur Seite blickte, konnte ich sehen, dass dieses Wesen eine beigefarbene, glatte

Haut hatte, mit einem leicht gebogenen Oberkörper. Es bewegte sich nicht und war stumm. Obwohl ich mich in einem halb gelähmten Zustand befand, gelang es mir, aufzublicken, und ich sah seinen Kopf und seine großen Augen, die stumm geradeaus blickten. Sie ähnelten eher menschlichen als reptilienartigen Augen.

Dann wurde ich mir eines zweiten *Nāgas* am Fußende des Bettes auf der gegenüberliegenden Seite neben meinem rechten Fuß bewusst. Dieses Mal konnte ich die Entfernung zwischen den beiden *Nāgas* „sehen", wiederum nicht in unserer gewöhnlichen Wahrnehmung der Dimension. Ich nahm wahr, dass das Fußende meines Bettes, an dem sich der zweite *Nāga* befand, nun meilenweit von der Stelle entfernt war, an der ich meinen Kopf ablegte. Ich war voller Ehrfurcht und blieb stehen, als ich Zeuge dieses mächtigen, buchstäblich nicht von dieser Welt stammenden Ereignisses wurde. Ich weiß nicht mehr, wie diese Vision endete, ob ich wieder einschlief oder das Bewusstsein verlor.

Diese Erfahrung berührte mich zutiefst, ich fühlte mich fasziniert und unendlich gesegnet. Baba hatte mir solche mystischen Erfahrungen ermöglicht und mich in Bereiche geführt, die mit menschlicher Anstrengung allein nicht möglich wären.

Ich bin zu der Überzeugung gelangt, dass diese himmlischen Wesen in anderen Dimensionen existieren. Viele Male habe ich mir gewünscht, noch einmal von diesen übernatürlichen *Nāgas* besucht zu werden. Natürlich kamen Fragen auf: War das Baba selbst? Wurde ich von einem *Nāga* besucht, weil ich das Amrit in mir trage? Der einzige zeitgenössische Bericht einer Person, die eine *Nāga*-Erfahrung beschreibt, ist ein spiritueller Lehrer namens Sri M, der Gründer der Satsang Foundation. Er hat berichtet, dass er Zeuge einer Begegnung zwischen seinem Guru Babaji (nicht dem berühmten Babaji) und einem *Nāga* war, der seine Gestalt verändern konnte. Sri M erwähnt, dass die *Nāga*-Rasse vor vielen Äonen die Erde besuchte, um zu lehren und das menschliche Bewusstsein zu erhöhen. Das Video dieses interessanten Interviews mit Sri M ist auf dem „Souljourns"-Kanal verfügbar.

Obwohl ich seither keine weitere Heimsuchung durch die himmlische Schlange hatte, nahm ich bei einigen Gelegenheiten, wenn ich mich zur Meditation hinsetzen wollte, eine große Schlange wahr, die sich über meine Wirbelsäule legte und deren großer Kopf meinen Kopf umschloss. Die Farbe der Schlange war manchmal beige und manchmal blau.

Diese meditativen Visionen waren nicht so ehrfurchtgebietend wie die von mir beschriebene Vision, sondern sanft und unaufgeregt. Sie schienen aus meinem Inneren hervorzugehen. Das Gefühl, das diese Episoden hervorriefen, war, dass ich völlig von etwas anderem als mir eingenommen bin, während ich gleichzeitig das Gefühl hatte, dass es eine Manifestation meiner selbst ist.

Anmerkungen

Laut der *Enzyklopädie der Hindu-Götter und -Göttinnen* werden die *Nāgas* als mächtige und stolze halbgöttliche Rasse beschrieben, die ihre physische Form entweder als Mensch, halb Mensch und halb Schlange oder als Schlange annehmen kann. In der *Varāha Purāna* heißt es, dass drei der unteren Welten, *Pātāla*, *Atala* und *Sutala*, den *Nāgas* gehören. Ihr Reich, das mit Palästen, Häusern, Türmen und Lustgärten überfüllt ist, befindet sich in der verwunschenen Unterwelt, dem unterirdischen Reich, das mit Edelsteinen, Gold und anderen irdischen Schätzen gefüllt ist.

In der hinduistischen Mythologie gibt es mehrere bemerkenswerte *Nāgas*. Einer davon ist *Shesh Nāga*, auch „Ananta" genannt, der Zeitlose, weil er bei der Zerstörung des Universums nicht stirbt. Im hinduistischen Schöpfungsmythos unterstützt *Shesh Nāga Nārāyana* (Vishnu), der auf dem kosmischen Ozean liegt und auf dem die geschaffene Welt ruht. *Shesh Nāga* gilt als König der Schlangenrasse und als Herrscher der *Pātāla*-Region.

Die wichtigste Stadt der *Nāgas* ist Bhogvati (die Stadt der Bitten), wo *Shesh* wie ein weißer, mit Edelsteinen geschmückter Berg erscheint.

Im Tretāyuga beschloss Vishnu, als Lord Rama, der siebte Avatar von Lord Vishnu, auf die Erde zu kommen. *Shesh Nāga* begleitete Ihn und nahm die Rolle von Sri Ramas Bruder Lakshmana an. Die beiden waren praktisch unzertrennlich. Lakshmana war der jüngere Bruder und musste daher jedem Befehl seines älteren Bruders, Lord Rama, gehorchen. Lakshmana führte die Aufgaben wunderbar aus und wurde für seine unerschütterliche Hingabe an Lord Rama gepriesen.

In den späteren Puranas wird Shesh *Nāga* sogar mit Krishna identifiziert. Shesh soll die Seele von Krishnas Bruder Balarama sein. So stieg Shesh aus dem Körper des sterbenden Balarama aus und betrat die Erde, wo er von allen anderen Schlangen herzlich willkommen geheißen wurde.

Nāgas übernahmen in der hinduistischen Mythologie oft die Rolle des nützlichen Protagonisten, so auch der bemerkenswerte *Nāga Vāsuki*. In der *Samudra Manthana* (Quirlen des Ozeans) Mythologie, einer Episode in den *Purānas*, die den Ursprung von Amrit, dem Nektar der Unsterblichkeit, beschreibt, wurde *Vāsuki*, der auf Shivas Hals sitzt, zum Seil für das Quirlen des kosmischen Milch-Ozeans.

Der dritte bemerkenswerte *Nāga* ist *Takshaka*, der Stammeshäuptling der himmlischen Schlangen.

Mucalinda, ein *Nāga*-König, ist der Beschützer des Buddha, und in künstlerischen und mythologischen Darstellungen wird er häufig so dargestellt, dass er den Buddha nach dem Nirwana mit seinen vielen Köpfen vor den Elementen schützt.

Nāgas werden oft mit Gewässern wie Flüssen, Seen, Meeren und Brunnen in Verbindung gebracht und sind Hüter von Schätzen. Ihre Kraft und ihr Gift machen sie zu einer potenziellen Gefahr für die Menschen. *Nāgas* sind nicht immer die Feinde der Menschen und gehen sogar Mischehen mit ihnen ein. Arjuna aus dem Mahabharata heiratete ein *Nāga*-Mädchen namens Uloopi.

Ihre bevorzugten Aufenthaltsorte sind die Ufer des Flusses Ikshumati, der Naimish-Wald an den Ufern des Gomati, die nördlichen Ufer der Ganga und das Nishad-Land. Die *Nāgas* leben auch unter dem Meer.

Alle *Nāgas* sind göttlicher Abstammung, denn sie sind die Kinder von Kadru, die ihrerseits als Nachkomme von Daksha, einem der Söhne von Lord Brahma, gilt. In einigen Teilen Indiens, insbesondere in Südindien, sind *Nāgas* Objekte großer Verehrung, da man glaubt, dass sie ihren Verehrern Fruchtbarkeit und Wohlstand bringen. Daher werden zu ihren Ehren kostspielige und großartige Rituale durchgeführt, von denen *Nāgamandala* eines der wichtigsten ist. Dieses Fest beginnt in Verbindung mit der Monsunzeit in den Küstenregionen von Karnataka und Kerala und erinnert an die Bedeutung der Schlange als Symbol für Fruchtbarkeit und allgemeines Wohlbefinden. Im modernen Hinduismus wird die Geburt der Schlangen am *Nāgapanchami*, im Monat *Shravana* (Juli-August), gefeiert.

Im Hause meines Vaters

Ich erreichte das Haus meines Vaters, aber Er war nicht da.

Der Interviewraum, der Schmelztiegel unerschöpflicher Wunder, war dunkel und still.

Die schwarzen Götterstatuen, die Sein Haus umgaben und die einst so grimmig aussahen, wirkten nun verwaist.

Und siehe da, auf dem Podium liegt, was an Ihm sterblich war, Vollkommenheit und Glückseligkeit zu Grabe getragen.

Gehalten und gestreichelt von tausenden Kristallen aus Salz, Silber und Gold, dem Neid Seiner Verehrer.

Ich küsse die Marmorplatte, die so weiß ist wie Seine Unschuld und so fest wie das Juwel, das sie birgt.

Denn wie könnte diese eine Platte Seine Weite fassen? Ich schaue auf Seinen Balkon und sehne mich danach, Ihn vorbeigleiten zu sehen. Noch nie war die Sehnsucht so groß wie jetzt.

Ich sitze mit Schmerzen.

Der melodische Klang von 'prema ishwara hai', Gott ist Liebe, durchdringt meine Brust, wie es einst Deine Liebe tat, und in meinem Kummer erwidere ich meine Liebe doppelt so sehr.

In der Abenddämmerung ziehen die Liebenden ehrfürchtig den Safranvorhang um Dich,

wie der Schleier der Maya meine Vision verdeckt, dass Du nicht mehr bist.

Ich trete vor die Tore des „Abode of Peace", dem verwunschenen, verherrlichten Ort,

jenseits der Zeit, der Spielplatz der Liebe, den Du aus der mageren Leere mit der Alchemie Deiner Liebe so mühelos geschaffen hast wie die Edelsteine, die aus Deiner Handfläche kommen.

Doch plötzlich spüre ich Deine sanfte Gegenwart

in einer nach Jasmin duftenden Brise, die meine Wangen küsst und Deine Gegenwart in der Luft ankündigt.

Ich sehe Dich in der Blumenverkäuferin und ihren Blumen,

in dem Bettler und dem Aussätzigen und den Bäumen, die sie beschatten. Alles pulsiert in Deinem Licht,

die unwissentlich zu Shivas Trommelschlag tanzen, während Du in ihrem Blut rührst

und Dein lächelndes Gesicht wird immer größer und größer, und ich trauere nicht mehr.

Nachgedanken

Macht mich aus des Bannes Schoß
Durch eure will'gen Hände los.
Füllt milder Hauch aus Euerm Mund
Mein Segel nicht, so geht zu Grund
Mein Plan; er ging auf eure Gunst.
Zum Zaubern fehlt mir jetzt die Kunst;
Kein Geist, der mein Gebot erkennt;
Verzweiflung ist mein Lebensend',
Wenn nicht Gebet mir Hülfe bringt,
Welches so zum Himmel dringt,
Dass es Gewalt der Gnade tut
Und macht jedweden Fehltritt gut.
(Shakespeare, Der Sturm,
Übers. August Wilhelm Schlegel)

Es gibt nur eine Kaste – die Kaste der Menschheit.
Es gibt nur eine Religion – die Religion der Liebe.
Es gibt nur eine Sprache – die Sprache des Herzens.
Es gibt nur einen Gott – Er ist allgegenwärtig.
Es gibt nur ein Gesetz – das Gesetz des Dharma.
(Sathya Sai Baba)

Ich suchte nach Gott – und fand nur mich selbst
Ich suchte nach mir selbst – und fand nur Gott.
(Rumi)

Wunder und Berichte über mystische Erfahrungen werden von manchen Menschen als etwas Außergewöhnliches angesehen, das nichts mit unserem täglichen Leben zu tun hat. Sie sind nicht in der Lage, solche Ereignisse in die Paradigmen des Lebens, die sie aufgebaut haben, einzubinden. Es ist wichtig zu erkennen, dass das Gegenteil der Fall ist: dass solche Phänomene möglich und greifbar sind und die Grundlage für ein wahres Leben darstellen. Glaube, Reinheit und Offenheit für die Erfahrung sind notwendig, um uns diese Erfahrungen zugänglich zu machen; wir müssen, in William Blakes Worten, „die Phantome der Existenz an das ewige Leben binden."

Meine Reise mit Sathya Sai Baba erscheint mir heute wie eine träumerische, ferne Erinnerung. Es war so, als würde ich von einem außerweltlichen Wesen auf ein magisches Märchenabenteuer mitgenommen, von dem ich zurückkehrte und mich am Ufer der Leere eines gewöhnlichen Lebens wiederfand, und der ganze Zauber war verschwunden. Dann kehrt die sanfte Erinnerung an einen vergangenen Freund zurück, dessen Liebe keine Grenzen kannte, und mir wird klar, dass es nicht nur ein Traum war. Mir bleibt ein Andenken an die Abenteuer, das mir sagt, dass alles echt war, etwas äußerst Seltenes und Kostbares, das Geschenk des Amrit.

Das erinnert mich an die Etappen der Heldenreise, die auch als Monomythos bekannt ist und von Joseph Campbell beschrieben wurde. Campbell ist für seine Arbeit über Mythologie und psychologische Theorien wie die von Carl Gustav Jung und Otto Rank bekannt. Er schlug die „Heldenreise" als einen universellen Weg vor, der Mustern und Phasen folgt, die allen Kulturen gemeinsam sind. Zunächst erhält der Held (und hier die Heldin) einen Ruf des Schicksals. Häufig lehnt die Heldin den Ruf ab, begibt sich aber trotzdem auf die Reise. Sie begegnet einer Schutzfigur oder einem übernatürlichen Führer. Die Heldin erreicht die Tore des unbekannten Bereichs und sieht sich nach dessen Durchquerung zahlreichen Schwierigkeiten gegenüber. Sie muss Aufgaben und Prüfungen bewältigen, die sie auf die Probe stellen. Sie stellen psychologische Gefahren, Ängste und Leiden dar. Am Ende der Reise ist die Heldin verändert und wird zu der Person, die sie sein soll. Während der Reise gelangt sie in den Besitz eines Gegenstandes, der die Apotheose, die Erleuchtung, symbolisiert. Sie kehrt dorthin zurück, von wo sie hergekommen ist, und integriert sich wieder in die Gesellschaft, um ihre Bestimmung zu erfüllen.

Es ist klar, dass Sathya Sai Baba den Akteuren in Seiner Mission, das menschliche Bewusstsein und die Welt zu verändern, viel gegeben hat. Ich wurde aufgrund meiner Trägheit und meines Schlafs zu einer schicksalhaften Begegnung gezwungen, und zwar von einem Wesen, das aus einer Welt kam, in der kein Sterblicher die Kontrolle hat. Ich wurde zum stillen Träger des Funkens, der durch Seine göttliche Äußerung entzündet und dann zu einer Flamme entfacht wurde. Er hatte in diesem Körper etwas in Gang gesetzt, was ich kaum verstehen konnte, und bis heute kann ich nicht behaupten, dass ich es vollständig verstehe. Aber ich weiß, dass ich in gewisser Weise ein Teil Seines „Plans" bin.

Es gibt Augenblicke des Bedauerns, dass ich Ihm gegenüber manchmal innerlich widerspenstig war. Ich wünschte, ich hätte mich weniger gegen die Wahrnehmung Seiner einschränkenden Aspekte meines Lebens gewehrt, gegen Seine Sticheleien und Belehrungen über meine Identifikationen und Wünsche. Der ganze Widerstand hat sich inzwischen in Akzeptanz verwandelt. Ich bedaure, dass ich für die einfachsten Seiner Liebebezeugungen nicht dankbar genug war – hat Er mich doch an Seine Tür gebracht hat, dem Portal zu einer außergewöhnlichen Sphäre der Existenz. Und trotz meiner Unwissenheit und Schwächen schenkte Er mir das seltenste Geschenk, das ein Mensch erhalten kann. Ich befand mich in der trotzigen Teenagerphase meiner bewussten Entwicklung nach der neuen Geburt. Alle Errungenschaften des Lebens und alle Wünsche sind irrelevant und lassen sich nicht mit dem Geschenk der göttlichen Fürsorge vergleichen.

Auf meiner Reise nach Prashanti Nilayam im Jahr 2014, der ersten nach Seinem Weggang, widmete ich mich mit ganzer Kraft des intensiven Sādhana, etwas, das ich während der Reisen nicht getan hatte, als Er noch in Seiner physischen Form war. Ich isolierte mich in einem kahlen Raum im ayurvedischen Zentrum, wo ich diese wunderbaren Visionen hatte. Ich kämpfte gegen den Schlaf an, rutschte die Leiter der Hoffnung hinunter und kletterte wieder hinauf, indem ich all meine Anstrengungen darauf verwendete, das Gelernte zu praktizieren. Ich hatte aber das Gefühl, dass ich bei meinen Nachforschungen immer wieder gegen dieselben Mauern prallte. Leider wurden durch diese Bemühungen weder ein neues Verständnis noch höhere Zustände erreicht. Ich suchte die Erfahrungen, die mir einst mühelos und automatisch durch Ihn zuteilgeworden waren.

Ich konnte die Visionen, die früher unerwartet und fließend kamen, nicht hervorrufen. So wie Arjuna nach dem Tod von Krishna die Magie des Waffengebrauchs verlor, hatte ich diese Samādhi-Momente nicht mehr. Diese Wunder konnten einfach nicht durch Fasten, Meditation oder Nachfragen hervorgerufen werden. Er war der Schöpfer, der Vermittler, der Verbreiter von all dem. Auf dem Höhepunkt meiner Frustration darüber, dass ich keine Durchbrüche mehr hatte, sei es durch das Einladen von Visionen oder durch die Aktivierung eines höheren Zustandes in mir, hatte ich ein tiefes Verständnis dafür, dass es nichts mehr zu verwirklichen gibt, dass ich bereits das bin, was ich suchte, oder in dem bin, was ich suchte:

Ich bin die Süße, die DAS ist.

Ich brauche nichts Äußeres mehr zu tun. Erinnert euch daran, was Er im letzten Gespräch sagte: „Selbstverwirklichung kann einfach so kommen – ohne *Japa* (Mantra-Rezitation) und ohne Meditation." Ich beschloss, loszulassen. Seufzer der Erleichterung. *Nirvāna*, Ausatmen.

Ich muss dem Meister, der immer noch bei uns ist, wenn auch nicht verkörpert, erlauben, mich weiterhin zu führen. Alles, was ich tun kann, ist, an dem goldenen Faden festzuhalten, der mich im stürmischen Meer des Lebens mit dem Himmel verbindet. Er wusste, was Seine *Bhakta* (Gottgeweihte) retten würde, und umarmte sie mit Gnade wie eine Mutter, die an die Zukunft ihres Kindes glaubt! Ich werde von der Vergangenheit gestützt und von der Zukunft mobilisiert. Ich hatte mich oft gefragt, wie ein Leben, das auf bewussten Handlungen und einer erwachten Perspektive beruht, aussehen würde. Und allmählich fing ich an, das zu leben. Die bekannte Redewendung „Holzhacken und Wassertragen", die zur Beschreibung eines Lebens nach der Erleuchtung verwendet wird, ist tatsächlich wahr. Die zeitlichen Phänomene meines individuellen Lebens haben sich nicht verändert, aber ich bin mir zunehmend bewusster geworden – so bescheiden wie ich es nur beschreiben kann – dass ich im Selbst verankert bin, mit der nie endenden inneren Glückseligkeit und dem erhabenen Zustand, der unabhängig von äußeren Ereignissen ist. Es gibt verschiedene Stufen der Erkenntnis und der Annäherung an das Göttliche. Diese Stufen sind Schüler, Freund und schließlich Verschmelzung und Einssein. Eine neue Phase des Wachstums, die nicht durch Seine physische Präsenz unterstützt wird, setzt sich mit einem stetigen Bewusstsein der Nicht-Dualität fort. Ich weiß, dass Er und ich Eins sind und bewege mich von *dvaita* (Dualität) zu *advaita* (Nicht-Dualität).

Die erwachte Shakti ist die Verkörperung von vollkommenem Verständnis und Wissen. Ihre letztendliche Natur ist *sat-cit-ānanda* (Sein-Bewusstsein-Glückseligkeit). Konstantes integriertes Gewahrsein ist eine gute Beschreibung für den Zustand des Seins, mit dem ich verbunden bin; und ich würde hinzufügen, mit freudiger Losgelöstheit oder losgelöster Freude. Dunkle Stimmungen mögen kommen und gehen, aber dies ist mein Gesamtzustand. Und mein Herz dehnt sich ständig durch Liebe und Dankbarkeit aus. Diese innere Liebe sei dem Meister, dem Einen, zu Füßen gelegt.

Und woran misst sich letztlich der Erfolg in der spirituellen Arbeit? Ich habe erkannt, dass es in erster Linie die Liebe ist. Davon hat Er immer gesprochen, aber ich musste es erst selbst verstehen. Die Liebe ist ein wortloser Zustand, der sich als höchstes Verständnis erweist. Eine mitfühlende, übergreifende Liebe, nicht die der persönlichen Gefühle einer besonderen Verbundenheit mit einem anderen, sondern Liebe, die darin besteht, das Ego beiseite zu lassen und auf die Bedürfnisse der anderen zu achten.

Die Menschheit braucht aktive Diener des Friedens. Die bloße Liebe und Anbetung des Heiligen reichen nicht aus. Man muss das Prinzip der Liebe und des Mutes im eigenen Leiden und im Dienst an denjenigen, die im Leben kämpfen, kultivieren. Unsere Tugenden, die aus der inneren Arbeit und unserer Selbstdisziplin stammen, sind die Werkzeuge, die wir unseren Mitmenschen anbieten. Der Dienst an der Menschheit und die Arbeit an sich selbst gehören zusammen, da sie Veränderungen auf allen Ebenen bewirken. Meine Arbeit mit Gefangenen und das Erleben ihres nackten Leidens, auch wenn es manchmal riskant und beängstigend war, hat mir gezeigt, dass es sich lohnt, anderen zu dienen. Ich vergleiche die ätherische und magische

Umgebung, die ich in Indien erlebt habe, mit der dunklen Unterwelt der Häftlinge. Wie ähnlich ist unsere Existenz in einer dunkleren Welt im Vergleich zu den göttlichen Wesen, die aus den Regionen des Lichts, in denen sie leben, in unsere Welt kommen!

Der einfachste Weg, Begierden zu kontrollieren, besteht darin, altruistische Liebe zu praktizieren, sich für das Wohlergehen anderer einzusetzen und ein Gespür für deren Leiden zu haben. Kein Mensch ist eine Insel. Anderen Erleichterung und Freude zu bringen, heilt letztlich uns selbst. Sozialer Dienst (ohne Anerkennung zu erwarten) kann die geringste Priorität sein, so wie es bei mir der Fall war. Auf dem Weg des Erwachens schreiten wir proportional zu dem, was wir geben, voran. Im Materialismus werden wir durch das, was wir nehmen, gebremst. Wie das Neugeborene, das aus seiner Umgebung schöpft, um sich zu stärken, machen uns diese Momente zu Dienern der anderen.

In der Gita sagt Krishna, dass wir der Natur hilflos ausgeliefert sind. In der wahren Bedeutung des Ausdrucks gibt es auf unserer gegenwärtigen Bewusstseinsebene keinen „freien Willen". Ich denke, dass sogar die Befreiung eine Skala von Abstufung hat. Je erwachter man ist, desto mehr kann man den freien Willen ausüben. Baba ermutigte uns jedoch, unseren Willen in unserem Leben einzusetzen und nicht einfach zu akzeptieren, dass das Schicksal seinen Lauf nimmt. Er hatte gesagt, Karma ist die Pflicht, das Schicksal ist das Ergebnis.

Einer meiner Vorsätze ist es, den spirituellen Fortschritt niemals zu missbrauchen und zu lernen, niemals andere zu dominieren und zu täuschen. Reinheit der Gedanken und keine Verletzung der *yamas* und *niyamas* (yogische ethische Richtlinien) sind lebenswichtig. Mit dem spirituellen Wachstum wird jeder Ausrutscher schwerer zu ertragen sein.

Dieser Abschnitt der Gita spiegelt wider, was ich schätze und anstrebe: „Die Weisen, die immer zufrieden sind, haben alle äußeren Stützen aufgegeben. Ihre Sicherheit wird von den Ergebnissen ihres Handelns nicht berührt; selbst wenn sie handeln, tun sie in Wirklichkeit gar nichts. Frei von Erwartungen und von jeglichem Gefühl des Besitzes, mit Geist und Körper fest unter der Kontrolle des Selbst, begehen sie keine Sünde durch die Ausführung physischer Handlungen."

Alles, was über die Seele, die spirituelle Existenz und den Zugang zu höheren Bewusstseinsebenen gesagt werden kann, wurde bereits gegeben, im Laufe der Zeit gesammelt, und ist über unsere elektronischen Geräte leicht zugänglich. Niemand kann etwas Erhellendes sagen, was nicht schon gesagt wurde. Wir haben all dieses spirituelle Wissen in uns aufgesogen. Es ist Zeit für die Praxis und die Anwendung dieser Lehren und das Erwachen.

So wie die Gesetze der phänomenalen mechanischen Welt befolgt werden müssen, um die gewünschten Ergebnisse zu erzielen, so ist es auch im geistigen Bereich. Der Kampf ist manchmal mühsam, aber wir müssen uns weiter bemühen und die Ergebnisse abwarten. Die Ergebnisse verhalten sich proportional zur Anstrengung. Wenn auf dem Gebiet der Künste oder der Wissenschaften jahrelanges Üben und Forschen erforderlich ist, wie ist es dann mit dem eigenen Selbst? Ein spirituelles Leben zu führen, ist eine Vorbereitung. Es ist eine Kunst, die höchste Form der Kunst. Es ist kein Ziel, sondern ein Mittel, um der Knechtschaft zu entkommen.

Ich fahre mit den Übungen fort; man wird heruntergeholt und es gibt einen Kampf, um zu diesem Zustand zurückzukehren. Das geht so lange, bis es kein Zurück mehr gibt.

Das Schreiben dieses Buches war mir eine Freude, die mir Tränen der Dankbarkeit, Tränen der Trauer über den erneuten Verlust und die Erinnerung an die Segnungen und den Fluss der Ambrosia beim Schreiben bescherte. Selten erkennt man einen Segen zu dem Zeitpunkt, an dem er gewährt wird.

Diese Schilderungen meiner Begegnungen mit Baba und Seinem Segen dienen nicht der Selbstverherrlichung, um mich als Guru zu profilieren, eine Anhängerschaft zu sammeln oder mich als erwachtes Wesen darzustellen. Sie sind ein Beitrag zu der in unserer Zeit notwendigen Vision, ausgedrückt als ein authentisches und inspirierendes Abenteuer. Dieses Buch ist auch ein Versuch, alle daran zu erinnern, dass das Göttliche immer gegenwärtig und bewusst ist; dass es eine höhere Macht als unseren kleinen Verstand gibt, den unsere wissenschaftlichen Fortschritte abtun oder den wir, entmutigt durch die Turbulenzen in der Welt, ablehnen.

Ich bin zu dem Schluss gekommen, dass es drei Ziele des spirituellen Lebens gibt: den Atman und das Göttliche zu erkennen, die ein und dasselbe sind, sich im sozialen Dienst zu engagieren und anderen konsequent zu helfen und schließlich und am wichtigsten, nicht wiedergeboren zu werden. Letzteres ist am schwersten zu begreifen und zu wünschen, da wir tief mit dem Leben und den Menschen, die wir lieben, verbunden sind. Wenn ich auf diese Jahre des Rückzugs zurückblicke, hat mich diese transformative Periode nicht nur von unnötigen Anhaftungen befreit und mich von Illusionen gereinigt, die mich zu einem „hohlen Schilfrohr" machen, sie hat mich auch zum Verständnis dieses größeren Ziels gebracht, das von einer mystischen Kraft gelenkt wird: nicht wiedergeboren zu werden.

Wir können das Erscheinen von Krishna, Sai Baba oder Jesus als Phänomene betrachten, die nur einmal vorkommen. Der persische Dichter Hafiz schrieb in einem seiner vielen Andachtsgedichte: „Wenn Gottes Gnade es erlaubt, können auch andere tun, was der Messias getan hat." Die Essenz von Sathya Sai Babas Botschaft ist einfach, seine Wirkung auf seine Zeitgenossen jedoch enorm. Das Joch ist einfach und leicht: sich einer höheren Macht hinzugeben, andere zu lieben und ihnen zu dienen, rein in Gedanken und Taten zu sein, sich an Gott zu erinnern und an sich selbst zu glauben.

Anmerkungen

1

Nādi bezeichnet in der traditionellen indischen Medizin und Geisteswissenschaft Kanäle, durch die die Energien des physischen Körpers, des feinstofflichen Körpers und des Kausalkörpers fließen. In diesem philosophischen Rahmen, so heißt es, verbinden sich die *Nādis* an besonderen Punkten der Intensität, den *Nādichakras*.

2

Rāja Yoga ist der Weg der Selbstdisziplin und der Praxis. *Rāja Yoga* ist auch als *Ashtānga Yoga* (Acht Schritte des Yoga) bekannt, weil es in acht Teile gegliedert ist: *Yama* (Selbstbeherrschung), *Niyama* (Disziplin), *Āsana* (Körperübungen), *Prānāyāma* (Atemübungen), *Pratyāhāra* (Zurückziehen der Sinne von äußeren Objekten), *Dhāranā* (Konzentration), *Dhyāna* (Meditation), *Samādhi* (vollständige Verwirklichung).

3

Im Hinduismus kennt man zwei Arten von Avataren: Purna-Avatare gelten als vollständige Manifestationen des Göttlichen und Amsha-Avatare (teilweise), diese erscheinen nicht nur in Indien, sondern auch in anderen Ländern. Purna-Avatare sind als herabsteigende Avatare und Amsha-Avatare als aufsteigende Avatare bekannt. Die herabsteigenden Avatare nehmen die menschliche Form an, um den Dharma zu schützen und antworten auf die Sehnsucht ihrer Anhänger. Die herabsteigenden Avatare dagegen wählen ihre eigenen Eltern und den Ort ihrer Geburt im Voraus aus. Sie haben den gegenwärtigen Körper aufgrund karmischer Folgen angenommen. Aufgestiegen waren sie, weil sie während ihres Lebens kontinuierlich *tapas* (spirituelle Disziplin) geübt haben, zum Teil auch aufgrund von Verdiensten, die sie in ihren zahlreichen vergangenen Leben erworben haben.

„Purna-Avatare sind die Meister der sechzehn *Kalās*. Die fünfzehn *Kālas* sind: Die fünf *Karma Indriyas* oder Arbeitsorgane, die mit Sprechen, Nehmen, Gehen, Ablehnen (Anstrengung) und Essen zu tun haben. Die fünf *Gyan Indriyas* oder Sinnesorgane: Hören, Tasten, Sehen, Schmecken, Riechen, und *Panch Mahābhūtas* oder die fünf Elemente: Erde, Wasser, Feuer, Luft, Äther. Die 16. Kala ist der allwissende *Paramātman* (der allwissende, allmächtige und allgegenwärtige Aspekt)." (J. S. Hislop, Gespräche mit Sathya Sai Baba)

4

Vāsanās oder Neigungen sind Charakterzüge aus vergangenen Leben, die wir in dieses Leben mitbringen. *Vrittis* sind der Ausdruck dieser *vāsanās*, z. B. Aktivitäten in der objektiven Welt.

5

Dies sind vier der sechs Tugenden. Die anderen beiden sind *shraddhā* (unerschütterlicher Glaube an die heiligen Schriften oder Shastras, an den Atman und den Guru) und *samādhāna* (die Überzeugung, dass das, was die Shastras sagen, und das, was der Guru lehrt, ein und dasselbe sind).

6

Höre uns Herr, denn bis Du uns hörst, wissen wir nicht, was wir sagen sollen; Dein Ohr für unsere Seufzer, Tränen, Gedanken, gibt uns Stimme und Wort; o Du, der Du Satan hörtest in Hiobs Krankheitstagen, höre Dich jetzt Selbst, denn Du betest in uns. (John Donne)

7

Die beiden ersten Zeilen des Essensgebets stammen aus der Bhagavad Gita, Kapitel 4, Vers 24 – die beiden folgenden Zeilen aus dem Kapitel 15, Vers 14.

> *brahmārpaṇam brahma havir brahmāgnau brahmanā hutam*
> *brahmaiva tena gantavyam brahma-karma-samādhinā*
> *aham vaishvānaro bhūtvā prāninām deham āshritah*
> *prānāpāna-samāyuktah pachāmy annam chatur-vidham*

Die gesamte Schöpfung ist die grobstoffliche Projektion von Brahman, dem kosmischen Bewusstsein selbst; auch die Nahrung ist Brahman, der Prozess des Darbietens ist Brahman; sie wird im Feuer von Brahman dargebracht. Wer versteht, dass Brahman Handlung ist, erreicht Brahman allein.

Und Gott antwortet sogleich: Ich, der Höchste Geist, der im Körper der Lebewesen als das Feuer *(vaishvānara)* in ihrem Magen wohnt, bin mit ihren ein- und ausströmenden Atemzügen *(prānā* und *apāna)* verbunden und verdaue die vier Arten von Nahrung (fest, flüssig, halbflüssig und flüssig), die sie zu sich nehmen.

„Die so Gott dargebrachte Nahrung wird vom kosmischen Selbst im Verdauungssystem verdaut. Da Gott in der Form des Feuers als *vaishvānara* existiert, verdaut Er die Nahrung zusammen mit den Unreinheiten. So wird der Mensch nicht beeinträchtigt, selbst wenn Unreinheiten in die Nahrung gelangen." (Sathya Sai Baba, Sommerschauer in Brindavan)

8
Das Singen von zwanzig OM soll die fünf Handlungsorgane, die fünf Wahrnehmungsorgane, die fünf vitalen Lüfte und die fünf Hüllen reinigen. Das *omkāra* endet mit drei *shānti* (Friede). Es wird um Frieden auf der physischen, mentalen und spirituellen Ebene gebetet. Sai Baba hat gesagt, dass „dieses Rezitieren von OM dich stärken, alle Unruhe des Geistes besänftigen und das Herabströmen der Gnade beschleunigen wird. Spirituelle Disziplin dieser Art ist ein Muss für alle Sai-Arbeiter, denn nur sie kann ihnen Frieden und das andere, wertvollste Geschenk, die Liebe, geben."

Die Autorin

Maryam Smith ist zugelassene Psychologin, Sängerin, gelegentlich auch Dichterin – vor allem aber spirituelle Sucherin. Sie wurde in Teheran, Iran, in einer „literarischen" Familie geboren. Ihr Vater war Dichter und Schriftsteller und ihre Mutter lehrte persische Literatur an der Universität. Die Beschäftigung mit persischer Poesie, insbesondere mit den Werken von Hafiz und Rumi, war ein fester Bestandteil der Familientreffen in ihrer Kindheit. Sie prägten ihr Verständnis und ihre Wertschätzung des transzendentalen Aspekts von Poesie und Kunst von klein auf.

In ihren frühen Teenagerjahren zog sie nach London, England, wo sie ihrer Neugier für Naturwissenschaften nachging und einen Bachelor-Abschluss in Chemie erwarb. Während dieser Zeit entwickelte sich auch ihre natürliche Neigung, verschiedene spirituelle Lehren über die Evolution des Bewusstseins zu erforschen. Diese Nachforschungen bildeten später die Grundlage ihrer weiteren Suche.

Seit ihren Zwanzigern praktizierte sie die Methode des „Vierten Weges" (Gurdjieff). Schließlich bekam ihre innere Arbeit einen entscheidenden Auftrieb, als Sri Sathya Sai Baba in ihrem Leben erschien. Maryam zog in den späten achtziger Jahren in die Vereinigten Staaten und lebt derzeit in Nordkalifornien, wo sie als Psychologin arbeitet.

Heute widmet Maryam ihre Arbeit Sri Sathya Sai Baba, indem sie hilft, die Herzen und das Leben anderer durch sozialen Dienst und Kunst zu verändern, so wie Er ihr Leben mit Seiner Gegenwart und Seiner unermesslichen Liebe beehrt und verändert hat.

2019 erschien ihre erste Bhajan-CD „Eternal Bhajans".

www.maryamsmith.com.